成都体育学院中华国术院国术文化研究资助项目

拳种与村落：
乡村社会中的民间武术文化研究

王明建　著

人民体育出版社

图书在版编目（CIP）数据

拳种与村落：乡村社会中的民间武术文化研究 / 王明建著. -- 北京：人民体育出版社，2023

ISBN 978-7-5009-6366-0

Ⅰ. ①拳… Ⅱ. ①王… Ⅲ. ①武术—传统文化—文化研究—中国 Ⅳ. ① G852

中国国家版本馆 CIP 数据核字 (2023) 第 197746 号

*

人 民 体 育 出 版 社 出 版 发 行

北 京 建 宏 印 刷 有 限 公 司 印 刷

新　华　书　店　经　销

*

710×1000　16 开本　12 印张　223 千字

2023 年 12 月第 1 版　2023 年 12 月第 1 次印刷

*

ISBN 978-7-5009-6366-0

定价：85.00 元

社址：北京市东城区体育馆路 8 号（天坛公园东门）

电话：67151482（发行部）　邮编：100061

传真：67151483　邮购：67118491

网址：www.psphpress.com

（购买本社图书，如遇有缺损页可与邮购部联系）

序

在乡村社会中理解民间武术

中华文明根植于农耕文化，农耕文化依托于村落聚居。以村落为基本单位，既能很好地解析民风淳朴的乡村社会，也能很好地解读根基牢固的传统社会，并产生了一批有学术影响的研究成果。例如，丹尼尔·哈里森·葛学溥之《华南的乡村生活——广东凤凰村的家族主义社会学研究》、费孝通之《江村经济》、林耀华之《金翼——中国家族制度的社会学研究》、王铭铭之《社区的历程：溪村汉人家族的个案研究》等。这些立足于村落的个案考察，不仅为我国文化人类学的学科建设奠定了田野调查的学术基础，并赋予其“民族志”文本书写特有的学术底色，也成为我国社会学领域长期备受关注的学术问题，并承接了“小社区、大关怀”的学术抱负。

传统武术是我国乡村社会的一种特有文化现象。在“十里不同风，百里不同俗”的村落格局中，传统武术形成了多姿多彩的武术拳种、套路以及流派。这些以村落为依托衍生出的拳种内容和套路形式，不仅具有浓郁的村落文化气息，也逐渐成为村落对外交往的文化名片。如陈家沟之太极拳、孟村之八极拳、京梅村之蔡李佛拳、鲍家屯之鲍家拳等。因此，村落是研究乡村社会民间武术文化的“微观全景视窗”；拳种是研究乡村社会民间武术文化的“具体研究视角”。然而，村落的人类学研究在取得厚重学术成果的同时，涵盖武术在内的民族传统体育学科的理论基础却异常薄弱，对寄存于乡土村落中的武术拳种、套路以及流派的研究大都仅仅局限于“挖掘”和“整理”，缺乏和乡土社会生活的整体性联系。运用人类学的研究范式和方法对武术进行系统研究更不多见。学者胡小明很早在

《人类学的历程与体育研究》中就曾经建言，“在体育学下属四大学科中，最薄弱的是民族传统体育学，理论大片空白，学科建设几乎是处女地，而文化人类学正好适合担当这一学科的专业基础理论”。然而，迄今为止，虽然部分学者开始着手对民族民间体育进行人类学研究，但是这一现象也并未得到明显的改观，学科基础薄弱依然成为制约民族传统体育发展的桎梏，武术的文化人类学研究显得更为紧迫和亟须。因此，对村落武术进行人类学解读与分析，一方面，可以相对有效地吸收与武术学科有着紧密关系的人类学学科中的理论精华；另一方面，将为武术的人类学研究做一些探索。

从研究的学术观念来看，作者一方面努力借鉴社会学、人类学关于村落社区及相关的理论成果和研究范式，拓展武术文化跨学科研究的广度和深度，思考社会学、人类学在传统武术文化研究中“何以可能”与“何以可为”的现实问题；另一方面以三个村落中传统武术的个案考察为基础，通过“微观聚焦”“点线结合”“线面统一”的田野工作思路，以田野工作为轴心，参与到当地人的生活中，真正落实到“具体的时空坐落”里，努力克服武术文化研究中固有的宏大叙事的“现状”描述和“泛泛而谈”。应该肯定，作者致力于从宏观与微观上把握不断变化的民间武术传承和发展脉络，在纵向和横向的学科立体交织中剥离种种表象，寻求以跨学科的理论和方法深入剖析、审视民间武术的内在经脉，突破当下武术文化研究的局限，给武术文化后续的跨学科研究开启一扇新的视窗。

从研究的学术架构来看，作者试图立足传统武术文化，从符号镜像、原点镜像、技法镜像三个维度来理解武术文化、解读武术文化、认知武术文化。在研究中，通过对三个武术村落的历史与现实考察，阐释传统武术文化中师徒传承的血缘关系、因域立派的地缘关系、行于江湖的艺缘关系，分析民间武术发展的文化生态和民间习武群体身份认同及其背后的利益考量，并在聚焦“血缘”“地缘”“艺缘”三个维度的基础上，构建民间武术共同体，剖析了武术群体的身份认同及形成机制。

从研究的学术立场来看，作者秉承人类学田野工作的整套方法，并把它视为保护文化遗产的有效模式。村落武术文化的内涵表现在由血缘、地缘、艺缘社会组织构成的整体性关系。研究以问题为导向，反思民间武术发展中存在的“以

'保护'为框架，与整体社会发展脱节”的现状，积极回应民间武术发展关切，采用“眼光向下”的学术视野，“自下而上”地研究民间武术，更多关注基层社会、村落大众的日常生活，从民众的角度和立场来审视民间武术发展过程与村落政治、经济基础中所体现的国家与社会的互动关系，探讨民间武术的传承与发展问题，将空间上有限的社区、武术聚落与时间和空间广阔的国家和社会关系关联起来，剖析传统武术传承与发展的社会网络系统，确立保护与传承民间武术的优化策略，力争开辟一条向文化深层研究民间武术的可行性路径。众所周知，民间武术有着别于其他民族、民间、民俗体育所不同的特征，是中华文化的重要组成部分。研究从“他者”的视域出发，将关注点从以往研究中对“项目”的关注，转变到“文化建设”中来，努力实现民间武术与社区大众“美美与共”的宏愿和追求。

从研究的学术认识来看，作者在以下方面有所突破：其一，民间武术群体以血缘关系、地缘关系、艺缘关系为纽带，连接形成了特定的“武术门派”和“武术圈层”，师徒关系是个体认同的准入理念；拳种技法是个体认同的内在法则；武德规范是个体认同的外在机制。其二，在传统社会的民间武术传承中，血缘关系、地缘关系占主导地位，艺缘关系相对处于从属地位，而在现代社会变迁中，艺缘关系逐步上升为支配地位。其三，民间武术的非物质文化遗产保护存在误区，在民间武术的非物质文化遗产保护和传承工作中，过度依赖极少数“非遗传承人”，片面将非物质文化遗产保护理解为传承人的保护，而忽视对武术拳种、套路、技艺、武术思想、传承体系、武术思想内涵等民间武术本体的继承和发展。加之，民间武术监管不严，致使民间武术发展的师徒传承异化，部分陈规陋习沉渣泛起，严重束缚了民间武术的发展。其四，提出了建立开放性、立体化、多维度的民间武术传承体系：重塑师徒关系在民间武术传承中的功能，构建师徒制的核心路径；强化学校的武术文化教育功能，构建民间武术传承的学校路径；发挥农村社区对民间武术发展的作用，构建民间武术传承的社区路径；加强政府的主导功能，构建民间武术传承的政府路径。

面对当下武术领域的学科建设和武术文化研究，“你中有我，我中有你”交融并存将会成为一种新常态，也预示着武术跨学科研究的新转变，这种转变必将带来当下武术文化研究的范式危机及其超越。作者的研究，能够为传统武术文化的后续研究提供一定的理论借鉴和经验素材，也将有助于将社会学、人类学的理论和方法深度应用于当代武术文化研究，构建武术人类学研究体系，并在中华优秀文化传承和传统武术的非物质文化遗产保护和传承中发挥积极作用。

民间武术研究呼唤着更多这样的研究成果问世。

王广虎

2022 年 12 月 25 日

目　录

第一章

导 论

21 世纪将是中华文化走向伟大复兴的时代，是“东方文化全面复兴的新纪元，将迎来东方文化的全面繁荣与复兴”①。改革开放四十余年来，中国在经济和文化建设中取得了令世界瞩目的伟大成就，无可否认的一个事实就是，“中国的乡村社会已经发生了翻天覆地的彻底变革”②。在中华文化走向伟大复兴的新时代，面对现代社会变迁与文明转型，传统文化与社会发展，涵盖中国民间武术在内的诸多传统文化将何去何从？何以在新的文化秩序重建中传承和发展？这些是近年来广受关注的热点问题。我国是一个伟大的文明古国，在漫长的历史进程中，创造了光辉灿烂的历史和悠久的传统文化，而这些我们称为传统文化的文明体系大都是依靠农业社会和农耕文明传递给我们的，从乡村而来，为乡村而设，因乡村而生。在乡土社会中的民间文化内容和体系保留了浓厚的传统文化色彩，因此，从很大程度上讲，研究民间文化具有重要的意义，它与上层文化之间相互吸收和互相贯通，保持着一定的互动关系。在我国丰富的民间文化中，民间武术文化特色鲜明。在乡村社会的生活世界里，代表传统武术文化的民间武术依靠宗族、村社及其联合建构的社会关系网络形成独特的“武术世界”，成为武术文化中最活跃、涉及最广泛的“武术江湖”，鲜活地存在于广大民众的日常生活和口碑中。

① 季羡林．季羡林对话集［M］．北京：人民日报出版社，2009：12.

② 赵旭东．书写乡愁中国的新转变——基于人类学文化转型的范式危机及其超越［J］．贵州大学学报（社会科学版），2019（2）：82-94.

第一节 研究背景

我国是以农业为基础的社会，即便是在城镇化快速发展的今天，乡土村落依就是农业社会的基础框架和构成单位。所以，社会学家费孝通先生曾讲，从基层看去，中国社会是乡土性的①，他认为那些被称为土头土脑的“乡下人”才是中国社会的根基。在今天看来，这些话依旧深刻并意味深长。乡土社会在地方性的限制下生成了“生于斯、死于斯”的地域文化②，村落是一个熟人的社会。正是基于这样共同的认识，在很长一段时期内，由村落、社区及其相关因素所构成的社会学研究成为中国社会学研究的主流脉络，承接了“小社区、大关怀”的学术抱负和理想。“到民间去”“到普通人的生活中去”的乡土村落研究一度成为中国社会学实证调查研究的风尚和标志。

乡村作为我国固有的社会基础，尽管我们现在所处的时代同费孝通所处的时代相比已发生了巨大且深刻的变化，但是从我国社会发展的大视野来看，我们依然处在“乡土中国”与“城乡中国”交叠的历史时代，就中国整体的社会变迁而言，乡村社会变迁始终是中国社会变迁历史的主体内容，这不仅仅是因为在社会结构的构成中，乡土村落占据人口数量上的大多数。更为重要的是，我国乡土社会的历史文化和风俗习惯，从更深层次上代表了中国的传统。乡村是具有自然、社会、经济特征的地域综合体，兼具生产、生活、生态、文化等多重功能，与城镇互促互进、共生共存，共同构成人类活动的主要空间③。而乡村村落既是传统文明的载体和源头，也是现代文明的根基和依托，其作为乡土社会中的一个基本单元，是中国广大农民最为基础性的社会组织和生活空间。在这一基本生活空间内，我国大多数人口以地缘、血缘为纽带集合成一定的社会群体，世代繁衍生息，创造形成一种由“语言、信仰、秩序、价值观念、风俗习惯及民间种种不成文的规范聚合而成的村落文化，并深刻影响着村民的价值判断、行为模式”④。村落武术文化便是在这一区域共同体中不断形成的武术文化现象⑤。但如何研究，

① 费孝通 . 乡土中国［M］. 上海：上海人民出版社，2007：6.
② 同① 6-9.
③ 张勇 .《乡村振兴战略规划》辅导读本（2018—2022）［M］. 北京：中国计划出版社，2019：12.
④ 叶芳 . 村落文化范式的转换和创新［J］. 青海社会科学，2007（4）：40-44.
⑤ 同④ .

通过怎样的研究范式和方法进行研究，始终是当前武术文化研究中关注的焦点问题。

近年来，涵盖武术文化在内的民族传统体育学发展而言，在取得丰硕研究成果的同时，一个难以回避的问题是：迄今为止，民族传统体育学科的理论基础还相对薄弱，缺乏学科支撑，研究视野狭窄，跨学科研究不足的现状还未得到改观。就民族传统体育学而言，其主体是中华武术，而武术文化兼具体育与文化的双重属性，并不等同于一般的来源于西方的现代体育项目，在中华大地上有着根深蒂固的文化根基和传承模式，武术文化内容丰富，寓意深刻，虽源于民间“江湖”，却涵盖古典哲学、中医学、伦理学、军事学、美学、气功等多种传统文化思想和文化观念，形成了独具特色的武术文化体系，因此，无论从广度还是深度上来讲，武术都不能单纯理解为一个体育项目，而是中华民族在长期积累中形成的一项宝贵的文化遗产。所以，从这样的维度上来理解和研究武术文化，要理解其内涵，深化其认识，必然离不开跨学科的综合研究。所谓“他山之石，可以攻玉”，今天，在对武术文化的研究中，倘若要从宏观与微观上系统把握不断变化的民间武术理论体系和发展脉络，就极有必要在纵向和横向的学科立体交织中含英咀华，借助相关学科的理论和方法深入剖析、审视其内在的脉络，寻求以跨学科的理论和方法深入剖析、审视武术文化的内在经脉，突破当下武术文化研究的局限，努力为武术文化的跨学科研究开启一扇新的视窗。

在武术文化的系统研究中，透过村落或者是乡村这个视角和维度进行民间武术文化的研究并不多见。在我国，传统武术是一种独具特色的文化现象，包含有丰富的武术拳种、套路以及流派，这些内容和形式大都根植于中国传统的乡土社会，以村落为基本单位，繁衍生息，发展壮大，如陈家沟之太极拳、孟村之八极拳、京梅村之蔡李佛拳、鲍家屯之鲍家拳，等等。村落这一个个“窗口”，成为研究中国武术文化现象的一个“微观全景视窗”。然而，在中国村庄研究已经取得厚重学术成果的同时，与此极不匹配的是，包含武术文化在内的民族传统体育学科的理论研究却异常薄弱，对寄存于乡土村落中的武术拳种、套路以及流派的研究大都局限于挖掘和整理，运用人类学的研究范式和方法对武术进行系统研究极为少见。1998 年，武术专业拓展为民族传统体育专业之后，体育人类学学者胡小明在《人类学的历程与体育研究》中就曾意识到这样的问题，“在体育学下属四大学科中，最薄弱的是民族传统体育学，理论大片空白，学科建设几乎是处女地，而文化人类学正好适合担当这一学科的专业基础理论”。即便如此，在之后十余年的时间内，虽然部分学者开始着手对民族民间体育进行人类学研究，但是这一状况也并未得到明显的改观，学科基础薄弱依然成为制约民族传统体育发展的桎梏，而武术的人类学研究几乎成为民族传统体育理论研究中的一个“盲点”。因此，对村落武术进行人类学解读与分析，一方面，可以消除这一盲点；另一方面，也将极大地丰富民族传统体育专业的学科理论基础。

近年来，我国广泛开展的致力于“最典型的文化空间或传统和民族的文化表达方式”的非物质文化遗产保护工作取得了显著的建设成效，村落武术文化也由此得到了更好的关照和保护。但是相关的研究表明，村落武术文化无论在理论上还是在实践中，都是以文化保护为目的和导向，与整体社会发展缺乏广泛、深入的联系，表现为被社会边缘化后的自足发展和自我安慰，对于其亟须解决的如何传承与如何发展的核心问题，在理论表达上存有缺陷、在实践探索中存有不足。因此，我们试图采用“眼光向下”的学术视野，“自下而上”地研究中国武术，更多地关注基层社会、村落大众的日常生活，从民众的视角和立场来审视村落武术发展过程与村落政治、经济基础中所体现的国家与社会的互动关系。而权力关系和政治视角的引入，无疑将超越村落武术这种乡土社会小传统的界限，在社会与文化变迁以及国家与社会关系的宏观视野下，探讨其发展问题，这将开辟一条文化深层研究武术的可行性路径。

当前，我国的城镇化已经成为中国现代化进程中的“一个基本问题，一个大战略和大问题”。城镇化，是当今世界上最重要的社会、经济和文化现象之一，是人类社会经济发展的必然产物。城镇化的推进过程实际上就是区域内社会经济发展与文化进步的历史过程。改革开放四十余年来，中国已逐步形成了以城市文化为核心的文化发展格局，其特征表现为现代化和城镇化的加速和推进。2011年，中国的城镇化率达到51.3%。近十年来，中国城镇化进程明显加快，城镇化率每年大约提高1%，并在2011年首次超过50%。据预计，中国城镇化到2035年将进入成熟期。一方面，据相关部门对村庄数量的统计，每天都有80~100个村庄消失，反映出了村落数量上的锐减；另一方面，在城镇化进程中，出现了社会层面的“城市病”“村落空心化”等问题[①]，以此类问题为中心，由近及远，这种变化对乡村中的传统武术文化的影响无疑是深远的。在我国经济社会发展进入

① 张士闪．当代村落民俗志书写中学者与民众的视域融合［J］．民俗研究，2019（1）：14-27.

新常态之际，传统的乡土村落及其所蕴含的传统武术文化资源如何发展，为谁发展，成为当下民族传统体育领域亟须思考的关键问题。城镇化的进程，在促进经济快速发展的同时，由于社会形态的变迁而致使大面积的村落武术正在不断消失，以村落为载体的许多传统文化正处于社会转型期的历史拐点，面临着传承断代甚至消亡的危机。法国著名社会学家孟德拉斯曾表达过这样的忧心："20亿农民站在工业文明的入口处，这就是20世纪下半叶当今世界向社会科学提出的主要问题。"在社会文化变迁中，对所受影响较大的村落武术进行实证分析，能够较敏锐地反映出当前传统武术发展中的问题和困境。因此，我们尝试将中国民间武术文化的研究置于中国乡村文化中进行，因为我们坚信：若要深究传统武术之"根"，从"根性"上解决传统武术传承与发展的问题，有必要回归传统和初始，走入中国最基层乡村，以"在村落里研究"[①]为研究起点，探寻武术文化现象。与此同时，力争借鉴文化人类学理论，探索中国传统武术文化的传承机制，拓展中国传统武术研究的话语疆域。

第二节　研究对象与方法

一、研究对象

本研究是对三个村落里进行的武术活动的相关调查研究，故研究对象为村落武术。

二、研究方法

本研究主要采用文献资料、个案研究、田野调查、口述史、参与观察等研究方法。

第一，文献资料法。广泛查阅国内外人类学、民间武术及相关的文献资料，并通过文献比对整理，对村落武术的研究现状做理论上的梳理。

第二，个案研究法。选取三个村落，其中包括典型武术聚落、特色拳种以及传承人形成的"武术圈子"为研究个案，并力求将个案置于国家与地方、历史与现代以及文化主体的日常生活中进行"深描"，将空间上有限的个案研究与时间和空间广阔的国家和社会关系关联起来。

第三，田野调查法。田野工作是人类学研究最重要的经验，是人类学家和社

① 克利福德·格尔茨.文化的解释［M］. 韩莉，译.南京：译林出版社，1999：29.

会学家收集资料和建立通则的主要依据。“田野调查是田野工作者通过熟悉一群人的生活方式来获得知识合法化的一种居住形式”①。在田野里发现和理解民间武术文化已成为武术学者们的共同心愿，真正的民间传统武术文化存在于民众的实际生活中，只有进入田野，才能真正感受到民间武术文化的生活魅力和理解民间武术文化的存在价值。本研究带着通过文献资料形成的命题进入田野，通过对武术传承人、民族聚落、武术圈子、特色拳种等进行实地考察，获取“鲜活”的研究素材和第一手资料，以人类学的视角来“理解他者”，建立不同知识体系之间的桥梁。

第三节　研究价值与意义

一、研究价值

第一，学术价值。其一，立足乡土村落，以作为“他者”的村落武术为关注点，在武术调查和研究中，打破武术理论研究中以城市文化为中心的叙事，改变民间村落武术文化研究现状薄弱的窘况；其二，克服固有研究中宏大叙事的现状描述和泛泛而论的社会调查，以翔实的田野调查为基础，走出“书斋式”的研究困境，创造新的武术文化“社群叙事”理论；其三，引入并践行武术文化的人类学研究范式，拓宽民族传统体育学科的研究视野和学术空间。

第二，应用价值。其一，通过对村落武术文化翔实的田野考察与分析，有助于制定切实可行的民间武术保护策略和方法，传承武术文化，增强文化认同；其二，借助人类学理论和方法，在完成传统武术本土化研究的同时，有助于拓展中国武术人类学的国际化道路；其三，全球化进程中，系统调查与研究传统武术文化，有助于全面实施《中华优秀传统文化传承发展工程》，建设社会主义文化强国，为实现民族自信、民族自强、民族的伟大复兴做出应有的贡献。

二、研究意义

第一，涵盖武术文化在内的民族传统体育的发展离不开理论的支撑和引导，

① 古塔，弗格森．人类学定位：田野科学的界限与基础［M］．骆建建，袁同凯，郭立新，译．北京：华夏出版社，2005：39.

民族传统体育学科体系亟待完善。近十年来，缺乏理论支撑、学术视野狭窄、站位不高、缺少研究的全球视野与国际交流等问题已成为民族传统体育学研究创造性的桎梏。反思当前的研究困境，借助人类学理论和方法，总结其得与失，将对继承和发扬中华民族传统体育大有裨益，对武术文化的研究将是富有成效的探索和实践。

第二，通过对村落武术活动（河南焦作陈家沟、贵州安顺市大西桥镇鲍家屯、山西长子县鲍店镇东街）的“地方性知识”的深度描写，借鉴相关文化人类学理论与方法，对村落这个“能提供人们社会生活的较完整切片”内的武术活动进行深入、完整的剖析，分析村落武术活动的历史作用以及村落武术与社会文化变迁的相互联系，为我国传统武术的传承和发展提供建设性意见和发展思路。

第三，以人类学研究中传统的“村落”为视角对民间武术进行研究，由此开拓了民族传统体育研究的新领域——村落武术的人类学研究。同时与乡村城镇化的社会背景紧密结合起来，通过“眼光向下”的研究路径，在村落武术的研究中增加权力关系与政治的互动阐释，不局限于小范围地域传统的描述，而是关注武术与国家政治生活及国家权力的互动关系，从现代性、国家、村落的地方性知识三个维度进行研究，使其在微观研究的基础上有了宏观的视野和理论关怀。

第四节　研究思路

研究思路通过三条线索展开，可概括为：一个视角、两条主线、三个维度。第一，以“村落”为研究视角。把村落作为一个整体的小社会进行观察和分析，曾是我国社会学、民族学家努力进行并取得有世界影响的一项研究工作。本研究以“村落”为视角，对村落武术活动进行翔实的个案考察和人类学分析，试图开辟民间武术文化研究的新范式。第二，采用“自下而上”与“自上而下”两条主线并行的研究范式。其一，通过“自下而上”的研究，了解村落民众在武术习练中如何理解武术，理解传统文化，理解国家；其二，通过“自上而下”对乡土武术精英和政治事件的研究，探讨国家力量的地方政府与基础社会之间对村落武术活动的作用，讨论国家如何进入民间，并对村落武术的发展产生影响。第三，通过从“现代性、国家、村落的地方性知识”三个维度全面考察和分析村落武术的历史变迁与发展脉络，并对于当前我国的乡村城镇化、新农村建设以及社会转型等宏观政策对武术活动的影响进行阐述和理解，由对武术单一因素的解释拓展为多因素的互动。具体体现如下：

一、理论探讨

人类学的本土化应用和发展是本研究理论分析的基础，丰厚的村落研究前期研究成果为本研究提供了直接的理论支撑。以此为基础，对村落武术的人类学研究进行理论研讨和分析，深入民间武术聚落或区域，对武术特色拳种、传承人及民间武术聚落中的武术文化进行系统的梳理和实地考察，明确村落武术的发展现状，评估村落武术文化在现代化进程中的生存状态。

二、实证分析

通过扎实的田野调查，对陈家沟、鲍家屯、东街三个村落进行村落武术活动的个案考察与实证分析，使空间上有限的社区调查与时间和空间广阔的国家与社会关系关联起来，对民间武术聚落中的典型个案进行解读和分析，通过对其“地方性知识”的深度描写，借鉴文化人类学的理论和方法，以传统武术文化中的血缘、地缘、艺缘为维度，剖析村落武术生存状态和传承机制。

三、策略研究

分三个层面提出村落武术研究的思路和建议。其一，从民族传统体育学理论基础薄弱的现状，对如何以“村落”“拳种”为视角进行武术人类学研究提出研究构想和具体的实施路径，开辟武术人类学系统的研究范式；其二，运用“国家—社会”分析模式，从“现代性、国家、村落的地方性知识”三个维度，探讨村落武术发展中国家与地方的互动，并在其互动关系中阐释其发展现状及缘由；其三，从传承与发展的视角审视村落武术，通过田野考察和人类学分析，在理解民间武术文化的基础上，建立具有对话能力和不同知识体系之间的桥梁。进而探索现代化进程中，民间武术保护与传承的共生战略，保障武术文化发展的常态化互动与社会主义文化强国建设的可持续双赢。

第二章

文献综述：国内外研究现状与启示

学术成果，架构了学术界相同主题研究之间的思维枢纽。对学术成果的一番巡礼，好似与学术界进行着一番“对话”，“文本”就是交流的平台，从中汲取着“学术养分”，充实着自己的学术之旅。基于此，本研究将从国内、国外两方面对相关文献进行综述，围绕相关核心概念，从三个部分进行归类梳理，包括：一是体育的文化人类学研究；二是村落的文化人类学研究；三是村落体育与村落武术的文化人类学研究。

第一节　国内外研究现状及趋向

一、体育的文化人类学研究

大师泰勒眼中的人类学，是指“人类科学的各部门是极为多样的，扩展开来可分为躯体与灵魂、语言与音乐、火的取得与道德”①。这一定义为后续人类学的学科容纳领域之划分提供了依据。在人类学学科的发展历程中，面对人类学这门“混合”与“混沌”的学科②，让人“无所适从”，却也让人“心驰神往”。那么，在这“混合”与“混沌”的背后，是何引力驱动着我们走向人类学呢？细究之下，其背后之引力来自“它的理论与方法动力源——总在其社会与文化的研究领域之内”③始终如一地运行。也使人类学不分国籍，行使着“他者”之研究，推动

① 王铭铭．人类学讲义稿［M］．北京：世界图书出版公司北京公司，2011：4.
② 同① 8.
③ 同① 8.

社会文化之发展。在当下，人类学已从简单社会转入了复杂社会的研究，它将广泛应用于管理、决策、教育、医药、交通、乡村发展和城市规划等方面，并且将继续向新的领域发展[①]。从而推动了应用人类学的全面发展，产生诸多学科分支。譬如，体育人类学——运用人类学的理论与方法，以“体育本元问题”[②]为研究起点，聚焦身体文化、身体哲学等方面的探究便是当下应用人类学重要的一支。

（一）国外体育的文化人类学研究

言及国外学界人类学与体育间的关系，众所周知，体质人类学先于文化人类学与体育产生关联，其后，受社会思潮影响，关于体育的人类学的研究由体质方面转向了文化方面，因体育在文化人类学的研究与本研究关联紧密，故本研究主要整理分析国外体育在文化人类学的相关研究。

国外对于体育在文化人类学中的研究，主要从研究内容与研究方法来进行梳理分析。其一，据研究内容或研究对象而察。19 世纪后半叶以降，身体游戏作为文化人类学的研究内容之一，当时研究将身体游戏这一类的传统竞技游戏作为文化的表现形式，旨在探寻其发生与发展。在文化人类学大师泰勒提出文化“残存”概念之后，许多学者受此启示，展开了系列研究。寒川恒夫教授特别指出，泰勒的残存理论并不是为了解释游戏和体育活动而构筑的[③]，然，此理论对后来学者们的研究影响颇为深远。譬如，《北美印第安人的游戏》一书对印第安部落的游戏和体育活动做了分类[④]。1944 年荷兰文化史学家约翰·赫伊津哈在《游戏的人》一书中指出，受现代文明的影响，在进化过程中，那些礼仪活动中的竞技和游戏，逐渐失去其原有属性，演化成纯粹的竞技活动形式[⑤]。1959 年，美国人类学家罗伯茨等人发表了《文化当中的竞技》一书，对于“竞赛”给予了人类学的新定义即为：有组织的游戏、竞争、两方或多方、确定获胜者的标准、意见一致的规则等特征的娱乐活动，并将这一定义运用至之后的体育研究中。随着研究内容的深入化，体育在人类学

① 张继焦．中国人类学和民族学的特点和发展——中外人类学和民族学比较分析［J］．云南社会科学，1992（1）：57-63.
② 胡小明．人类学的历程与体育研究［J］．体育学刊，2013（3）：7-14.
③ 聂啸虎，李国玲．体育人类学的缘起及其发展［J］．成都体育学院学报，2007（2）：23-27.
④ Stewart Culin. Game of the north American Indians（Vol. Ⅰ）［M］．Lincoln:University of Nebraska Press,1992.
⑤ 约翰·赫伊津哈．游戏的人［M］．多人，译．北京：中国美术学院出版社，1996.

研究中，最为典型性的学术成果是《印第安人村庄的棒球：古老巫术的新用途》。福克斯描述了棒球传入新墨西哥科奇提印第安人村庄的经，并分析了这种新的体育竞技项目，为印第安人提供以新的形式施行古老的巫术并用于医治目的的手段[①]。至20世纪70年代，在人类学的相关学术成果中对体育、游戏、竞技等身体运动做文化的阐释已趋常态，在这一学术背景下，使得体育在文化人类学领域的研究产生了颇具影响的成果，为体育人类学的学科建设打下厚实的学术基础。其二，从研究方法的角度考察。运用文化人类学中的田野调查法成就了一批在文化人类学研究中体育的相关学术成果。其中，莫尼的《北美印第安人切诺基族的球技》，就是在实地调查研究的基础上写成的[②]。马林诺斯基及拉德克利夫·布朗在进行了实地调查后，以文化构造的功能论从事的古代竞技研究，以及弗思所著《大洋洲的掷标枪比赛》等，亦属较早利用这种方法的研究[③]。克利福德·格尔兹在《沉迷游戏：关于巴厘人斗鸡的笔记》中"关于巴厘人斗鸡的文化人类学研究是一个'逻辑起点'"[④]，他在文中着重用"深描"的研究方法，记录了巴厘人的斗鸡场景，成就了体育在文化人类学研究中的经典范例。正是从格尔兹开始，体育人类学从一种工匠式的科学研究，成为一种充满着智慧、才情与批评力量的人文学科。

今天，在研究对象上，人类学已经与之前大异其趣[⑤]。体育中的文化人类学研究，亦是如此。体育中有关"运动"的课题研究，与时俱进，而运动中的"身体"更是文化人类学研究关注的时代焦点。对于文化人类学在体育领域的方法研讨，正是时下趋势所为。故此，本研究借鉴国外体育人类学之成果，结合国内学界之情境，深入推进我国体育人类学的学科建设及发展。

（二）国内体育的文化人类学研究

人类学自19世纪末20世纪初传入中国。作为人类学国际知识流动的一个组成部分，20世纪上半叶中国的人类学，深受德国、英国、法国、美国的影响，形成一个多学派并存的局面[⑥]。在这一时期，中国人类学对于欧美人类学的理论范

① 胡小明.国外体育人类学述评［J］. 武汉体育学院学报，2006（4）：1-4.
② James Mooney. The cherokee ball play［J］. American anthropologist，1890，3（2）：105-132.
③ Paymond Firth. Primitive economics of the New Zealand Maori［M］. New York：Routledge，1929：164-167.
④ 克利福德·格尔茨.文化的解释［M］. 韩莉，译.南京：译林出版社，1999：471.
⑤ 范可.体育人类学——何以可能何以可为［J］. 广州体育学院学报，2020（1）：1-8.
⑥ 王铭铭.人类学讲义稿［M］. 北京：世界图书出版公司北京公司，2011：23.

式兼收并蓄，逐渐形了多元化的学术体系，随后，出现了一批致力于中国人类学研究与发展的领军人物和翘楚，诸如蔡元培、陶孟和、李济、杨堃、凌纯声、吴文藻、费孝通、林耀华、李安宅等。在他们的倾力研究与推动下，当时的中国人类学形成了“南北”流派之分的学术特色。南北之分，各自的阐释倾向虽不同，但其学术宗旨却如一，随即在中国学林开启了赋有中国特色的人类学研究大门。有关体育的研究，属于学林中的一支，那么，关于体育中的文化人类学研究，其景象如何呢？

依据中国知网、中国学术文献网络出版总库（包含中国博士学位论文全文数据库、中国优秀硕士学位论文全文数据库、中国重要会议论文全文数据库、中国重要报纸全文数据库、中国专利数据库、国家科技成果数据库提供的相关的文献检索系统），以 1986—2019 年为时间检索区间，以“主题”为“体育”并含“人类学”进行“模糊匹配”，截至 2019 年 12 月 31 日，检索文献资料共计 513 篇，如图所示。

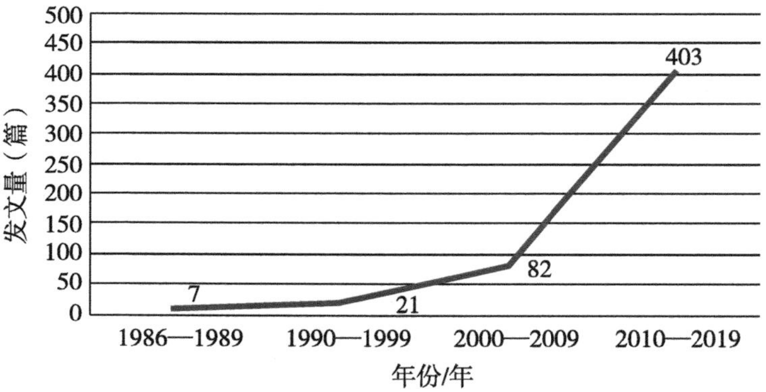

“体育人类学研究”发文量年分布统计图

通过对搜索的文献资料进行深入分析，可将体育人类学的学术研究大致划分为三个阶段。

第一阶段，学术研究形成期（1986—1999 年）。由图统计而知，该阶段的发文量总计 14 篇。数量虽少，但均是曙光之作。自 1986 年，谭华在《成都体育学院学报》上发表的《体育与人类学》[①] 一文，使得国内体育人类学研究迈出了坚实的一步。梳理这一时期的相关学术研究，体育人类学的学术研究主要体现在以下三点：

① 谭华．体育与人类学［J］．成都体育学院学报，1986（2）：1-5.

其一，体育体质人类学的相关研究。诸如，《体质人类学与体育科学》①《中国女子竞技体育跃迁现象的形成机制——体质人类学的研究》②《对中小学常用非标准体育器械的人类学初步研究》③等，大致探讨了体质人类学理论在体育中的运用，对不同人种在体格、体能、肌肉素质和神经类型等方面的进一步认知，据此，采取相应策略来推动体育的发展。其二，体育人类学正式进入我国体育理论学界。1990年，在《上海体育学院学报》上刊登的寒川恒夫所撰写的《体育人类学》④一文，标志着体育人类学正式进入体育理论学界，为体育人类学在我国体育学术界的研究奠定了基础。其三，人类学在我国民族体育研究中初见端倪。叶国志、胡小明在《体育人类学与民族体育的发展》一文中强调运用人类学研究民族体育的重要性和必要性，并主张对于民族体育的研究应当引进新兴学科来弥补传统研究手段的不足和匮乏⑤；随后，成都体育学院开始把民族体育研究室改为人类学研究室。综上，当时的学术研究中体育人类学较多侧重于体质人类学研究，对于体育文化人类学阐述较少，部分学者仅是对文化人类学在体育中的"文化结构"⑥认知，以及对"体育的分类与概念"⑦的影响等问题进行了基本介绍与探讨。诚然，体育人类学在本时期的学术成果固然较少，大多呈现出探索性的研究特征。但预示着体育人类学作为新学科已经初步立足于中国学林，对于体育人类学的学术研究已拉开了帷幕。

第二阶段，学术研究发展期（2000—2009年）。在第一阶段的基础上，体育人类学的学术研究"图景"徐徐展开，在这10年间，其相关文献增加至82篇，这一阶段已步入了体育人类学在中国学林研究的发展期。通过梳理这一时期的学术文献，可以得出：其一，在体育学术界中，文化人类学的介入，折射出学者们的"人文学"意识研究逐步形成。之前的众多学者较为集中于社会学的体育学术研究，相对于人文类学术研究较少，该时期引荐文化人类学理论，加固了体育学术研究的基石。2000年，胡小明的《体育人类学概论》一文，从"体育人类学

① 柳伯力．体质人类学与体育科学［J］．体育与科学，1987（5）：13-16.
② 肖捷明，傅浩坚，刘江南，等．中国女子竞技体育跃迁现象的形成机制——体质人类学的研究［J］．广州体育学院学报，1991（1）：1-8.
③ 张达文，齐家玉．对中小学常用非标准体育器械的人类学初步研究［J］．华中师范大学（自然科学版），1993（1）：117-121.
④ 寒川恒夫．体育人类学［J］．上海体育学院学报，1990（3）：84-89.
⑤ 叶国志，胡小明．体育人类学与民族体育的发展［J］．成都体育学院学报，1991（1）：17-19.
⑥ 龙明莲．体育的文化人类学试探［J］．黔东南民族师专学报，1998（5）：45-47.
⑦ 康天成．从文化人类学视角看我国体育理论中的问题——论体育分类与概念［J］．浙江体育科学，1995（17）：59-63.

的历史、体育人类学与人类未来发展、体育人类学在体育学中的地位三个方面阐述了体育人类学作为一门学科的重要性”①。由此，奠定了体育人类学在21世纪研究的重要性。从2006年开始，发文量呈上升趋势，从内容上拓展了文化人类学在体育学术研究中的新“空间”。越来越多的学者开始有意识地运用文化人类学来诠释体育中的现象与问题。诸如，《体育人类学的缘起及其发展》②《当代中国体育人类学的发展与展望》③《对体育“暴力”的文化人类学解读》④等。其二，体育人类学的研究内容丰富。研究成果，一方面聚焦于一般体育研究内容的研究，如知识分子健康研究⑤、休闲娱乐的发展足迹⑥、个体人文价值研究⑦等，另一方面集中于少数民族传统体育的研究。譬如，少数民族体育习俗功能分析⑧、民族传统体育文化研究⑨、彝族传统体育研究⑩等。其三，体育学术研究中文化人类学的研究方法探索。2009年，胡小明等学者在《体育学刊》上发表的《黔东南独木龙舟的田野调查——体育人类学的实证研究（一）》一文，通过对黔东南地区清水江与巴拉河流域独木龙舟文化圈的田野调查，印证人类学的田野工作法是研究民族传统身体游戏最适宜的方法。同时，展示体育人类学对民族体育的实证研究案例⑪。同年，部分学者对少数民族传统体育进行了田野考察，如谭广鑫、杨世如等，标志着文化人类学中“田野调查法”开始运用于体育领域的研究。

第三阶段，学术研究深入推进期（2010—2019年）。2010年之后，随着运用人类学理论和方法对体育问题的研究逐步深化，体育学术领域迎来了“体育与人类学”首个研究的高峰，通过检索系统分析，2010—2019年，有关于“体育与人类学”的相关研究累计检索学术成果达403份，其数量较前20年（2010年之前）的发文量，提升近4倍。对这403份研究成果进行梳理，正如2013年，胡

① 胡小明．体育人类学概论［J］．体育与科学，2000（3）：4–9.
② 聂啸虎，李国玲．体育人类学的缘起及其发展［J］．成都体育学院学报，2007（2）：23–27.
③ 狐鸣．当代中国体育人类学的发展与展望［J］．体育文化导刊，2008（1）：17–23.
④ 谭红春．对体育“暴力”的文化人类学解读［J］．天津体育学院学报，2009（3）：227–231.
⑤ 张新安．从体育人类学视角探析危害知识分子健康的人类文化进化因素［J］．解放军体育学院学报，2003（1）：14–17.
⑥ 张义飞．从动物的嬉戏到人类的休闲——体育休闲娱乐足迹的人类学探析［J］．体育文化导刊，2006（8）：41–43.
⑦ 翁中清．体育的使命——浅探人类学视野下体育对个体的人文价值［J］．体育文化导刊，2006（11）：20–23.
⑧ 林叶微．从文化人类学的视角看我国少数民族体育习俗的功能［J］．体育科学研究，2007（3）：36–39.
⑨ 钟海明．西南少数民族传统体育的文化人类学分析［J］．黑龙江民族丛刊，2008（3）：146–149.
⑩ 杨洪波．人类学视野中彝族传统体育的产生与发展［J］．科技信息，2009：714.
⑪ 胡小明，杨世如，夏五四．黔东南独木龙舟的田野调查——体育人类学的实证研究（一）［J］．体育学刊，2009（12）：1–9.

小明教授在《人类学方法进入体育研究的新阶段》提出的“人类学对体育研究的台阶式影响，划分成体质人类学潜移默化影响的初期阶段、用文化人类学指导学科构建的主动引进阶段以及正在形成具有自身学科特色的理论和方法的新阶段。”① 当下体育研究领域正处于文化人类学指导下的构建自身学科特色的理论和方法的新阶段。新阶段，新发现：其一，研究内容更新化。这一阶段以胡小明教授② 为代表提出的体育人类学及其学科的建设，使得越来越多的学者参与到文化人类学在体育中研究中来，其研究内容包括民俗研究③④⑤⑥⑦、文化变迁研究⑧、仪式研究⑨、历史演变路径研究⑩，等等。这一系列的研究，使得文化人类学在体育研究领域似有“百花齐现”之景。其二，研究方法的应用得到普及。梳理这10年的文献，学者们基本都采用了文化人类学的一些代表方法，进行相关体育问题与现象研究。陈奇等通过“对广西红水河流域的民族传统体育‘斗牛斗’运动的变迁历程及传承基础进行了研究”⑪，而形成的田野报告。汪雄等对“滇南石屏县慕善村花腰彝‘女子舞龙’活动中的‘祭竜仪式’和‘舞龙展演’两部分进行田野考察与分析”⑫，探讨了其背后的神圣与世俗的通约。孙群群等通过田野调查法对“西班牙斗牛舞和水族斗角舞两项民俗体育舞蹈内在文化内涵进行比较研究，找出性别在工具与价值之间的内在深层关系”⑬。有的学者以田野调查为基础形成的民族志方法进行研究。涂传飞通过一个村落舞龙活动的民族志报告，阐释了社

---

① 胡小明 . 人类学方法进入体育研究的新阶段［J］. 武汉体育学院学报，2013（5）：5-9.
② 胡小明 . 体育人类学与学科建设［J］. 体育学刊，2013（4）：1-4.
③ 涂传飞 . 社会再生产机制：对民俗体育历史作用的人类学阐释——来自一个村落舞龙活动的民族志报告［J］. 天津体育学院学报，2011（1）：19-23.
④ 许晓容 . 客家民俗体育活动的成因与功能：体育人类学的视野——以舞火龙为例［J］. 体育与科学，2012（5）：27-29.
⑤ 周传志 . 台湾民俗体育“宋江阵”的社会人类学研究［J］. 体育与科学，2013（2）：99-101.
⑥ 陈洛嵩，林伟贤 . 潮汕荡秋千习俗——一项体育人类学研究［J］. 体育科技文献通报，2014（10）：13-14.
⑦ 张辉，王斌 . 旅游与传统再造：女儿城民俗体育的人类学视角［J］. 武汉体育学院学报，2015（1）：15-19.
⑧ 李延超 . 人类学视野中民族体育的文化变迁及其社会动因［J］. 山东体育科技文献通报，2013（5）：1-3.
⑨ 吴莲花，郭学松 . 走向共生：乡土仪式体育的生存性智慧——福建乌坑村“打黑狮”运动的人类学考察［J］. 山东体育学院学报，2017（3）：74-78.
⑩ 蒋东升，唐元超，李利，等 . 民族传统体育历史演变路径及启示——基于国家级非物质文化遗产瑶族金锣舞的体育人类学调查［J］. 贵州民族研究，2019（10）：123-127.
⑪ 陈奇，杨海晨，沈柳红 . 一项民族传统体育的文化人类学研究——广西南丹拉者村“斗牛斗”运动的田野报告［J］. 体育科学，2013（33）：30-37.
⑫ 汪雄，邓星华 . 神圣与世俗的通约：原生态体育发展的人类学考察——基于慕善村花腰彝“女子舞龙”活动的田野调查［J］. 体育学刊，2018（1）：46-51.
⑬ 孙群群，白晋湘，张小林，等 . 工具的认同抑或隔离：中外民俗体育性别参与的文化人类学研究——西班牙斗牛舞与水族斗角舞的田野考察［J］. 中国学校体育，2018（11）：69-75.

会再生产机制对民俗体育历史作用①。当然，有的学者也提出了就方法而论方法，如杨海晨等就某学者提出的在体育人类学研究中应“分离观察者与被观察者的文化处境”这一观点，从田野调查的目的、调查点的选取与介入、资料的获取与分析等方面进行了探讨②。谭广鑫等探讨了田野工作在民族传统体育研究中的重要位置③。

对1986—2019年文化人类学在体育研究中的学术成果的一番巡礼后，进行纵览而系统地梳理与分析，从中窥探到以下三个方面：第一，文化人类学引入体育领域研究，彰显其重要性和时代性。“体育萌芽之初，并没有什么学；奥林匹克竞技兴起之时，更无所谓什么理论”④，后来，随着社会发展，衍生出各类相关的体育理论，但是透过现象看本质，能更深层次地洞悉体育潜在的内涵，仍需建立新的学科。这一新学科便指向了体育人类学。这一举措，以胡小明教授为代表，致力于体育人类学学科的建设，先后提出了“体育人类学是最宏观的体育学”⑤、体育人类学是“体质人类学和文化人类学的极佳结合点，是桥梁性的学科”⑥、“体育人类学是站在体育领域研究人类全面持续发展的一门学科”⑦，后续其代表成果有《人类学的历程与体育研究》⑧《人类学方法进入体育研究的新阶段》⑨等。上述成果为体育人类学在国内体育研究领域奠定了坚实的学术基础。随着时代的发展，学术潮流也在更新之中，对于文化人类学在体育领域的学术风潮，也正在形成，越来越多的学者对体育人类学重要性进行了论述，如《当代中国体育人类学的发展与展望》⑩《当前民族传统体育研究困境——兼议引入体育人类学的必要性》⑪《体育人类学在体育学科体系中的定位》⑫，等等。故此，自19世纪末20世纪初，人类学传入中国，学者们便将其在“本土”的学术界进行纷呈阐

① 涂传飞．社会再生产机制：对民俗体育历史作用的人类学阐释——来自一个村落舞龙活动的民族志报告［J］．天津体育学院学报，2011（1）：19-23.
② 杨海晨，王斌，沈柳红，等．论体育人类学研究范式中的田野调查关系［J］．体育科学，2012（32）：81-87.
③ 谭广鑫，任占兵．人类学在民族传统体育研究中的应用［J］．北京体育大学学报，2017（11）：133-139.
④ 胡小明．人类学与体育研究［J］．体育学刊，1998（4）：42-44.
⑤ 胡小明．体育人类学的兴起［J］．体育学刊，1999（1）：54-57.
⑥ 胡小明．体育人类学概论［J］．体育与科学，2000（3）：4-9.
⑦ 胡小明．体育人类学进展［J］．北京体育大学学报，2004（3）：289-293.
⑧ 胡小明．人类学的历程与体育研究［J］．体育学刊，2013（3）：7-14.
⑨ 胡小明．人类学方法进入体育研究的新阶段［J］．武汉体育学院学报，2013（5）：5-9.
⑩ 狐鸣．当代中国体育人类学的发展与展望［J］．体育文化导刊，2008（1）：17-23.
⑪ 谭广鑫．当前民族传统体育研究困境——兼议引入体育人类学的必要性［J］．体育科研，2016（1）：57-60.
⑫ 倪依克，王钧．体育人类学在体育学科体系中的定位［J］．广州体育学院学报，2019（1）：1-5.

释，体育学术界也受到了当时这股学术“时尚”的浸润，众多学者对于文化人类学引入体育研究领域的必要性与重要性给予了充分的肯定，为人类学在体育领域的深入应用和发展奠定了良好的基础。第二，研究内容多样化。自1986年，谭华的《体育与人类学》分别从“人类起源与体质研究方面”“人种与种族研究方面”“物质、精神、文化的特征及相关关系方面”，以及“人类学在体育实践中的应用”[①]几个方面进行阐述，随后，文化人类学在体育领域便注入了民俗、仪式、文化变迁等内容的相关研究，使得研究内容日趋多样化。第三，研究方法由文献查阅到田野调查转变。众所周知，文化人类学的看家本领——田野调查，将文化人类学植入体育研究领域，同时也将此“看家本领”引荐其中，通过梳理和统计相关文献，自胡小明等独木龙舟“文化圈”田野调查开始[②]，田野调查法便陆续应用于对体育领域现象的阐释。当下，体育学界的田野调研之风气势颇足，但部分学者的田野之行却有见物不见人之现象，以及似有只参与而未深入之疑。因此，对于文化人类学经典方法——田野调查法的应用，仍任重而道远。今天看来，文化人类学在体育领域的研究已受到越来越多的学者青睐，但对于“研究的深度、学术的厚度、成果的力度”[③]还处于“加力”阶段。

二、村落的文化人类学研究

许多人类学家都热衷于村落的研究。言及村落，在中国，它既是传统文明的载体和源头，也是现代文明的根基和依托。因之，国内学界，村落研究也吸引着一大批中国人类学家。村落既是一个空间单元，又是一个社会单元[④]，众多学者加入村落研究的队伍，书写着“小地方、大社会”间的各种事迹，那么这期间的历程又经历着哪些路径？对我们当下研究村落，又有哪些启示？唯有“重走”村落研究的经典学术路线，才可从中略知一二。

在19世纪末20世纪初时期，呈现出以“工业化文明”为标识的西方都市社会和以“农耕文明”为印记的中国乡土社会两重景观，在两大文明体系的交锋下，使得部分西方学者开始关注中国传统社会——乡土社会的研究。1899年美

① 谭华．体育与人类学［J］．成都体育学院学报，1986（2）：1-5.
② 胡小明，杨世如，夏五四．黔东南独木龙舟的田野调查——体育人类学的实证研究［J］．体育学刊，2009（12）：1-9.
③ 王广虎，贺鑫森，王岗．文献综述的归类划分与特征辨析——体育学硕士研究生能力培养和学术规范的反思［J］．成都体育学院学报，2015（6）：1-8.
④ 黄仲怀．20世纪中国村落研究综述［J］．华东师范大学学报（哲学社会科学版），2005（2）：110-116.

国传教士明恩溥出版的《中国乡村生活》一书，以自己在中国农村的亲身经历和对中国农村敏锐的观察，对中国农村进行了精彩、生动的描述，从而掀起了西方学者了解中国社会必先以“村落”为出发点来探究的热潮[①]。

至20世纪20年代，美国学者丹尼尔·哈里森·葛学溥，对广东省凤凰村进行的田野调查后，撰写了《华南农村生活——家族社会主义学》[②]。该书详细地记录了凤凰村的经济、家庭、宗教、教育、人口及社区组织的情况，是较早从人类学、社会学角度研究中国汉族社群的重要学术著作之一[③]。这一学术著作，使得中国“村落”的人类学研究步入正规化的路径，正式开启了中国村落的学术性研究征程。

关于村落的人类学研究综述，可分为三个阶段进行整理分析。第一阶段，始于20世纪30年代，吴文藻先生对“社区研究”的倡导，而引领的村落人类学研究；第二阶段，20世纪50年代至80年代初，因国内政治局势与历史原因，而遭遇“暂停”；第三阶段，20世纪80年代末至今，村落人类学的“复兴”之程的研究。根据与本研究之关联远近，本文着重归类分析第一阶段与第三阶段的相关文献。

第一阶段，自1887年滕尼斯发表《共同体与社会》始，“社区”概念正式进入学科领域[④]。在20世纪30年代，“社区”及社区研究在吴文藻和费孝通的倡导和实践下进入中国学术界[⑤]。吴文藻倡导的“社区研究”，其指涉面宽广，涵括了乡村及都市社区等。在费孝通、林耀华、杨懋春等一批致力于“村落”研究学者的示范引领下，使得村落研究由之前泛泛而谈的“调查式”转入翔实实证，书写村落民族志的研究，产出一大批质量颇优的学术成果，获得国际学界的一致好评。譬如，具有“里程碑”意义的经典著作——费孝通的《江村经济》，本书描述中国农民的消费、生产、分配和交易等体系，旨在说明这一经济体系与特定地理环境的关系，以及与这个社区的社会结构关系，还进一步阐释正在变化着的乡村经济的动力和问题。[⑥]继江村研究之后，费孝通与张之毅合著《云南三村》，费

① 徐杰舜．乡土人类学研究回顾（上）［J］．湖北民族学院学报（哲学社会科学版），2007（6）：15.

② Daniel Harrison Kulp. Country Life in South China: The Sociology of family［M］. New York：Bureau of Publication, Teachears College, Columbia University 1925.

③ 周大鸣．凤凰村的追踪研究［J］．广西民族学院学报（哲学社会科学版），2004（1）：33–38.

④ 斐迪南·滕尼斯．共同体与社会［M］．林荣远，译．北京：商务印书馆，1999：2.

⑤ 许斌．复兴：20世纪80年代以来的中国村落社区研究［J］．北京科技大学学报（社会科学版），2009（3）：1.

⑥ 费孝通．江村经济［M］．北京：中信出版集团股份有限公司，2019：3.

先生本人在《云南三村》里明确地表明了自己对这一问题的看法，提出了“类型比较”的方法，试图以村庄土地制度和产业构成的不同类型的比较，来说明农业社会中民族志时空坐落——村庄社区的多样性。[①] 从江村到“三村”（禄村、易村、玉村）的书写，奠定了“中国化社会学”研究的坚实基础，通过微型社区的叙事，拓展到类型学之研究，“以小见大”，旨在呈现出中国社会结构的整体风貌。林耀华的《义序宗族的研究》[②] 与《金翼：中国家族制度的社会学研究》[③] 学术作品，充分映证了功能主义的运用，二者所不同的是《义序宗族的研究》论述的是“异文化”，而《金翼：中国家族制度的社会学研究》所描述的是作者生于斯、长于斯的故土[④]，其所研究内容均源自乡村中宗族制度。诸如此类学术成果还有《一个中国村庄：山东省台头》[⑤]《芒市边民的摆》[⑥] 等,均以“小地方、大社会”的研究旨趣，来展开他们的学术研究。可见，20 世纪 30 年代至 40 年代末的学术成果，为人类学在中国之运用营造了学术氛围，尤其是以“村落”为微观窗口，展开叙事之研究，其成果大多彰显出“表述中国问题”[⑦] 之思想，开创了具有时代意义的先河，作为最早一批中国人类学研究书写民族志的范例。

第二阶段，自 20 世纪 50 年代至 80 年代初，由于历史原因与政治局势之影响，中国国内研究陷入停滞状态，村落社区的人类学研究同样处于停顿期。在此不再详述。

第三阶段，自 20 世纪 80 年代后，随着改革开放的步伐，徐徐“春风”吹进学术界，使得社会调查中的“田野点”为之开放，相关学者便再次进行田野工作，村落社区研究遂得以复兴，一批学术成果也随之问世。

自 20 世纪 80 年代末，乃至 90 年代以来，学界已形成了村落研究的学术“时尚”。这一时期的学术成就，已经不再是“让村落代表中国”“让村落反映中国”的学术思维，而是转入了研讨“村落与国家”之间的关系问题上。美国学者弗里曼、毕克伟和赛尔登在对河北省饶阳县村落数千小时正式和非正式访问和讨论的基础上，于 1991 年发表了《中国的乡村，社会主义的国家》探讨了中国共

① 王铭铭．人类学讲义稿［M］．北京：世界图书出版公司北京公司，2011：347.
② 林耀华．义序宗族的研究［M］．北京：生活·读书·新知三联书店，2000.
③ 林耀华．金翼：中国家族制度的社会学研究［M］．北京：生活·读书·新知三联书店，2000.
④ 徐杰舜，李富强．乡土人类学研究回顾（下）［J］．湖北民族学院学报（哲学社会科学版），2008（1）：23.
⑤ 杨懋春．一个中国村庄：山东省台头［M］．南京：江苏人民出版社，2001.
⑥ 田汝康．芒市边民的摆［M］．重庆：商务印书馆，1946.
⑦ 王铭铭．人类学讲义稿［M］．北京：世界图书出版公司北京公司，2011：347.

产党在战争时期及革命胜利后在华北农村社会进行的一系列改革，分析了这些改革在不同时期对农村社会及农民的影响、对国家建设的作用，以及它们与传统文化的关系①。黄树民于1984—1985年到福建林村进行田野调查，1989年出版了《林村的故事：1949年后的中国农村变革》②。1997年，王铭铭的《社区的历程——溪村汉人家族的个案研究》试图采用一种社区史的叙述方式，提供闽南村庄与超越社区的国家与社会力量之间关系的历史分析③。同年《村落视野中的文化与权力——闽台三村五论》④相继出版，从国家、社会、地方来建构分析框架探讨其间的关联。诸如此类研究成果，还包括《改革中的农村与农民》⑤《当代浙北乡村的社会文化变迁》⑥《村庄的再造——一个超级村庄的社会变迁》⑦《延伸地带——昌五社区研究》⑧，等等。

21世纪以来，研究村落的脚步从未停止，依然畅游在"田野"之间，思虑在"村落"之里。一大批学术成果相继问世。有学者对以往的经典"田野点"再研究，通过"回访"进行更加深层的学术研讨。庄孔韶的《银翅——中国的地方社会与文化变迁》⑨一书不仅拓展和延伸了林耀华的学术生命，而且代表了中国人类学努力的一个方向⑩。本书在方法论中，提出了"类蛛网式社会结构的解释模式和新均衡论"⑪，通过模式与理论使其在研究方法中呈现出强劲的阐释力度。还有学者对村落的地方政治、观念形态以及村落社会史进行深入研究，如王铭铭的《溪村家族社区史、仪式与地方政治》一书，是继《社区的历程——溪村汉人家族的个案研究》进一步"关注复兴中的地方社区仪式在'当代场景'中的意义与作用，论述溪村祠堂重建过程中不同社会力量的互动"⑫而形成的论著。也有研究者主要从村落的社会结构进行深入剖析研究。诸如，《超越乡土社会——一个侨

① 李善峰．20世纪的中国村落研究——一个以著作为线索的讨论［J］．民俗研究，2004（3）：32-33.
② 黄树民．林树的故事：1949年后的中国农村变革［M］．素兰，纳日碧力戈，译．北京：生活·读书·新知三联书店，2002：3
③ 徐杰舜，李富强．乡土人类学研究回顾（下）［J］．湖北民族学院学报（哲学社会科学版），2008（1）：30.
④ 王铭铭．村落视野中的文化与权力——闽台三村五论［M］．北京：生活·读书·新知三联书店，1997：12.
⑤ 陆学艺．改革中的农村与农民［M］．北京：中共中央党校出版社，1992.
⑥ 曹锦清，张天东，陈中亚．当代浙北乡村的社会文化变迁［M］．上海：上海远东出版社，1995.
⑦ 折晓叶．村庄的再造——一个"超级村庄"的社会变迁［M］．北京：中国社会科学出版社，1997.
⑧ 王雅林，张汝立．延伸地带——昌五社区研究［M］．哈尔滨：黑龙江教育出版社，1999.
⑨ 庄孔韶．银翅——中国的地方社会与文化变迁［M］．北京：生活·读书·新知三联书店，2000：4.
⑩ 李善峰．20世纪的中国村落研究——一个以著作为线索的讨论［J］．民俗研究，2004（3）：36.
⑪ 庄孔韶．银翅——中国的地方社会与文化变迁［M］．北京：生活·读书·新知三联书店，2000：4.
⑫ 王铭铭．溪村家族社区史、仪式与地方政治［M］．贵阳：贵州人民出版社，2004：7.

乡村落的历史文化与社会结构》[①]《乡村民众的利益调整与秩序变迁——以福建漳州岩兜村为个案》[②]《华南的乡村生活广东凤凰村的家族主义社会学研究》[③]《漳澎传统村落社会研究》[④]，等等。20世纪以降，就兴起了对少数民族区域的研究，这学术的火花同样闪烁在21世纪，众多学者延续着这一学术生命之力。例如，熊术新等编撰的《中国云南两个少数民族村落影像民俗志、民俗文化在传播中的意义蜕变》一书对中国云南两个少数民族村落——哈尼族的泥戈村、傣族的大沐浴村用影像的传播手段进行田野调查，以大量的第一手资料图片与田野叙述相互利用,与当代社会生活产生联系[⑤]。杨宗亮的《云南少数民族村落发展研究》一书对云南少数民族村落自然、社会人文环境建设与村落发展等展开了探讨[⑥]；庄孔韶等在《都城及其边缘》中力尝展示给人们一个历史与空间关联互动的社区画卷：魏公村为什么成为新疆村；新疆的维吾尔人为什么会先于改革开放来到并选择定居这里；它有无历史的源头；现今此地的族群活动中有哪些历史的身影；它的形成与今天的高梁河有何关联；与元大都的构建有何关系；明代有何变化；后来何以衰微；其信仰活动如何；为何变迁等系列问题域，展开了翔实的论述与实证[⑦]。

我们再将目光聚焦于近20载的村落人类学研究文献中，主要以中文期刊学术论文为主，进行梳理分析。在村落人类学的研究成果中，主要集中于基础研究，遂以对基础研究进行归类分析，得出：其一，在母学科——人类学的理论范畴下，衍生出众多应用人类学的许多分支学科，陆续投入村落相关研究。有学者在法律人类学理论下进行研究，如赵旭东的《习俗、权威与纠纷解决的场域——河北一村落的法律人类学考察》一文，运用人类学的田野研究的方法，通过对实际纠纷案例的剖析，进而对国家法与习惯法之间的关系加以厘清[⑧]。有学者开始运用历史人类学研究理论方法，关注那些被认为是“没有历史的人民”和无文字社会的历史研究，解释地方社会的组织结构、权力结构和国家权力之间的

---

① 刘朝晖.超越乡土社会——一个侨乡村落的历史文化与社会结构［M］.北京：民族出版社，2005.

② 张慧卿.乡村民众的利益调整与秩序变迁——以福建漳州岩兜村为个案［M］.合肥：合肥工业大学出版社，2009.

③ 丹尼尔·哈里森.葛学溥.华南的乡村生活—广东凤凰村的家族主义社会学研究［M］.北京：知识产权出版社，2011.

④ 张振江，朱爱东，罗忱.漳澎传统村落社会研究［M］.广州：中山大学出版社，2016.

⑤ 熊术新，苗民，孙燕.中国云南两个少数民族村落影像民俗志民俗文化在传播中的意义蜕变［M］.昆明：云南大学出版社，2006.

⑥ 杨宗亮.云南少数民族村落发展研究［M］.北京：民族出版社，2012.

⑦ 庄孔韶，周泓.都城及其边缘［M］.北京：知识产权出版社，2014.

⑧ 赵旭东.习俗、权威与纠纷解决的场域——河北一村落的法律人类学考察［J］.社会学研究，2001（2）：74-84.

关系①。还有研究从教育人类学理论下来探讨村落的“本土教育”②问题；也有研究者从生态人类学角度去探讨“村落环境的文化认同”③。熊迅以视觉人类学为理论基础，从视觉体验到认识村落社会进行阐释④。其二，对于村落中仪式、信仰与村落生活的关联研究。苏斐然指出基督教信仰嵌入滇中苗族村落村民的日常生活中，成为当地村落社会生活的重要整合力量。⑤李姝睿通过对村落仪式的研究，探讨多元宗教信仰的互动与变迁揭示地方性“小传统”在现代化境遇的发展⑥。周大鸣着重对具有“里程碑”地位的“凤凰村”与“江村”的比较研究，探讨了其对人类学的贡献⑦；除此之外，近年也有学者对“村落边界、移居者与共同体”的建设研究⑧；部分学者对书写村落的范式进行研究，如“急需尽快走出村落，直面中国巨大的经济社会结构转型”⑨以及“村落书写范式的危机及其超越”⑩，等等。

综而述之，村落的人类学研究，由国外至国内，由近代至当代，均呈现出一学术生命力之顽强，学术魅力之十足的图景。在卷帙浩瀚的村落研究文献中，尤其是“大家”之作，具有“里程碑”式的学术成果，为我们当下的村落研究提供着源源不断的“学术营养”。我们在卷帙浩瀚的村落研究中，汲取着学术“大家”之成果，遵循着经典之范式，研习如何真正在村落（社区）里做研究，书写着属于当下村落的民族志。然而，村落中不时回荡着“研究村庄，超越村庄——这是现代社会科学家的共同追求”⑪的声音。于是，我们沉思下来：立足于村落，

① 马成俊．百年诉讼：村落水利资源的竞争与权力——对家藏村落文书的历史人类学研究之一［J］．西北民族研究，2009（2）：80–88.
② 巴战龙．“本土教育”：教育人类学研究主题的拓展——评村落中的本土教育［J］．湖南师范大学教育科学学报，2010（6）：27–29.
③ 余达忠．侗族村落环境的文化认同——生态人类学视角的考察［J］．北京林业大学学报（社会科学版），2010（3）：48–53.
④ 熊迅．理解村落社会：视觉人类学的实践［J］．广西民族大学学报（哲学社会科学版），2011（3）：39–43.
⑤ 苏斐然．基督教信仰对村落社会生活的影响——基于一个滇中苗村基督教信仰生活的人类学研究［J］．云南民族大学学报（哲学社会科学版），2015（3）：32–37.
⑥ 李姝睿．村落仪式的象征意义研究——人类学视野中的纳家措哇［J］．青海民族研究，2014（1）：42–45.
⑦ 周大鸣．“凤凰村”与“江村”之比较及其对人类学村落研究的贡献［J］．社会学评论，2018（3）：3–11.
⑧ 区锦联，刘娑．村落边界、移居者与共同体的重塑——对广东新兴县水湄村的人类学考察［J］．北方民族大学学报（哲学社会科学版），2019（6）：77–83.
⑨ 张继焦．中国人类学民族学的最新趋势：走出村落，以老字号为抓手，走向现代化［J］．青海民族研究，2017（2）：39–44.
⑩ 赵旭东．书写乡愁中国的新转变——基于人类学文化转型的范式危机及其超越［J］．贵州大学学报（社会科学版），2019（2）：82–94.
⑪ 王铭铭．人类学讲义稿［M］．北京：世界图书出版公司北京公司，2011：355.

又如何超越村落？是对以往村落研究思维定势的突破？是对学术理论下的“中国化”深度阐释？是对方法论中“田野调查法”注入新的学术生命力？还是对“村落”中“他者”的重新审视。所谓这些“沉思”，均值得我们在当下再思村落之研究。

三、“村落体育”与“村落武术”的文化人类学研究

国内学界的村落研究，已成为新时代的学术“时尚”，体现出原有的“生于兹，终老于兹”的乡土“情结”，进而彰显出当代中国乡土之意义。然而，无论是古代知识精英“采风问俗”[①]的政治行为，还是近代史上知识分子“向民间去”[②]的社会运动[③]，抑或当代在村落里为书写民族志而进行的田野调查，这批学者都致力于通过“村落”的视角，依自己不同的研究兴趣，书写着村落的现代意义，呈现出当下村落研究热潮的澎湃之象。随着这种澎湃之象，在体育学术研究领域，众多学者也将“目光”聚焦于社会基本单位——村落之中，去探寻他们的“学术”之果。为更好呈现本研究的学术成果，我们将学术“目标”锁定在村落体育与村落武术两大核心概念的相关文献梳理。

（一）村落体育的研究

通过中国学术文献网络出版总库，以“村落体育”为“主题”进行模糊搜索，截至2019年12月31日，共检索相关研究成果252篇。

梳理既有相关学术研究后发现，村落体育的研究成果主要集中于期刊，在期刊中，2006年相关的“村落体育”学术成果才问之于世，其代表作是罗湘林在《体育科学》上发表的《对一个村落体育考察与分析》一文。对一个村落体育的发展沿革、活动内容与结构以及其功能的考察，探析及推演村落体育活动的一般状况与规律[④]。经过深入系统地研究，罗湘林在2005年的博士论文《村落体育研

①《汉书·艺文志》载：“古有采诗之官，王者所以观风俗，知得失，自考正也。”学界一般认为，西周时期就已建立“问俗知政”制度，专设负责采风官员即“行人”，到民间搜集歌谣，供当政者了解民情风俗，考察政治得失。《诗经》中《国风》和《小雅》的部分诗篇，其由来便与这一制度有关。

② 洪长泰．到民间去：1918—1937年的中国知识分子与民间文学运动［M］．董晓萍，译．上海：上海文艺出版社，1993：19.

③ 张士闪．当代村落民俗志书写中学者与民众的视域融合［J］．民俗研究，2019（1）：15.

④ 罗湘林．对一个村落体育的考察与分析［J］．体育科学，2006（4）：86-95.

究——以一个自然村落为个案》[①] 中对村落体育进行翔实的案例考察，由此，开启了“村落体育”的研究空间。总体看来，村落体育研究成果主要集中于村落体育的理论探索和应用研究两个向度上。其一，村落体育的理论探索研究。“理论探索”普遍存在于体育学术界，产生的学术背景是其学术界“缺理论视角、缺理论建构，于是部分学者优先选取的‘捷径’是借鉴现成理论来研究”[②] 的学术潮流。村落体育，也不例外。目前，村落体育理论探索主要聚焦于村落传统体育、民俗体育的研究，借鉴如社会资本理论[③]、人类学[④]、游戏理论[⑤]、社会生态学理论[⑥]等理论对村落传统体育或民俗体育相关文化进行研究。除借鉴外来理论之外，也有学者进行村落体育自身的理论体系研究，主要聚焦于村落体育的特征、文化、价值、功能及变迁等方面。比如，以沈泉庄体育为研究对象，探析村落体育与城市、乡镇体育相比表现出的多种不同的特征以及积极的社会功能[⑦]。王建伟论述了新农村建构背景下，经济社会的发展造成了村落体育文化的变迁，对我国村落体育的发展进行重新定位[⑧]。唐远金等从教育与文化的关联程度诠释村落体育文化的教育价值，构建村落体育文化教育的策略[⑨]。其二，村落体育的应用研究。从目前发表的研究成果来看，村落体育的研究焦点主要关注村落体育组织、治理、公共服务策略等方面。关于村落体育组织的研究，有研究者以少数民族村落体育组织为对象，实地考察少数民族村落体育组织运作方式及运作动力，为少数民族村落体育组织发展提供支持[⑩]；对于村落体育治理方面研究，有学者提出村落体育非物质文化遗产保护的治理模式可以通过形成制度化的社区居民参与机制，使社区居民参与到公共决策和政策执行之中，提升社区居民的自治能力、主体积极性和

① 罗湘林 . 村落体育研究——以一个自然村落为个案［D］. 北京：北京体育大学，2005.
② 涂传飞 . 近 10 年中国民俗体育文化研究述评［J］. 体育科学，2019（8）：50–60.
③ 卢文云 . 社会资本视阈下的村落体育公共服务供给策略［J］. 体育与科学，2016（2）：55–65.
④ 周家金，孙庆彬 . 人类学视野下民族传统体育价值观的调查整理方法——以壮、侗、苗、瑶等的村落体育项目为例［J］. 沈阳体育学院学报，2016（2）：128–134.
⑤ 冉婷，郑国华 . 基于游戏理论视角下村落体育精神研究［J］. 北京体育大学学报，2015（8）：29–35.
⑥ 孙风林 . 村落体育的社会生态学分析——以河北沧州郭村为例［J］. 体育科学，2013（3）：19–27.
⑦ 郭修金，虞重干 . 村落体育的主要特征与社会功能探析——山东临沂沈泉庄的实地研究［J］. 广州体育学院学报，2007（3）：33–36.
⑧ 王建伟 . 新农村建设背景下村落体育文化的功能、变迁及定位［J］. 首都体育学院学报，2014（1）：31–34.
⑨ 唐远金，周家金，张强，等 . 村落体育文化的教育价值及构建［J］. 体育文化导刊，2019（7）：44–48.
⑩ 孙庆彬，朱波涌，周家金 . 少数民族村落体育组织的运作方式与运作动力［J］. 沈阳体育学院学报，2019（5）：132–138.

参与能动性，从而推动体育非物质文化遗产的保护、开发、利用和创新[①]。关于村落体育的公共服务策略研究，有学者以统筹城乡综合配套改革试验区——成都市的行政村16岁以上常住居民、主管文体工作的村干部、村落非正式或正式的体育组织为研究对象，对村落体育公共服务存在的问题、原因及发展策略进行研究[②]。其村落体育应用研究还出现在其传承、保护及发展方面。孙庆彬等就“政府、民间和学界在村落体育文化保护传承中具有不同的角色定位”[③]为村落体育文化提供策略支撑。此类研究成果还有“土家族村落传统体育”[④]保护传承、“新农村下村落体育文化建设”[⑤],“中国农村社会转型过程中,村落传统体育的生存和发展”[⑥]，等等。

（二）村落武术的研究

在“村落体育”主题下，再进一步缩小研究范围，以“村落武术”为“主题”进行模糊检索，共检索相关文献48份。与其研究价值的重要性相比，村落武术的研究力度显得异常薄弱。2010年，村落武术的研究成果才现于“学林之地”，研究成果的稀缺呈现出在武术研究布局中仍处于“边缘地带”。“传统武术之根，根植于民间”，民间这片丰沃之土，值得深研。

通过对村落武术现有的学术成果进行归类梳理，主要从研究视角与研究方法进行整理分析：其一，在研究视角上，研究成果主要聚焦于拳种、乡村振兴、体育强国、全域旅游、文化生态学、民俗学等视角。比如，王明建通过村落与拳种视角考察村落武术的变迁[⑦]与人类学实践空间[⑧]；李辉等在乡村振兴视域下,围绕村落武术如何助力武陵山片区乡村振兴发展进行可行性研究[⑨]；宋相川以文化生

① 白晋湘．乡村振兴战略背景下村落体育非物质文化遗产保护的治理研究［J］．北京体育大学学报，2018（10）：1-7.

② 卢文云．统筹城乡发展中促进村落体育公共服务发展的策略研究［J］．北京体育大学学报，2018（2）：17-24.

③ 孙庆彬，王艳梅．政府、民间和学界在村落体育保护传承中的角色定位［J］．广西师范大学学报（哲学社会科学版），2014（2）：73-76.

④ 汪如锋．文化生态困境中土家族村落传统体育的保护与传承［J］．南京体育学院学报，2010（4）：40-43.

⑤ 石冰．新农村体育文化建设的路径选择［J］．郑州大学学报（哲学社会科学版），2009（5）：51-53.

⑥ 郭琼珠．社会转型期村落传统体育的生存 、保护与发展［J］．厦门大学学报（哲学社会科学版），2008（2）：122-128.

⑦ 王明建．村落武术的变迁及启示：对一个村落武术活动的文化人类学考察与分析［J］．首都体育学院学报，2012（5）：402-405.

⑧ 王明建．拳种与村落：武术人类学研究的实践空间［J］．成都体育学院学报，2016（1）：51-54.

⑨ 李辉，周新惠，彭健民，等．村落武术助力武陵山片区乡村振兴的路径研究［J］．广州体育学院学报，2019（5）：69-73.

态学为理论视角，对一个地域村落的民间武术的兴衰变迁过程进行分析[①]；宿继光等从民俗学的视角对以"鲍家武术"为代表的村落武术进行研究，提出了鲍家武术式微的原因所在[②]。其二，就研究方法而论。对于"村落武术"而言，是以"在村落里研究[③]"为出发点，因之，在以往的文献资料法基础上逐渐转入田野调查，是"村落武术"研究的"呼声"，由此使得村落武术的研究获取新的动力"源泉"。王明建采用田野工作的方式，对贵州安顺鲍屯武术活动变迁的过程和影响因素进行文化人类学考察，并对其历史作用与变迁进行较完整的剖析，以此个案为基础，推演村落武术变迁的一般状况与规律[④]；郭学松等以一个少数民族村落的传统武术为研究个案，通过对不同时期村落传统武术人口的变迁进行挖掘整理，分析归纳导致村落武术变迁的重要因素[⑤]；除此方法外，周惠新等还采用"民族志、扎根理论等研究方法，对武陵山片区村落武术的保护与传承进行了研究"[⑥]，并以"质性研究方法对武陵山片区村落武术的社会功效及实施路径进行相关性研究"[⑦]。口述史方法也运用于村落武术的研究，如魏烨以口述史法为主，对孙庄武术的兴起、发展与衰落进行了探讨[⑧]。

对村落体育与村落武术的学术成果从整体上进行检视，在理论层面，借鉴新理论来阐释村落体育，已形成一定的学术成果，但产生着新的问题：其一，部分学术研究中引入的新理论，仅停留于表面的"移植"阶段，部分学者未系统深化学习外来理论，带有拿来主义色彩；其二，部分理论的引用，与研究内容之间略显"牵强"，使学术成果未能彰显理论之"本色"，亦未能深度阐释事实之"本貌"，造成了理论与事实内在"脱节"。在村落体育的政策研究中，对村落体育的治理、公共服务策略上提供了一定的具有实用价值的建议，却存在着"泛泛而

① 宋相川．文化生态学视角下的村落武术研究——以一个地域村落为例［J］．体育世界（学术），2018（10）：87-88.
② 宿继光，李金龙．对一个村落武术变迁的民俗学阐释——以"鲍家武术"为例［J］．搏击（体育论坛），2013（5）：1-2.
③ 克利福德·格尔茨．文化的解释［M］韩莉，译．南京：译林出版社，1999：29.
④ 王明建．村落武术的变迁及启示：对一个村落武术活动的文化人类学考察与分析［J］．首都体育学院学报，2012（5）：402-405.
⑤ 郭学松，方千华，陈上越．一个少数民族村落传统武术人口变迁的考察［J］．武汉体育学院学报，2015（12）：49-56.
⑥ 周惠新，杨志华，谭腾飞．武陵山片区村落武术的保护与传承研究［J］．哈尔滨体育学院学报，2018（6）：59-63.
⑦ 周惠新，杨志华，谭腾飞．武陵山片区村落武术的社会功效及实施路径研究［J］．中华武术研究，2019（8）：24-27.
⑧ 魏烨．口述史：孙庄武术的兴起与衰落［J］．体育文化导刊，2015（2）：169-172.

论”的现象：诸如村落体育中“传承、保护、发展”等政策型研究，已属于老生常谈的问题，但部分研究成果未能呈现出其真正的实效性，未能深入辨析其三者间的关联，也未能从“他者”的角度提出切实可行的“传承、保护、发展”之策略。村落武术是村落体育研究下的一个子课题。因此，村落武术的理论探索路径，势必影响着村落体育的研究视角更新。现有的学术成果中，一方面，村落武术的研究视角渐趋多元化，但存在“有多而无一”之现象。其中“一”尤指“村落武术”内生型的视角。“内生型视角”指源自事物内部，以“自下而上”的逻辑思维来选取的研究视角。在目前的学术成果中，村落武术的“内生型”视角来研究的成果仍然较少。另一方面，在村落武术的研究方法上。村落武术这一选题，便决定了研究者需立足于“村落”而进行研究，故其方法论显得尤为重要，人类学经典方法——田野调查法，正适用于此。对当下村落武术的学术成果分析，田野调查法已呈现在部分成果之中，且产生了颇具价值的学术影响。但也有部分成果，在田野作业时，“下田野”的力度与深度尚欠火候，仅存在于“村落描画模式[①]”之中，未能真正呈现“田野之图景”。只有树立超越“田野资料”的意识，才能捕捉“田野之芳香”，成就当代“田野之作品”。

基于上述的文献巡礼，立足于体育界学术传统与创新之需要，将文化人类学理论与方法引入村落武术之中，从村落武术“内生型”的研究视角出发，以“村落”为视角，注重“视野向下”与“面向基层”的研究范式运用，持“他者”之眼光，透过“村落武术”这一窗口，对当代传统武术在“何以传承”“何以发展”等问题上进行深度剖析，建构新时代传统武术的传承机制。

第二节　前期相关研究的启示与思考

学而不思则罔。在追寻与数次翻阅经典文献之作的道路上，深感老一辈所秉持的学术精神与学术态度，让人由衷叹服。对于前期的相关成果，追寻之余，反思再现：我们的武术，又当何去何从？在武术领域的学术研究中，又会有哪些发展态势？

① 赵旭东．书写乡愁中国的新转变——基于人类学文化转型的范式危机及其超越［J］．贵州大学学报（社会科学版），2019（2）：82–94.

一、学科构建：研究的内在需求

随着国家“弘扬中华优秀传统文化”的政策导向，如何推动中华优秀传统文化创造性转化与创新性发展这一时代之问回响在整个传统文化研究领域。中国武术，便属于这传统文化领域之一。在时代之问的引领下，武术的“学术热”随即铺开。近几年来，学术成果随之涌现。然而，在这一片“欣欣向荣”的大好形势之下，我们的民族传统体育学科理论“却几近空壳”①。于是，源自武术内部“学科构建”的呐喊时代之声随之迸发。纵览前期武术的学术成果，跨学科之作，大而有之，也不乏“经典之作”。然而，武术的研究领域中，如何运用“跨学科”之跨越是当下我们应思虑之处。诚然，当下学界的学术研究趋势是一个在研究领域“纵横相融”，研究理论“交叉多元”的学术发展态势。在这趋势的驱使之下，我们更应冷静思考，武术研究的内在需求到底是什么？在系列研究成果中，我们又一次发现学科构建便是武术研究的内在需求。一门学科，哪怕是分支学科，如果完全没有自己的理论和方法，那只能算是为自身依附的母学科提供研究场所和素材，徒有虚名②。作为武术研究而言，民族传统体育学科理论的构建与发展亦如此。当然，对于民族传统体育学科理论的构建与发展，已经有学者“在路上”建设着这一“工程”，我们也欣喜地看到，众多“武术人”的思想解放、心智跃升与民族传统体育学科领域里的国际文化交流、吸纳、融合、批判、抵御和斗争形成一种密切的互动态势。越来越多的学者已经将多学科的理论知识运用于武术领域进行“躬身实践”，并取得了优秀的学术成果，在此不再一一列举。人类学进入体育研究的优势，是具有文理融通的特点，为体育学科的建设带来衔接各学科的立体时空架构。③同样，对于我们的民族传统体育学科，其优势颇显。故此，本研究着重借鉴和运用文化人类学相关理论与方法对村落武术进行探索，为丰富民族传统体育学科理论提供建设的“窗口”。

二、范式转换：研究的超越与创新

现代世界的社会与文化正处于转型时期，对于武术的研究也面对一种“新与

① 胡小明．体育人类学与学科建设［J］．体育学刊，2013（4）：1–4.
② 同①．
③ 同①．

旧、传统与现代、持守与发展等多种对立样态的交融并存”[①]之现象。在“多种对立样态”之中，武术研究也需进行现代的转型，即既有范式的转化、超越与创新。本文所提到的研究范式，是基于原有的武术研究范式基础之上，加入文化人类学理论与方法。其中，微观个案考察和研究是人类学家最常使用的研究方法，研究者通常会根据研究内容的需要对一个村落、一个社区、一个聚落进行深度考察，从而探讨、分析、解读其行为发展变化的过程与动因，通过微观个案研究，解读那些深嵌于人们生活中的经验和感知，从而贴近生活本身，并从某一类实践活动中寻求原因和规律，使得微观个案考察具有实践上的显微性，借此来建构武术领域的研究范式。本研究便以“村落武术”为视角，以“血缘、地缘、艺缘”认同为三个维度，聚焦三个村落（河南温县陈家沟、贵州安顺鲍家屯、山西长子鲍店东街）中的武术现象，来构建微观个案考察研究范式，并进行文化人类学的论证与思考，着重对田野作业的深度考察与超越，深化“田野作业是一种方法，是一种态度，更是一种精神”的要义，超越仅着手于描绘村落武术固有“画面”，去深究武术文化现象身后的内蕴之“图景”——社会学意义、文化内涵，以及与时代的勾连。由此，通过对“村落武术”中的个案考察，探讨传统武术传承机制，解读蕴含在身后的社会意义及文化内涵。

三、问题导向：研究的内驱动力

“问题是时代的格言，是表现时代自己内心状态的最实际的呼声。”[②]习近平总书记也深刻提出：“世界上没有纯而又纯的哲学社会科学。世界上伟大的哲学社会科学成果都是在回答和解决人与社会面临的重大问题中创造出来的。”[③]只有立足时代去解决特定的时代问题，才能推动这个时代的社会进步；只有立足于时代去倾听这些特定的时代声音，才能吹响促进社会和谐的时代号角。引而言之，在论文研究过程中，强化我们的“问题导向”，树立自身的“问题意识”，使得我们的研究更具价值性。为凸显这一价值，我们在辨析武术领域中的“真伪”问题时，便要经巡一番“甄别”，形成正确的“问题导向”。问题如何寻之？便只有

① 赵旭东．书写乡愁中国的新转变——基于人类学文化转型的范式危机及其超越［J］．贵州大学学报（社会科学版），2019（2）：82–94.

② 马克思，恩格斯．马克思恩格斯全集：第 1 卷［M］．北京：人民出版社，1995：203.

③ 新华网．习近平：在哲学社会科学工作座谈会上的讲话［EB/OL］．（2016–05–17）［2023–06–25］．xinhuanet.com/politics/2016–05/18/c–1118891128_2.htm.

回归我们的时代大背景下；回归到武术研究的内部之中；探寻真正的问题之源。在梳理相关的武术研究成果时，跃然纸上，反映现实的武术问题域——武术应该“如何传承”“如何保护”——让我们在学术中“转辗”之研究。而如何建立武术的“他者观”？又让我们回望自己研究武术学术的历程，寻觅其建立的结合点。

依据“问题导向”，精准把握当下武术现实问题，遂以聚焦“村落”。立足于村落，回望我国改革四十余年，国家的力量无一不在“村落”间留下着足迹，在此之间，“村落武术”亦凸显出前所未有的诸多新问题与困境。城镇化的高速发展，便是其中之一。伴随着城镇化，村落的“空心化”与“同质化”问题纷纷出现。这些问题导致承载传统武术的“原始基地”失去了依托，传统武术的生存空间出现了“缺场”，我们不得不反思，在村落武术翔实的田野考察与分析中，如何制定“接地气”的传统武术保护与发展之策略？如何借助于人类学的理论与方法，进行武术的本土化研究？又如何通过村落武术这一乡土文化资源，系统、全面、准确地认知与表达传统武术之文化？诸如此类的问题域，形成了有力的问题导向，驱动着我们在研究武术之路上砥砺前行。同时，也源源不断地注入了学术研究的“源动力”，使得我们在学术研究中，反思其“问题域”，强化问题导向，探寻“求解思维”的真正支点。

第三章

他者的眼光：传统武术的文化镜像

“他者”（the other）是相对于“自我”而言，是指自我以外的一切人与事物[①]。从学理层面而言，在人类学中，关注“他者”已成为一种学术传统。本研究的“他者”，主要指研究者以“局外人”的身份，来看待武术的种种社会现象，并从符号、原点、技法三个层面来阐释与解读在“他者眼光”里所成的“武术何为，为何武术”的文化镜像。

武术是什么？长期以来，武术一直都是我们熟悉的“陌生人”，对国人而言，似乎近在咫尺，也似乎远在天边。近在咫尺是因为武术作为曾经的“国术”，每一个中国人都理所当然地对中华武术有着根深蒂固的认知，无论是来自金庸先生的武侠小说，还是影视作品中“霍元甲”“黄飞鸿”“叶问”“李小龙”等人物形象都深入人心，并让每一位中国人感到由衷的振奋和自豪。但是，武术对大多数人而言，却又远在天边，他们尽管熟知，但从未体悟，更不甚了解。在大众的视野中，武术仿佛不仅仅是“健身之术”“修身之术”“防身之术”，还是一种可以任由大家发挥无限想象的“神秘力量”。但实际上，如果我们真正走进武术，中华武术的神秘面纱层层褪去后，从“太极拳”“形意拳”“八卦掌”的内家拳法到“招熟”“懂劲”“神明”的习练法则，武术真正向我们展现的实际上是一个“技击之道”的独特空间，一个可观察、可触摸、可学习、可体悟的中华传统文化的复合体。

中华传统文化是建立在农耕文明基础之上的文化形态，注重天人合一，是一种典型的内倾性文化形态。在传统文化母体中孕育产生的武术文化，在实践与表达中，尤其重视个人武术技艺的日臻完善和内修外练，是一种极具代表性的

① 张剑．西方文论关键词他者［J］．外国文学，2011（1）：118-127.

东方身体文化形态，在武术习练过程中，需要习练者躬身实践、坚持不懈地细心领悟，这个过程中首先是对武术技法、劲力和武学技艺的领悟和体会。王宗岳在《太极拳论》中对习练太极拳的过程有过精妙的论述，提出“由招熟而渐悟懂劲，由懂劲而阶及神明”的著名武术哲理，他指出“招熟”“懂劲”“神明”为习练太极拳之三层境界。所谓“招熟”，即太极拳在习练过程中讲究“诸处皆圆，非圆即弧”，劲力的“圆转融和”需要靠每招每式熟练的行拳盘架来体会，从“招熟”渐渐懂得自己劲力的运行与轻重缓急的把握，体悟敌方的劲，因此“招熟”是“懂劲”的前提。“懂劲”后，通过推手来练习走化、擒拿、发放与解脱，通过加深练习和掌握，在任何时候都能做到不丢不顶，化而拿之，化而发之，物来顺应，随心所欲，因敌变化示神奇，随势变化而敌莫测。正如《孙子兵法》上所云：“故形兵之极，至于无形。无形，则深间不能窥，智者不能谋。”到此境界，劲力如水，触处无迎，谓之“阶及神明”。为了达到这样的目标，传统武术在习练过程中要求“神不外溢、意不露形、形不破体、力不出尖、气贯周身、法合自然”，讲究形、意、气的协调配合，从而实现武学技艺的精进，在武侠影片和武侠小说中，这一在武术动作技术之外的形、意、气称为“心法”，也就是领悟武学的法门。可见，内倾性的价值诉求决定了中华武术对个人武艺的日臻完善和艺无止境的武学造诣要求。此外，习武者在不断精进武学技艺的同时，更将武术上升为一种具有教化作用的身体文化。根植于内倾性文化基因的作用下，使武术不再仅是一项单纯的身体运动，它已经转变为具有独特文化隐喻的“文化的武术”①，因此，从某种意义上来讲，中华武术是一门身心修养之学。所谓“修身”就是“克己”，完善人品操行，提高人生境界。②这一点，中华武术所倡导的和儒家文化中的君子之道异曲同工。如孟子之“古之人，得志，泽加于民；不得志，修身见于世。穷则独善其身，达则兼济天下”（《孟子·尽心上》），荀子之“君子之学也，入乎耳，著乎心，布乎四体，形乎动静……君子之学也，以美其身”（《荀子·劝学》），孔子曰：“正其身，如正人何？”（《论语·子路》），等等。因此，无论是中华武术的任何一种拳种和流派，除了外在技术的精益求精之外，更在于对内的约束和追求，尊师重教，内修外练，陶冶境界。武术修身的内在效果，主要在于对习武之人思想的教化，让人知伦理道德，晓善恶是非，能

① 王岗．武术发展中的“文化围城”现象审视［J］．北京体育大学学报，2005（10）：1328-1331.
② 陈伯君．修身：中国文化的人生价值取向［J］．中华文化论坛，2002（2）：29-32.

"克己"从"仁"，这些理念处事法则内化为武术技术体系的日常修炼。如太极拳在行拳走架时讲求"立身中正"，劲力上追求"连贯圆活"，技法上遵循"欲进则退""随曲就伸""舍己从人"。显然，习练中国武术的过程，是一个由外而内、由技入道的教化过程，必须"德""技"兼备，"道""术"兼修。通过对武术技术、技法的研悟和武德精神的恪守，让"野蛮"的自然人逐渐发展成为蕴涵精神与文化的儒雅、文明的武术人。

第一节　符号镜像：理解武术文化的符号表征

武术文化是中华优秀传统文化的重要组成部分，它根植于中华传统文化的沃土，在不断的发展中，形成了拳种浩繁、风格独特的内容体系，成为中华民族一种独特的文化符号，是中华民族独特的文化抽象体现，是中华传统文化内涵的重要载体和形式，是中国精神的具象和表现形态之一。

众所周知，中华优秀传统文化源远流长、博大精深，是中华民族几千年来在经济、政治、文化、社会、生态文明等各领域沉淀下来的物质财富和精神财富。在世界几大古代文明中，中华文明是没有中断、延续发展至今的文明。在人类绵延不绝的共同生活的历史进程中，中华民族融汇了众多民族的文化、思想和智慧，形成了儒、道、法、墨等诸子百家思想体系，概括出由基本理念、核心价值、行为规范、理想信念等构成的文化经典，形成中华民族特有的信仰追求、价值取向、高尚品质、文明准则、思维方式和生活方式。在漫长的发展中，武术文化在中华传统文化的孕育下，蓬勃发展。《拳经》有云："吾国技击之术，发端于战国，昌盛于唐宋，盛极于明清。"[①] 在历史发展中，不同地域的自然环境和风土人情产生滋养了风格迥异的武术拳种和流派，如少林武术、峨眉武术、武当武术。这些拳种和流派大多源于人们的生活实践、军事战争和社会活动，蕴含着中国传统哲理之奥妙，形成了内涵丰富、层次多样的理论体系，作为优秀传统文化的代表，已成为我国独具特色的传统文化资源。因此，对于中华武术的认知，绝非仅指争斗中的挥拳舞棒、自由搏击抑或是擒拿格斗等这些具象的、外在的技术内容。而在很大程度上，是"以中华传统文化为理论基础，以具有技击内涵的动

① 朱君 . 浅析武术概念的确定［J］. 湖北体育科技，2001（3）：14-15.

作为基本内容，以套路、格斗、功法为主要表现形式的内外兼修、术道并重"①的身体文化体系。在其源远流长的发展过程中，武术摄养生之精髓，集技击之大成，形成了众多的门派和系统化的技术体系，所以从内在本质上讲，中华武术可以理解为是身体的文化，抑或是一种称作"技击之道"的文化体系，所以无论外在的技术表现还是内在的价值诉求，武术无处不蕴含着中国人的"精气神"。武术在技术动作表现中要求手、眼、身法、步，精神、气、力、功的协调配合，动作神韵则讲究"内外兼修""形神兼备"。在演练中，要求眼随手动、目如势注、动如涛、静如岳、起如猿、落如雀，其动作包含着我国独具特色的审美和自强不息的精神风貌，凸显了中华民族厚德载物的价值诉求。在中华文化的哺育下，传统武术形成了鲜明的民族文化特色，形式多样、内容丰富、文化意蕴深邃，在强身、健体、尚礼、重德等理论观念下，中华武术以"太极说""阴阳说""五行说""八卦说"等高度概括了拳理、拳技，形成了"守柔处雌""崇武尚德"等理论原则，为武术技法体系构筑形成了坚实的理论基础。例如，以五行学说为拳术立论的形意拳，佛武合一的少林拳，以阴阳学说为拳理的太极拳，等等。在不断的演进和发展中，本质上应用于搏杀实战的武术完成了"由术至道"的蜕变与升华，形成了代表中国精神的独具特色的"武术文化体系"。在这一体系中，武术所推崇的阴阳平衡、形神兼备、天人合一等武学理念无不渗透着中国传统哲学的思想。故此，习练武术本身就是一个身体被"武术化"、被"文化"的过程，在这个过程中，自然的身体全方位地接受武术的改造，使动作的用力程度、动作的幅度以及心理和精神状态都在这个过程中发生变化。武术中的身体，也不再仅是生理上的身体，而是一个文化的身体。作为身体文化的武术显然已成为传统文化的载体和符号，具有代表性和典型性。正由于这样的缘故，有学者将武术与中医、汉字、中国菜并重，并成为中国人文版的"四大发明"，彰显了武术在中华传统文化中的地位和作用。可见，武术已然作为一种文化符号，穿梭于都市之间，游走于社会之内。综上可知，武术文化是在中国传统文化背景下孕育并发展起来的民族传统体育项目，不仅是中华民族宝贵的文化符号②，而且是中华传统文化的重要种类和表现形式。

---

① 邱丕相，蔡仲林．中国武术导论［M］．北京：高等教育出版社，2010：5-8.

② 周维方，赵光圣．"中国梦"视域下传统武术社会价值观照——基于武术家群体的口述史研究［J］．北京体育大学学报，2018（6）：132-139.

第二节　原点镜像：解读武术文化的核心要义

根据文化结构的层次理论，文化可以细分为表层文化、中层文化及深层文化三个层次。表层文化即物质文化，体现为人类对物质利用的不同形态；中层文化为精神文化，其中包括艺术、科学、宗教、制度、礼仪、风俗等；深层文化为哲学层面，是指观念、意识和哲学等。有学者将之概括为物质层、制度层和精神层三个层面，并被学界所接受。武术作为中华传统文化的组成部分，亦可按照三层次学说来分析其整体构成，明晰其要义。在武术文化体系中，最外显的一层可以理解为“人与物”之间关系的物质层，其中包括我们可以感知的习练武术技术、技能所需要的武术器械、武术练功器具、武术场地、武术服装等，当然，这其中最直接的表现形态还是武术技法，如武术技术中拳法、腿法、摔法、跌扑滚翻、腾空跳跃等。中间层为“制度习俗层”，其中包括：武术传承方式、武术教授方式、武术礼仪规范、武德内容等，这一层更多体现为一种“人与人”之间的关系，如师徒关系、同门之间等。传统武术文化的传承，历来讲究“传承有序”的规范与“未曾习武先习德”的戒律。深层文化是武术文化的核心层则为“精神价值层”。精神价值层主要包括武术文化体系中所体现的民族性格、民族心理、民族情感、民族认同、价值观念、审美情趣等。可以简洁地理解为，外显层为技与术；中间层表现为礼与艺；核心层为体现武术价值的道与理。由外及内，由外显至核心，构成武术文化三个层次的各要素相互联系，层层递进，形成一个有机整体。因此，我们讲传统武术中“蕴含着中国传统哲学、中医学、兵法学、伦理学、美学、宗教学等，并且反映了中国独特的民族精神、民族气质、民族思维方式、价值取向、审美观念、行为方式、人生观及宇宙观”[①]。这一系列构织起传统武术的文化之网，聚焦形成了传统武术的原点镜像。透过这张蕴含文化意义的“网”，聚焦传统武术的原点镜像，洞悉传统武术之逻辑原点，谓之传统武术的文化属性。明确其逻辑原点，便于进一步准确认知与表达传统武术文化的意蕴。

传统武术萌芽于农耕时代，植耕于天然的中华传统文化土壤之中，具有农耕文明之烙印，承载着传统文化的基因。故此，“农耕时代”“文化土壤”“农耕文明”“优秀基因”等众多因素叠加一起，构成了传统武术文化的形成场域。如

① 李增博．现代社会中武术价值系统的建构研究［D］．武汉：武汉体育学院，2012：24.

是观之，中华传统文化为传统武术理论源泉提供了充分的思想来源。先秦诸子百家为武术输入丰盛之“养分”。譬如，儒家思想的“仁爱”构筑了武术伦理核心，孔子提出的“六艺”使武术中的教育功能具象化；墨家的“侠以武犯禁”彰显其“武侠”之精神；道家的老庄思想拓展了武术的认识论与方法论。武术汲取了道家关于宇宙本源的“道论”“气论”及“天人合一”论的观点来解释中国武术的本质。《太极拳经》道：“太极者，无极而生，动静之机，阴阳之母也。”这一无极而太极的观点，便来自道家①。道家不仅在观念层面，在方法论方面也有所导引，中国武术吸纳了道家“以静制动”“以柔克刚”等思想，使得武术技击思想有了坚实的理论支撑。由于道家思想对中国武术的影响颇为深邃，此处对“天人合一”思想在武术上的影响扼要阐释如下。

张岱年先生说：“中国哲学有一个基本观点，即天人合一，认为天人本来合一，而人生最高理想是自觉地达到天人合一之境界，物我本属一体，内外原无判隔。”道出了“天人合一”之精髓，在传统武术文化中亦植入了“天人合一”的思想观。在此思想观的导引之下，传统武术注重和谐之法，融入于传统武术的思维模式与实践规范之中。其一，自身之和谐。诸如，习练之时，强调“心者乃身之主、身者为心之躯”的身心合一；演练之时，讲究“形具而神生”的形神兼备，等等。其二，自身与自然之和谐。庄子云：“天地与我共生，万物与我为一。”彰显出自身与自然和谐之法，规范着传统武术习练思维，遵循自然之规律，崇尚自然之道法。其三，自我与他者之和谐。习武谚语有云“未曾学艺先学礼，未曾习武先学德”，阐明处理人际关系之准则，随之衍生的“武德”，便是规范习武群体的重要法则，同时强调着人与人、人与社会之间的“和谐”之法。

此外，先秦诸子中的兵家与武术，可谓同根同源，二者聚焦于技击取向。兵家中的《孙子兵法》尤为武术提供了充实的技击理论思想，如“兵者，诡道也”“知己知彼，百战不殆”“奇正之变，不可胜穷”（《孙子兵法》），等等，均丰富了传统武术的技击之道。推崇阴阳学说的阴阳家，衍生出的“动静”“刚柔”“开合”等系列哲学概念，运用于武术之中，遂以产生了据“五行”学说，而加固形意拳之理，循《周易》之法，而铸就八卦掌之理等，为武术的拳理、拳技提供了丰厚源泉。诸如此类，哲学之理，奠定了传统武术拳技之理。

传统武术文化源自中国传统文化宝库，除哲学外，中医之法影响颇显重要。

① 国家体委武术研究院．中国武术史［M］．北京：人民体育出版社，1997：43.

譬如，武术训练常强调“精气神”。“精气神”被称为人体三宝。“精”是构成人体的基本物质，也是人体各种机能流动的物质基础；“气”是人体基本物质的转化运动形态，是维持生命活动的一切功能和能量形式；“神”是人的精神意识、思维活动以及脏腑、精气、血液、津液的外在表现[①]。因此，将中医中“精气神”学说，导入传统武术，呈现出了“炼精化气，炼气化神，炼神还虚”的习武进阶图景，使之训练有法，进阶有序，规范了传统武术实践之理。综上所述，传统武术的文化之源，大多源自借鉴中国传统经典的理论范畴，并与传统武术之内生理论相融合，从而构建适宜自身的新理论，并内化为传统武术之逻辑原点。故之，依循此镜像，传统武术蕴含的中华民族基本精神与价值取向亦随之而显。

第三节　技法镜像：认知武术文化的逻辑起点

中华武术作为一个以技击为核心的运动体系，其表达方式在于其“内外合一，形神兼备”的技术目标和理念，武术历来注重“形意气”的配合，并以“和谐”“天人合一”作为技术追求的终极目标。这一目标的实现，首先在于对身体的关注和动作的精益求精。在武术家的眼中，身体虽然是我们每个人所有的，但身体更是行武者从生理和心理体验、感悟武术的途径和传播武术形象的工具，是包罗万象的武术文化的载体。作为文化实践的武术，也是身体艺术化实践的武术，是武术对身体的文化过程[②]。武术中的每个动作，都是经过前人无数次的实践后编制而成的。每个武术动作都有运动路线、身体各部分配合情况、用力大小等的法则可言，都不是凭空捏造的。在实战运用时，也对身体有规范性、法则性的要求，如身体虚实变化之法、刚柔变化之法、快慢变化之法。在传统武术技术的演练过程中要求“内外六合”，即手与足合、肘与膝合、肩与胯合、心与意合、意与气合、气与力合，在运动中讲究攻守进退、起伏转折、动静疾徐、形神兼备，于对立中求统一，于协调中求转换。所以，武术这种既讲究形体统一规整，又注重精神意志和谐的技击方法，可称其为一种理想化的技击艺术。

文化的多元性、多样性是中华传统文化的一个明显特征[③]。这种独特性和典

① 全国体育院校教材委员会．武术理论基础［M］．北京：人民体育出版社，1997：45.
② 戴国斌．武术：身体的文化［M］．北京：人民体育出版社，2011：315.
③ 邱丕相，蔡仲林．中国武术导论［M］．北京：高等教育出版社，2010：16.

型性在武术文化上首先表现为多元性。这种多元化的发展格局是中华武术相对国外其他武技最为突出的文化特征之一，世界上没有一个国家的武技能够像中华武术这样形成体系庞大、内容丰富的众多拳种和流派，这些内容和形式成为中华武术最突出和外显的文化现象①。在内容体系上，中华武术“门派”林立，有“少林武术”“峨眉武术”“武当武术”三大武术流派；在拳种套路上，中华武术拳种纷纭，内容浩繁，20世纪80年代中国武术研究院挖掘整理的“渊源有序”“自成体系”“风格独特”的拳种达129种之多，对于每一种拳种，在历史演进传习过程中又不断演化出诸多的拳系，这种门类多、流派广、技法多样的拳种特点体现了中国武术技术体系的宽广和深奥，体现出中国武术技术内容的丰富多彩②。拳种是武术最为根本的内容，武术技术是外在表达。拳种的“产生和发展使得传统武术从本质上超越了单纯的攻防技击术，而赋予了传统武术独具特色的文化功能和价值”③。拳种作为传统武术根本内容而存在④，外示技击之法，内显修身之道，书写着传统武术文化的脉络，传递着武术文化的基因，亦是传统武术文化哲理的集中体现。纵览传统武术的传承之法、发展之径，皆是以拳种作为载体和表现方式的。因此，我们的研究，虽然立足于武术聚落，但绝不会脱离拳种。拳种是认识武术的逻辑起点，亦是探寻武术技法镜像的重要源泉。

何谓拳种？《中国武术大辞典》把拳种界定为：“流传有序，内容系统，而又别于他家的拳术。如：查拳、翻子拳、六合拳等。”⑤《中国武术大百科》则把武术拳种定义为：“流传有序，内容系统，独具运动特点的拳术。”⑥此二者概念之说，阐明了拳种具有排他性，独有性的特点，彰显了“流传之有序，拳势、拳法之系统”的内涵之貌。目前较为统一的认识，中国武术有129个拳种之多。目前，我国公布的“国家级非物质文化遗产名录”⑦中涉及的武术内容，大都也是以拳种或由拳种构成的地域武术进行收录的，包括：少林功夫、武当武术、回族重

① 王岗．中国武术技术要义［M］．太原：山西科学技术出版社，2009：65-66.
② 邱丕相，蔡仲林．中国武术导论［M］．北京：高等教育出版社，2010：16.
③ 冉学东．当代文化空间中传统武术的存在方式［J］．成都体育学院学报，2014，40（7）：8-12.
④ 白永正．对武术发展空间中的“拳种”个体透视［J］．北京体育大学学报，2017，40（7）：120-124.
⑤ 中国武术大辞典编委会．中国武术大辞典［M］．北京：人民体育出版社，1990：5.
⑥ 中国武术百科全书编委会．中国武术大百科［M］．北京：中国大百科全书出版社，1998：26.
⑦“国家级非物质文化遗产名录”是经中华人民共和国国务院批准，由文化和旅游部确定并公布的非物质文化遗产名录。为使中国的非物质文化遗产保护工作规范化，国务院发布《关于加强文化遗产保护的通知》，并制定“国家＋省＋市＋县”共4级保护体系，要求各地方和各有关部门贯彻“保护为主、抢救第一、合理利用、传承发展”的工作方针，切实做好非物质文化遗产的保护、管理和合理利用工作。

刀武术、沧州武术、太极拳、邢台梅花拳、峨眉武术、红拳、八卦掌、形意拳、鹰爪翻子拳、八极拳、心意拳、心意六合拳、五祖拳、查拳、螳螂拳、苌家拳、岳家拳、蔡李佛拳、通背缠拳、地术拳、佛汉拳、孙膑拳、肘捶，等等。这些武术内容被列入国家非物质文化遗产名录，从一定程度上促进了武术代表性拳种的传承、传播和发展。

为更清晰地认知拳种是何以产生的，从戚继光的《纪效新书》或许可窥见一斑，书中载道："其拳也，为武艺之源，今绘之以势，注之以诀，以启后学。既得艺，必试敌，切不可以胜负为愧为奇，当思何以胜之，何以败之，勉而久试。"引而言之，字里行间显露出，拳种的产生是历经"试敌"之象而形成的"拳技"经验总结。此"试敌"之象，便是攻防搏斗的经验累积，道出了拳种产生的第一个逻辑基础；其二，拳种在"由术及道"的发展中，深受传统文化的影响，可以说，文化的多元化，造就了拳种多样性，如武术中的南拳、北腿、少林、武当，无一不与地域文化相关。文化为拳种提供了理论之源，如此为拳种产生的第二个逻辑基础；其三，拳种在历史的长河中，积淀与洗礼，其内在驱动，便是传统武术的主体——武术传承人，是核心的主体，发挥着关键作用，诸如各类拳种的创始人、传承者，使得拳种更加"鲜活"，成为其产生的第三个逻辑基础。故此，历经"试敌"之象，倾注"文化"之源，聚焦"拳家"之本，使得传统武术的拳种绵延展开。在中华武术中，太极拳是最具代表性的武术拳种之一，"拳势未始之时，抱元守一，浑然无物之中，始孕育着阴阳变化，拳势动而阴阳生"①。所以，《拳意述真》中讲"拳为道，道寓于拳之中，拳为小道，而太极大道存焉"。而实际上，中国武术拳种中的套路表现形态，本质是就是展示招法、显示功夫的一种间接比武形式，如太极拳技法中的"舍己从人""随曲就伸"，蕴含的便是"点到为止""和为贵"的处世哲学和君子修为。在中华武术的发展中，清代是中华武术集大成的历史时期，武术"门派"林立，名目繁杂，形成了以传统哲学命名的拳术和拳系，如太极拳、八卦掌、形意拳等先后崛起于武林，成为中华武学与传统文化完美结合的典范。

"拳种纷呈，门派林立"是武术独特的文化景观。依技法流派而视，传统武术涵括了"内家、外家，南派、北派，武当、少林，长江流域、黄河流域，长拳类、短打类"等流派，流派各异，技法有别，但其均根据"拳种"这一基础而成

① 全国体育院校教材委员会．武术理论基础［M］. 北京：人民体育出版社，1997：48–49.

立，可见，拳种乃是核心和关键之处。故而，探寻当下传统武术传承，行之有效的路径便是聚焦拳种。在我国武术拳种的传承中，带有明显的地域文化烙印，如河南少林、四川峨眉、湖北武当，等等。在这些拳种中，武术的很多技法和表现形态又是通过套路表现出来的。而套路运动通常是指“以踢、打、摔、拿、击、刺等技击动作为素材，以攻守进退、动静疾徐、刚柔虚实等矛盾运动变化规律编成的整套练习形式”①。在类型上，有单练、对练和集体演练三种类型，包括徒手套路和器械套路。在技术方法上表现为，“四击”，即指踢、打、摔、拿四种技击法则；“八法”，即指手、眼、身、步、精、气、力、功八法；“十二型”，即指动如涛、静如岳、起如猿、落如鹤、立如鸡、站如松、转如轮。当然，拳种和套路不同，武术技法的表现形态也会各异。例如：长拳技法“动作舒展、节奏分明、快速有力、窜蹦跳跃、闪展腾挪、跌扑滚翻”；少林拳技法“短小精悍、严密紧凑、注重技击、立足实战、刚健有力、勇猛快捷”；刀术技法犹如“百兵之帅、如若猛虎、刀随身换、身械合一”；剑术技法讲究“轻快敏捷、洒脱飘逸”；棍术技法“梢把兼用、身棍合一、力透棍梢”；枪术技法“艺工于一圈”；九节鞭技法主张“收回如虫、放击如龙”。可见，拳种与套路是认知武术技法的重要载体，所以解读中华武术，源于技法，但归于文化。

① 邱丕相，蔡仲林．中国武术导论［M］．北京：高等教育出版社，2010：25.

第四章

田野的发现：三个武术村落的历史与现实考察

构成中华武术文化的很多拳种，大都根植于民间，寄生于中国广袤的乡村，繁衍生息，代代传承。传统意义上，大多数的武术习练者以地缘、血缘、艺缘为纽带集合，形成一定的社会群体。这一社会群体通常会创造并逐步形成一种独特的秩序、价值观念以及种种不成文的规范，深刻影响着武术群体的价值判断和行为模式。为了对民间武术群体进行深入细致的研究，我们将研究限定在河南温县陈家沟、贵州安顺鲍家屯、山西长子鲍店东街三个武术村落。正如费孝通先生在《江村经济》中对调查区域界定中指出，“调查者必须容易接近被调查者以便能够亲自进行密切的观察”“另一方面，被研究的社会单位也不宜太小，它应能提供人们社会生活的较完整的切片”[①]。选择调研这三个村落,正是基于这两个方面的考虑。一方面，早在 2010 年，我在上海体育学院攻读博士期间，就曾经到访并调研过这三个村落，之后又多次调研；另一方面，这三个村落具有相对丰富的武术文化资源，能够为武术文化的研究提供较完整的切片。例如，河南温县陈家沟，不仅是武术文化之乡，还是中国太极拳的发源地。这些乡土村落不仅仅是传统武术繁衍、生息、传承和发展的自然生存空间[②]，同时也为传统武术文化之传承提供了丰厚的营养土壤。当然，“对这样一个小的社会单位进行深入研究而得出的结论并不一定适用于其他单位。但是，这样的结论却可以用作假设，也可以作为在其他地方进行调查时的比较材料。这就是获得真正科学结论的最好方法”[③]。

---

① 费孝通．江村经济［M］．上海：上海人民出版社，2007：17.
② 韩晓明，胡晓飞．城市化进程中传统武术文化传承的困境及对策［J］．体育文化导刊，2019（2）：60.
③ 同①.

因此，我们立足于这三个村落，以村落为研究中心，以武术文化作为研究对象来考察村落、村民、武术传承人、武术群体之间的相互关系以及其他种种社会联系，进而观察这种种社会关系如何影响民间武术文化。在研究范式上，通过对村落中武术文化“地方性知识”的深度描写，借鉴文化人类学的理论和方法，以武术文化中的血缘、地缘、艺缘为维度，剖析传统武术文化的生存状态和传承机制。同时，通过田野考察和人类学分析，在理解传统武术文化的基础上，建立具有对话能力和不同知识体系之间的桥梁，进而探索现代化和乡村振兴战略进程中传统武术保护与传承的共生战略，保障传统武术文化发展的常态化发展与社会主义文化强国建设的可持续双赢，提出切实可行的传统武术保护与传承的优化方案和策略。

第一节　“河南焦作温县赵堡镇陈家沟”个案研究

一、区域概况

陈家沟，作为中华太极拳发祥地，具有较高的知名度，在行政区域上隶属于河南温县。温县位于河南省西北部黄河北岸，地理位置在东经 112° 51′ ~113° 13′，北纬 34° 52′ ~35° 02′。地处豫北平原西部，南滨黄河，北临沁水，属黄、沁河冲积平原，北依太行，是焦作的南大门，处于郑州、焦作、洛阳三市“一小时经济圈”的中心。北界沁河与博爱为邻，南隔黄河与巩县（今巩义市）、荥阳县（今荥阳市）相望，东连武陟县，西邻孟县（今孟州市），西北与沁阳县（今沁阳市）接壤，东西长 31 千米，南北宽 24 千米，全县总面积 480 余万平方千米①。地势由西北向东南倾斜。黄河流经南界、沁河流经北界，大部分为黄、沁冲积平原，境内有济、护、荥、蚰、新、老蟒河等八条内涝河流入至武陟县境汇入沁河最后流入黄河。

温县地区属暖温带大陆性季风气候，县年平均气温 14.3℃，年降水量 552.4 毫米，无霜期 210 天。温县辖 7 个镇、3 个乡，共 262 个行政村，根据焦作市第七次全国人口普查报告，截至 2020 年 11 月 1 日零时，温县常住人口 393838 人。1982 年入选国家体育总局命名的首批“全国武术之乡”，2006 年 6 月，陈式太极拳入选首批国家级非物质文化遗产名录。

① 温县志编撰委员会 . 温县志［M］. 北京：光明日报出版社，1991：1-2.

温县，古时因境内有温泉而得名，在夏时被称温国，明清隶属怀庆府辖。温县诞生了思想家卜商、三国著名政治家军事家司马懿、北宋画家郭熙等历史名人，是太极拳发源地，温、苏等姓氏起源地，是全国闻名的“武术之乡”“怀药之乡”和优质小麦种子基地，中国十大休闲旅游县。

二、陈家沟个案研究

陈家沟位于河南省焦作市温县城东5千米处的清风岭中段，原名常阳村，黄河在该村南。清风岭是一道东西蜿蜒数十千米的土岭，现在看来，更像一道土坡，与平地并无二致，只有站在黄河滩上，才能看出一点儿岭的意思。陈家沟便坐落于此，岭南是黄河滩，岭北是大片的耕地，土地肥沃，适合农耕。陈家沟整个村子的地势北高南低，背风向阳。

陈家沟作为陈式太极拳的发源地，近些年来，社会知名度较高。尤其是20世纪80年代以来，随着太极拳在世界范围的广泛传播，名不见经传的乡土村落——陈家沟，也因太极拳而闻名国内外，村落里出现了一大批太极拳传承者与传播者，走出了村落，进入了城市，甚至走出了国门，每年也有众多的国内外太极拳爱好者从世界各地慕名来到陈家沟体验中国太极拳，村落里每天进进出出的城里人、外国人让这个村子显得有些与众不同，村里的老人、小孩对于外国人似乎也司空见惯，并不觉得异常新奇，从这一点上来讲，跟邻近的村落相比，陈家沟多了些世界性。但事实上，无论有怎样的知名度，今天的陈家沟依然只是河南省的一个普通的乡土村落。走进陈家沟，除了在村落街道的显眼处有几处关于太极拳学习的广告以及散落在院落里的习武者之外，与全国各地其他的村庄相比似乎也并没有多少特殊之处。村落、院墙、乡村小道、鸡鸣狗跳，一副普通的农村场景。

目前，陈家沟村共有村民2800余人，村里占有耕地3000余亩，种植作物有小麦、玉米、谷子、水稻等粮食类农作物；其他粮食作物有大麦、豌豆、扁豆、大豆、绿豆、红薯等；经济作物包括棉、麻、烟类及油料、怀药等。需要说明的是，同温县的大多数农村一样，这里同样种植号称“四大怀药”的山药、地黄、牛膝、菊花，并成为很多农村家庭重要的经济收入来源。

（一）太极家族与乡土社会：村落民众与土地关系的剥离与嬗变

陈家沟作为河南温县的一个普通村落，若不是因为太极拳，在中国成千上万的乡土村落中，也许知道它的人屈指可数。但是，正是因为太极拳，陈家沟声名鹊起。正如唐代文学家刘禹锡在《陋室铭》中的诗句："山不在高，有仙则名，水不在深，有龙则灵"，陈家沟这个原本再普通不过的乡土村落因"拳"而"名"，因太极拳而被越来越多的人所熟知。在很大程度上，太极拳改变了陈家沟人的生产、生活方式，拓宽了陈家沟村民的视野，跟其他农村村落相比较，陈家沟正是凭借太极拳这一独特文化载体加快了与城镇，甚至与世界接轨的速度，这种进程的加快，不仅仅体现在陈家沟的物质环境上，更重要的还体现在对陈家沟村民的心理影响上。

"日出而作，日落而息"这种中国典型的农民生活方式对陈家沟同样适用。虽然村落一直都有习拳练武的传统，但 1949 年以前，太极拳对陈家沟村民的生活方式并未有太大的影响，甚至是微不足道的。大多数的村落民众已经习惯了几代人留下来的传统。"日出而作，日落而休息，忙来时种田、闲来时练拳，拳练成了，有时便出去走镖，老了，便归耕地故里"[①]。春种、夏长、秋收、冬藏，年复一年，日复一日。1949 年以后，国家虽然加快了对农村社会主义建设的步伐，但是太极拳对陈家沟村民生活的影响也并不显著，太极拳从未从直接的经济效益上给村民带来实惠，甚至在"文化大革命"期间还形成了一些负面的影响。比起邻近的其他村庄，陈家沟的经济似乎还略显落后，外村人提起陈家沟，"褒扬者说：古风依旧，贬义者则直言不讳说：穷"[②]。实际上，在 1949 年至改革开放这一段时间里，中国大多数的农村基本上依靠的是单一的以农业生产为主的乡土性社会的延续。在陈家沟，练拳也不过是大人和孩童茶余饭后的一种娱乐和消遣，或者说是陈家沟村民自身养成的一种习惯，或者说是一种生活方式。直到今天，村里的老人和一些中年人，似乎对当年的习武经历还记忆犹新。

【个案】陈师傅，陈家沟某家庭武馆的负责人，现在以教拳为职业。

我们小的时候，村里都是种地，但是都喜欢练武，每到傍晚，或者农闲的时候，村里的大人、孩子都到村里"打麦场"还有"东沟"去练武，那时不像现在，主要没什么娱乐，吃完晚饭在家里没事就都出去了，大家聚在一起，还相互切磋。小孩子经常被父辈叫过一旁：来，走趟架我看看。练好了，会得几声

① 崔春冬 . 太极圣地：陈家沟［M］. 郑州：中州古籍出版社，2008：5.
② 同① 1–3.

夸奖。大人在一起，也相互比划，“唉，这一势该咋个化”，两人比划开了。有时还来了争论，你不服我，我不服你，“来，擖擖手”，就你来我往地开始演练了……有时候也到黄河滩，那里地软，手搭手，面对面，练练推手什么的，即便摔倒了也不会受伤。（访谈日期：2011-07-10）

在改革开放以后，这种情况发生转变。一方面，改革开放以来，随着我国农村经济的发展，中央和地方文化事业投入的不断增加，以及法制化、城市化、市场化、工业化进程的深入，我国农村原有的社会关系准则、思想意识、价值观念和生活方式也朝着更加文明、现代、理性的方向变迁；另一方面，陈家沟凭借太极拳这一中国传统文化品牌在改革开放的时代大潮中大放异彩，蛰伏在陈家沟的太极拳给陈家沟带来前所未有的巨变。1981 年 3 月，日本太极拳协会会长三浦英夫率团访问陈家沟。1983 年 5 月，陈家沟村民陈正雷、王西安等访问日本，应邀出国讲学传拳。之后的陈家沟可谓热闹非凡，门庭若市，不同国家、不同肤色的来访者络绎不绝，曾经“日出而作，日落而息”的村民开始走入城市、走出国门传拳授艺，媒体、电视争相报道。这样的改变，是陈家沟村民从未想到过的，也是始料未及的。实事求是地讲，改革开放对中国的影响是巨大的，这种巨大的影响当然也包括中国广大的农村地区。但是作为曾经的一个普通村落，作为曾经的一批村落民众，在短时间内发生的“国际化”接轨，无论是对旁观者，还是对亲历者，这种冲击都是巨大的。这种冲击造成的最直接的结果是，在短时间内动摇了陈家沟村民与土地之间的关系。

土地问题历来是中国农村面临的核心问题之一，理解中国农村的深层变动可以从农地权利的分化重组入手[①]。在 20 世纪 80 年代以前，陈家沟村民的主要收入来源大都为耕种土地，获取收成。改革开放以后，随着陈式太极拳与太极拳发源地“源文化”品牌的打造，越来越多农民的收入来源逐渐与土地剥离，传拳授艺、家庭武馆、外出务工等逐渐成为家庭收入的主要来源，很多农民逐渐脱离了村庄，将土地租用出去，形成“面向村庄的兼业生存”与“面向城市的职业生存”[②]两种生活方式。陈家沟的村落民众由“太极拳”而划分为两个大的社会群体，其一为“会拳者群体”；其二为“不会拳者群体”。“会拳者群体”又因其知

① 刘勤 . 农民外出务工的逻辑与农地制度调适［J］. 兰州学刊，2012（5）：216-218.
② 同①.

名度或者是否嫡传等因素分为三个不同类别群体。第一类，乡村太极精英，如陈小旺、陈正雷、王西安、朱天才等。他们可设武馆，建立自己的太极拳学校，成立太极拳公司。第二类，除去刚刚论及的社会知名度较高的“四大金刚”[①]之外，乡村太极精英还有一部分人，他们虽然没有“四大金刚”那样的社会知名度，但技术娴熟，功法纯正。这部分群体虽然没有实力建立自己的实体公司，但他们却成为地地道道的“城里人”，以“拳”谋生，成为健身俱乐部或太极中心教练等专职太极拳师。还有一部分村落太极精英虽然并未“进城”，选择在村里经营武馆，也早已剥离了“农民对土地的依赖”。整体而言，村落太极精英的生活方式显然已由“面向农村的职业生存”模式向“面向城市的职业生存”模式转变，也许其父母仍旧生活在村庄，但实质上，他们已渐渐远离或者介入城市生活的逻辑之中，将公司收益或者教拳授艺作为迁移城市或者“剥离对土地依赖”的资本积累。乡村太极精英已经逐渐失去了对村庄生活的认同，村庄已经很难为其建立起生活意义和生存价值。随着乡村太极精英的“城市化”，加上改革开放以来，代表工商业的城市不断扩张和膨胀，固守农业本位的村庄已经不可避免地走向了衰落。第三类，在村落里的“会拳者群体”中，占有大多数的是并不知名的太极拳师或者太极拳习练者，他们的生活方式与乡村太极精英明显不同，他们既羡慕村里太极精英“城市化”的生活方式，但由于物质或者精神又无力完全摆脱对土地的依赖，以“面向村庄的兼业生存”方式而存在。这部分村落民众在生活逻辑上服从于村庄生活，但由于村庄内部的社会竞争和生存压力，导致大部分的村落民众开始半工半农的兼业行为，他们或者设家庭武馆，或者在农闲时进城进行与太极拳相关的工作，以此来增加家庭收入。目前，陈家沟的家庭武馆多达数十家，进入村落，各种太极拳学习、培训的广告也随处可见。

但是，一个不争的事实是，村里并不是人人都会太极拳，即便是在陈家沟。村里练拳的人约占全村人的80%，剩余的20%，也就是我们前面所提及的不会拳者群体，这一不会拳者群体虽说并不习练或者精通太极拳，但其中一部分还是受到了太极拳的影响，实际上也属于“面向村庄的兼业生存者”，他们在农忙之余，或者从事与太极相关的产业，如从事武术的服装、书籍、器械等买卖活动，或者经营餐馆等其他行业。

① 民间将社会影响力较大的陈小旺、陈正雷、王西安、朱天才称为陈式太极拳的“四大金刚”。

当然，无论会拳还是不会拳，村里都有一部分人从事与太极拳毫不相关的职业，如务农、经商、打工等，这一点上和其他村庄是一样的。但是显而易见的是，无论是哪个群体还是个人，太极拳对陈家沟人的影响都是广泛而深远的。这种影响很大程度上改变了村落民众的生产、生活方式，连同大的社会结构的变迁。在进入 21 世纪的最初 10 年间，陈家沟村里的情况又有了非常明显的变化，这种变化主要体现在以下三个方面：

第一，耕地面积的锐减。陈家沟村共占有耕地面积约 3000 亩，村里共有住户 600 余户，10 个生产队，人均占有耕地面积 1.1 亩左右。2006 年，国家的南水北调工程穿过陈家沟，占用了村里的土地 400 多亩，失地农民可得到每亩土地 2 万元的补助金，因此，2006 年以后陈家沟村占有耕地面积由之前的 3000 亩减少至 2600 亩左右，人均占有耕地面积不足 1 亩，如下图所示。2009 年，开发商进入陈家沟村，拟在村北、村南建设太极拳大学、体育馆以及四星级酒店，租用村里土地 1300 余亩，期限为 40 年。其基本合约为：开发商每年每亩地支付失地农民 1000 斤小麦的价格，从 2010 年起开始支付。目前，村子北面的一期工程正在开工建设，南面的二期工程还未动工。开发商为了节约成本，充分利用暂时闲置的土地，2010 年之后，又将村子南面未开工建设的二期工程用地以每年 450 元的价格返租给了部分农民，这样算来，部分农民得到了每亩地大约 500 元差价的利润。但是，不难想象，随着开发商二期工程的开工，这种额外利润将不复存在。总体算来，2010 年以后，陈家沟村农民占有的耕地面积又由 2006 年的 2600 余亩锐减一半，村民占有的耕地面积总和仅为 1300 余亩，村里人均占有耕地面积也相应直线下降为 0.3 亩。村落里农民占有耕地的锐减成为近年来陈家沟村的一个显著特点，耕地的减少带来和引起了一系列连锁反应，最直接的变化是越来越多的农民不再依靠耕种土地作为家庭的主要收入来源。当然，对陈家沟人而言，脱离土地的这种选择，有时是在快速城镇化进程中的无奈之举，有时则是村民的主动选择。因为，依靠“单一的以农业生产为主的家庭收入”在市场经济的大潮中显然已经逐渐式微。这样的情形在我国的大多数农村都已经司空见惯。可见，在陈家沟，作为面向村庄兼业行为的务工，是在解决了温饱需求之后，村民为获得村庄地位与尊严以及改善生活条件的务工行为，而作为以拳谋生的面向城市的职业行为的务工，则是为了维持城市生存需要，受限于劳动力市场价格的制约和经

陈家沟村旁的“南水北调”工程
（2012 年 7 月摄于陈家沟）

济周期循环。现行土地制度的实施[①]深刻影响着两种农民务工逻辑。

第二，外出务工人员的增多。改革开放以来，农民外出打工已经成为我国社会普遍存在的一个事实。“打工”这样一个概念的出现成为改革开放以来整个中国社会变化的特征之一。中国自 20 世纪 70 年代末以来的改革，就像一个被压紧了的弹簧慢慢松开其压制力一般，人的个体能量被逐渐地释放出来，进入范围广大的社会之中，因此社会充满了一种躁动的活力，这种活力首先体现在最先进入变革轨道的乡村社会之中，所有人似乎都有机会一下子从束缚自己的土地上抽身脱离出去[②]。这样的现象也同样在陈家沟上演，很多村民都主动将自己的土地租用出去，加入外出务工或是自谋职业的道路中。近年来，陈家沟外出的务工的人数约为 300 人。但值得注意的是，随着陈家沟太极拳发源地声望的提升，越来越多的外地人、外国人源源不断来到陈家沟学拳、练武，吸引一部分外出务工人员主动返回村里，进行一些与太极拳相关的工作。当然，直到今天，还依然有相当一部分外出务工人员不愿回到村里。当真正有活力的劳动力从乡村流走，带来的必然是乡村社会的瓦解，尽管有许多机制约束使得这些农民工或者村落精英重返乡村，维持着一种乡土社会叶落归根的循环，但实际的情况可能是，这种回返之路变得越来越艰难[③]。

第三，贫富差距的悬殊。贫富差距问题是我国改革开放以后面临的重要社会问题。社会存在贫富差距是一种常态，甚至是保证社会前进的动力，但如果贫富差距过大则会引起社会的动荡不安[④]。贫富悬殊，在陈家沟尤为突出。在陈家沟调研时，可以显而易见地发现，贫富悬殊最直接的体现是村民的住房差异。亭台楼

① 刘勤 . 农民外出务工的逻辑与农地制度调适 [J]. 兰州学刊，2012（5）：216–218.
② 李柯 . 集市乡村的再造——一个中国西南村落精英的成长历程 [M]. 北京：社会科学文献出版社，2012：2–3.
③ 同② .
④ 常慧，陈士俊，高忠科 . 缩小新农村建设中贫富差距的系统分析 [J]. 西安电子科技大学学报（社会科学版），2007（5）：83–92.

阁者有之，破旧不堪者亦有之。调研发现，村子里的高收入阶层大都为村落里的太极精英，以“拳”致富，成为企业家、武术家或者高级健身教练，其收入令大多数村民望尘莫及。村里的负责人员告诉我们，在陈家沟，即便是名不见经传的普通拳师，如果善于经营，通常每年都有数万元，甚至近10万元的收入，在其开设的家庭武馆中，通常在管吃、管住的情况下，学员每人每月收费2000~3000元。如果一个家庭武馆每月维持3~4位学员的话，对一个农村家庭而言，收入是非常可观的。但这毕竟只是少数。大多数村民的收入并不见得比邻近村落村民的收入多。太极拳虽然直接影响了他们的生活，但是在物质生活上并未给予太多的实惠。近年来，陈家沟村作为温县旅游地，县里对村里并不以拳为业的经营商户收取了一定的景区管理费，加之耕地面积的减少，其收入并未有太大增长，相反，随着太极拳文化的国际化推广和普及，陈家沟的乡土太极精英迎来了太极拳培训及产业的快速发展。在多种因素的相互作用下，贫富差距问题已经成为陈家沟面临的一个难以回避的现实问题。

【个案】陈大娘家为陈家沟村一户普通的农民，世代在陈家沟务农，现在家里有6口人，分别是陈大娘的老伴、儿子、儿媳和两个孙子。最小的孙子还不满2岁，大一点儿的孙子有5岁。现在主要依靠经营村口的一家小餐馆作为家庭的主要收入来源。餐馆完全是家庭式的，其基本分工如下：儿子是厨师，媳妇主要帮忙洗菜、上菜，大娘的老伴则主要在厨房帮儿子，平时兼顾采购，陈大娘则是照看孙子，有时也帮着洗洗碗。忙起来，则全家相互帮衬着，哪里有活就忙哪里。生意主要是中午。陈大娘这样介绍着自己和村里的情况：唉，现在生意不好做，没什么人，来这里的顾客主要是来陈家沟办事的，还有练拳的，也有本村里的，不过人不多，大家大都在自家吃饭，很少来。赚不到什么钱，好在菜是自家的。哪像×××家，人家会练拳，社会上有名，前些年在村里开武馆，现在到了城里，很少回来。（为什么你家不教拳？）我们家不会练拳，只有做点小生意，我们年纪大了，儿子也不愿意出去打工，他孩子太小。前些年主要靠种地，现在地也比以前少了，村里都租出去了，现在全家就开这么个餐馆。（收入怎么样？）还凑合吧，忙一年这个小餐馆能收入1万多元钱，挣不到什么钱。现在陈家沟是景区，别的村开着小卖铺什么的都不交税，我们要交，水电都比人家贵，生意不好做。（访谈日期：2012-08-12）

（二）陈家沟与陈式太极拳：喝喝陈沟水，都会跷跷腿

对于陈家沟人练拳，村里有句民谣道："喝喝陈沟水，都会跷跷腿""会不会，金刚大捣碓"①，说的是陈家沟人"习武练拳"普及程度的广泛。虽说有些夸大的成分，但也并不为过。在调研的过程中，我便实实在在地体验了一回。2012年8月，我在第三次进入陈家沟调研的时候，为了调研方便，中午就在陈家沟村的小饭馆吃饭。饭馆有位老大娘正在逗自己的小孙子玩耍，老大娘大概60岁，小孙子还不满2周岁。老大娘逗小孙子玩，边念叨边拿着小孩子的手比划："来，金刚捣碓！"让人不能不感叹陈家沟对太极拳的普及程度。也许，只有在陈家沟才会有这样的情景出现。实际上，老人并不习练太极拳，只是在村落长期太极拳环境的耳濡目染之下，对太极拳的动作以及称谓有了大致的轮廓和记忆。那么陈家沟人练拳，以及陈家沟人与太极拳之间究竟有着怎样的历史渊源呢？

今天，在官方的诸多认证当中，已将陈家沟认定为"太极拳发源地"②，陈家沟在近年来的宣传中也以"打造太极根文化"③"太极源文化"作为宣传的重点与品牌。2012年8月，在陈家沟陈式太极拳国际交流大赛的邀请函上，其醒目位置开篇曰："参天之木，必有其根，环山之水，必有其源。追本溯源、寻根问祖是中华民族的传统美德。陈家沟是太极拳的根源，是各派太极拳的母拳。"但是，实际上直到今天，学界对于太极拳的起源问题依然存有莫大的争议。关于太极拳的创始人也是众说纷纭、莫衷一是，但概括而言大致有：（唐）许宣平、（宋）张三峰、（明）张三丰、（清）陈王廷以及王宗岳等五种不同的说法④，学者们在"太极拳起源"及"创始人"问题上也是见仁见智，如关于"陈王廷是太极拳的创始人"之说，赞同者有唐豪、顾留馨⑤等，反对者则有于志钧⑥等。由于本研究的

① 崔春冬．太极圣地：陈家沟［M］．郑州：中州古籍出版社，2008：3.
② 2007年4月20日，《河南日报》刊发了题为《太极拳发源地认定陈家沟》的相关报道，报道内容如下：3月20日至21日，由中国民协组织全国武术、考古、民俗等方面的著名专家组成中国民间文化之乡评审考察验收组，在中国民间文艺家协会副主席夏挽群、刘铁梁的带领下，专程对温县申报的中国太极拳发源地进行考察，通过专题汇报、观看录像、审查史料、古迹考察、专家论证，专家组成员最后一致认为：温县陈家沟是中国太极拳发源地。中国民协将为中国太极拳发源地——温县授牌，并在温县设立中国太极拳研究基地。央视七套《乡土》栏目摄制组随考察组对考察活动进行了全程拍摄记录，并制成了专题节目。
③ 焦作日报［N］．2009-8-19（1）.
④ 顾留馨．太极拳术［M］．上海：上海教育出版社，1993：352.
⑤ 同④ 353-354.
⑥ 于志钧．中国传统武术史［M］．北京：中国人民大学出版社，2006：283-320.

研究个案为村落，陈家沟为个案之一，故仅对“陈王廷说”做具体阐述，同时，由于论文篇幅有限，关于太极拳创始人的争议以及其他传人说法不做述评。

1. 历史回眸：陈家沟人的习武造拳的历史足迹

关于陈家沟，在学术界存有争议的是陈家沟是否是太极拳的发源地，这是其一，其二则是陈王廷是否是太极拳的创始人。实际上，关于陈家沟人崇尚练拳习武，并未有太大争议。关于陈家沟及其历史由来，陈家沟非物质文化遗产太极拳博物馆中关于陈王廷有较为详细的记载，内容如下：

太极拳博物馆中的陈王廷塑像
（2012 年 7 月摄于陈家沟）

陈家沟陈氏始祖陈卜，原籍山西泽州郡（今晋城）东土河村，后来由泽州搬居山西洪洞县。明洪武七年（1374），迁居河南怀庆府，先居陈卜庄，后定居长阳村。为人忠厚，精通拳械。陈王廷是陈卜九世孙，出身小官僚家庭，家道殷实：祖思贵，曾任陕西狄道县（今属甘肃）典史。父抚民，曾任征士郎。兄弟四人，王廷行二。陈王廷壮年之时，常阳村更名为陈家沟。①

对于陈王廷与陈家沟人习武练拳的历史脉络与由来，学者们给予了相关的历史考证，其依据之一便为陈王廷的《长短句》，全文如下：

叹当年，披坚执锐，扫荡群氛，几次颠险。蒙恩赐，枉徒然；到而今，年老残喘，只落得《黄庭》一卷随身伴。闷来时造拳，忙来时耕田，趁余间，教下些弟子儿孙，成龙成虎任方便。欠官粮早完，要私债即还，骄谄勿用，忍让为先，人人道我憨，人人道我癫，常洗耳不弹冠，笑煞那些万户诸侯，兢兢业业，不如

① 资料来源：陈家沟非物质文化遗产太极拳博物馆。2009 年 8 月，陈家沟建成非物质文化遗产太极拳博物馆，展厅面积 3000 平方米，收集、展示太极拳的相关文物资料。

俺心中常舒泰，名利总不贪，参透机关，识彼邯郸，陶情于鱼水，盘桓于山川。兴也无干！废也无干！若得个世境安康，恬淡如常，不忮不求，哪管他世态炎凉。成也无关！败也无关！不是神仙，谁是神仙。[①]

协同相关其他考证，有的学者给予了这样的推断与解释："在明思宗崇祯十四年（1641），陈王廷任温县'乡村守备'，在明亡后隐居家乡，晚年造拳自娱，教授弟子儿孙……并进而推断，陈王廷于明亡时正当壮年，其造拳应在17世纪的70年代，即1644年明亡后的三十年光景。"[②]对于陈王廷造拳习武的诸多民间传说与轶事，至今很多陈家沟村民耳熟能详，其中包括"东沟造神拳""走马御寨山""乡试闹校场""坚守河防御土寇"[③]等。陈家沟习武练拳的传统也延绵开来，从《陈式拳械谱》可知，后来在陈家沟传承的套路中有长拳一百零八势一路、炮捶一路等。同时，关于陈王廷与太极拳的渊源关系，研究者认为陈氏两仪堂的《拳谱》是重要依据。陈家沟《拳经总歌》[④]全文如下：

纵放屈伸人莫知，诸靠缠绕我皆依。
劈打推压得进步，搬撂横采也难敌。
钩掤逼揽人人晓，闪惊巧取有谁知。
佯输诈走谁云败，引诱回冲制胜归。
滚拴搭扫灵微妙，横直劈砍奇更奇。
截进遮拦穿心肘，迎风接步红炮捶。
二换扫压挂面脚，左右边簪庄跟腿。
截前压后无缝锁，声东击西要熟识。
上笼下提君须记，进攻退闪莫迟迟。
藏头盖面天下有，攒心剁肋世间稀。
教师不识此中理，难将武艺论高低。

① 出自陈鑫（1849—1929）著《陈氏家乘》"陈王廷"条中的内容。《陈氏家乘》是《增补陈式太极拳图说》的附件。《增补陈式太极拳图说》原名《太极拳图画讲义》。
② 顾留馨．太极拳术［M］．上海：上海教育出版社，1993：353.
③ 资料来源：陈家沟非物质文化遗产太极拳博物馆展陈资料。
④ 于志钧．中国传统武术史［M］．北京：中国人民大学出版社，2006：314-315.

可见，陈家沟人具有习武练拳的传统。通过对以往学者对太极拳缘起的论争的总结，首先可以发现陈家沟人习武练拳的历史确实由来已久。争论的焦点不是陈家沟人有没有练拳的历史，而是陈家沟练得是什么拳。但实际上，目前关于太极拳的缘起问题，“陈王廷说”在学界已经占据了主导地位，得到了诸多专家、学者的认同，如陈泮岭在《太极拳教材》总论部分对太极拳的缘起问题进行了这样的叙述：“现在之太极拳，皆出于杨家、吴家、武家、郝家。郝家出于武家，吴家出于杨家；而杨家与武家，又出于陈家。可以说现在所演练的太极拳，皆系由河南温县陈家沟所授；但陈家沟太极拳又是传自何人？尚难找出确实证据……太极拳之源流，在今日难以稽考，唯其传自陈家沟，则为今日练太极拳人士之所共知公认者也。”① 唐豪则综合实地考察、文献资料和拳技研究获得的证据，把“传自”定位到了“源自”的高度。1964 年，顾留馨在其《太极拳术》② 一书中再次论证并认同了唐豪 1930 年的结论。直至今天，关于“陈王廷是太极拳的创始人”之说，虽有质疑，但学者们在论及“中国武术的历史”及“太极拳的缘起”问题时，大都引用唐豪的结论，即太极拳首创于河南温县陈家沟的陈王廷。

2. 父子相传，师徒相授：陈式太极拳的承传与延续

在人类社会任何一种事物的发展中，首先出现的是事物使命的承担者，他们以具体的传授行为使知识技术在后人身上递承相传，让后人得以学习某个前人或某种流派学说或传统，进而促使人类社会得以维系和发展③。在武术的传承中，中国的传统武术文化给予了“血缘关系”特别的关注，在武术技术的获得和传承方面，血缘关系是传统武术得以传承的纽带。在陈式太极拳的承传与延续中，主要方式包括：一是家庭式的“父子相传”，拳理技术只在陈家沟陈氏家族成员内部传承；二是“师徒相授”，通过“递帖拜师”的传统仪式——师傅收徒弟，构建类似于“父子”血缘的人身依附关系，进行技艺的传授。这两种形式同时存在，贯穿于陈式太极拳传承与发展的始终。依照陈家沟太极拳祖祠与太极拳博物馆对陈式太极拳传承脉络的梳理，迄今为止，陈式太极拳已传承、发展二十余代。

---

① 严双军 . 太极拳［M］. 杭州：浙江人民出版社，2007：12–13.
② 顾留馨 . 太极拳术［M］. 上海：上海教育出版社，1993.
③ 姜霞 . 中国传统美术递承方式之我见——析“师徒相授”与“父子相传”的教育模式［J］. 美与时代，2004（9）：24–26.

3. 由村落走入世界：陈式太极拳的传播

在陈家沟，对于太极拳的传播而言，历史上有两个人占有重要的地位和作用。其一为陈家沟陈式太极拳第八代传人陈鑫，其二为陈家沟陈式太极拳第十代传人陈照丕。近代以来，陈鑫与陈照丕对促进陈家沟陈式太极拳的传播做出了重大贡献。

对于陈鑫及其集大成之作《陈式太极拳图说》，陈家沟非物质文化遗产太极拳博物馆中详解如下：

陈鑫（1849—1929），其祖父为陈有恒，以祖传太极拳擅名，叔祖陈有本，不仅拳术精湛，且原套路基础上，创编了太极拳小架，其父仲甡，叔季甡，均精拳术。陈鑫和陈垚均从父习拳。垚十九入武庠，每年练拳万遍，二十年如一日，功夫纯厚。陈鑫，字品三，陈家沟陈氏十六世，太极拳第八代传人，清岁贡生。近代中国体育史及武术史上著名的太极拳理论家。陈鑫自幼遵父命勤于读书，并从父亲习武，每练一式，必求其条理，明其用处，深得太极拳精髓，19世纪末20世纪初，遍访太极拳名师，悉心收集陈式太极拳传世理论，用十二年的时间，完成《陈式太极拳图说》《三三六拳谱》等论著。

《陈式太极拳图说》原稿名为《太极拳图画讲义》。写于1908—1919年，因社会动荡，至1929年陈鑫逝世时，《太极拳图画讲义》亦未能付梓，1933年开封开明书局出版陈鑫著《太极拳图画讲义》并易名《陈式太极拳图说》，时人称其"本易羲之奥旨，偱生理之穴脉，解每势之妙用，指入门之诀窍，举六百年来陈氏历代明哲苦心研究之结果，慨然笔之于书而无所隐，一洗家拳守秘不传之故习"，誉其为"拳坛理论之丰碑，武林修学之经典"。

陈鑫的《陈式太极拳图说》等著作最大的贡献之一在于全面总结与提炼了太极拳的理论，形成了可流传的书籍和文本，凭借作者"慨然笔之于书而无所隐，一洗家拳守秘不传之故习"在社会上引起了强烈的关注，达到了良好的传播效果。众所周知，理论的传播具有巨大的影响力，通过《陈式太极拳图说》，既传播了陈式太极拳，在当时的社会背景下，又弥补了陈式太极拳"父子相授、师徒传承"传播力的不足，达到了提升陈式太极拳魅力、扩大陈式太极拳影响的作用。

于陈家沟而言，如果没有陈鑫《陈式太极拳图说》等著作以及手稿等第一手资料，就难有之后的唐豪等对“陈家沟太极拳发源地”以及“陈王廷是太极拳创始人”的考证，唐豪考证的诸多依据都来源于陈鑫的资料。正是由于陈鑫当年著书立说，才有了今天陈家沟后人“嫡系传人”的身份，也有了今天陈家沟“太极拳发源地”的金字招牌。倘若没有陈鑫的著书立说，再加上我们足够乐观，也许经过武术史学家们孜孜以求的考证，也可以发现关于“陈家沟作为太极拳发源地”的历史依据。但如果这样，陈家沟将毫无疑问地错过近现代以来陈式太极拳的广泛传播，而陈式太极拳也许会“养在深闺人未识”，蛰伏在陈家沟更长的时间。

陈照丕（1893—1972），子绩甫，陈氏十八世，幼秉家训，随父习拳，五年苦练，稍窥门径，功夫初进。父病故，从叔祖陈延熙、三叔陈发科练拳，朝夕不辍，深悟其中奥旨。1914 年，他随父亲赴甘肃、陕西、河北等地远游经商，同时，应当地群众之请，开始收徒授拳，从此步入教拳生涯；1921 年返回故里，任温县国术馆教员；1926 年，参加以陈发科为首的陈家沟武术队，剿除枪匪，保卫桑梓；1928 年，赴北平（今北京）教拳，成为北平教授陈式太极拳的第一人；1929 年，至南京教拳，并推荐其三叔陈发科到北平教拳；1933 年，担任全国运动大会国术裁判委员和全国第二届国术国考评判委员；1938 年返回故里，任武术教官；1940 年赴洛阳教拳；1942 年赴西安教拳；1946 年赴开封教拳；1958 年退休返乡，眼看练拳者稀少，深恐陈式太极拳后继无人，遂在自己的家里筹办武术学校，赋诗曰：“传习太极几十年，名利对我如云烟，愿将拳艺献人民，桃李遍地死如愿。”1972 年 9 月，受聘为村小学拳术教练，12 月因病逝世[①]。

今天，陈家沟已被国内外众多的习武者所熟知。走进陈家沟，在村南的陵园里，有陈家沟村民自发为陈照丕修建的陵园。在陈家沟陈式太极拳数百年的发展历史上，这是村民第一次为一个太极拳传人修建陵园。直到今天，在我们的调研中，陈照丕先生的声望依旧很高，尤其是其一生为陈式太极拳的传播所做出的贡献，为每一个陈家沟人所铭记。今天从陈家沟走出来的一代代的太极名家，无一不与陈照丕先生密切相关。陈正雷在其专著《陈式太极拳全书》中，用一个章节介绍陈照丕先生：“……陈式太极拳以前所未有的强劲势头，迅速在世界各地推

① 崔春冬 . 太极圣地：陈家沟［M］. 郑州：中州古籍出版社，2008：120-123.

广开来，普及开来，发展开来。而这一切，都是因为有了陈照丕。”[①]1992 年，温县县长在陈照丕先生逝世 20 周年的纪念大会上说：“没有陈照丕，就没有陈家沟的今天，没有陈照丕，就没有陈式太极拳的今天。”[②]给予了陈照丕先生高度的评价。

就传统武术的传播而言，以拳术技术作为载体进行传播始终是其重要的传播方式。陈家沟这个原本普通的乡土村落，正是由于陈照丕先生的公开传拳授艺，极大地促进了陈家沟陈式太极拳的广泛传播。

但是，一个无论如何都不能忽略的事实是，1949 年以后，尤其是改革开放以后，随着整体的社会变迁，国家给予民间传统文化技艺以格外的人文关怀，以及乡村的现代化建设都极大地促成了陈式太极拳的国际化传播。实际上，改革开放以后，陈式太极拳的传播是在国家的政策指引、非物质文化遗产的重视、人民大众对健身的需求下，通过比赛、表演、学校教育、媒体宣传、理论传播等多位一体的协同作用，形成陈式太极拳国际化传播的合力。目前，太极拳已经成为全世界参与人数最多的运动之一，全世界的习练者达 1 亿多人，被传播到海外 150 多个国家和地区。

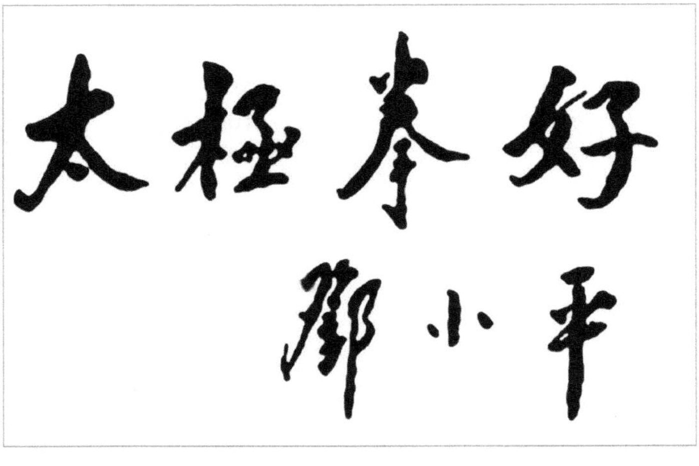

1978 年 11 月 16 日，中共中央副主席、国务院总理
邓小平在接见日本太极拳友人三宅正一时的题词

① 陈正雷 . 陈氏太极拳全书［M］. 北京：人民体育出版社，2008：12.
② 同①.

（三）从以拳谋生到以拳致富：陈家沟的变迁

陈家沟人尚武，这一点应当是毫无争议的。民谣曰："喝喝陈沟水，都会跷跷腿""会不会，金刚大捣碓"。今天，如果你走进温县，走进陈家沟，就会发现，在这里习练太极拳是一种极为常态的生活方式，从温县到陈家沟，习练活动比比皆是。清早，县城的广场、村落的街道，都是习练陈式太极拳的男女老少（如下图），让人不得不感叹这里群众对太极拳的喜爱程度之深。作为一个"外来人"，看到此番景象，内心不禁生出诸多疑问：陈家沟及其附近群众为何具有习拳练武的传统？又是什么样的动力能让太极拳在一个名不见经传的乡土村落代代传承？带着这样的疑问，我不止一次走入陈家沟，试图通过不断的调研、走访、查阅文献典籍寻求答案，剖析这一现象背后的原因，探究在不同历史时期陈家沟习武的状况。

温县街边的陈式太极拳习练者（2012 年 7 月摄于陈家沟）

1. 闲来时造拳，忙来时耕田：明清时期的陈家沟

陈家沟人练拳具有较长的历史渊源。史料记载："1374 年，陈氏始祖陈卜迁居河南怀庆府，先居陈卜庄，后定居长阳村。陈卜精于器械，曾在村中设立'武学社'，教授子弟，保卫桑梓。温县志载：这个武学社，开陈家沟世代习武之先河。"①1374 年，即明洪武七年，也就是陈卜迁居河南怀庆府的历史背景为朱元璋建立明王朝的第七年。

作为明朝初年，陈卜能够精于器械是非常合理的。因为在中国武术发展的运动史上，有一个普遍的说法，即"明成清盛"。也就是说：中国武术的发展形成于明朝，鼎盛于清朝。明朝以前，中国武术以军阵冲杀格斗技术为主体内容，训练

① 崔春冬．太极圣地：陈家沟［M］．郑州：中州古籍出版社，2008：3-4.

以兵器实用技法为主导。虽然火器在明代战场上已经有了较快的发展，但并没有发展到可以取消冷兵器的程度，各种器械等冷兵器在战场上仍占主导地位，传统的军事武艺训练也一直在军中延续。这一历史时期，武术与军事武艺存在着较大的分野。例如，明代军旅武术家戚继光就坚决罢斥那些“左右周旋，满片花草”的东西，认为“绕身纵横，此游方教师单人对击，饰观者之目则可”[①]，并认为：“军中武艺不是应付官府的公事，而是‘杀贼救命’的‘贴骨勾当’。”[②] 由此，可以看出军事武艺在形式上与民间武术的异同。明朝及其以后的历史时期，由军事武艺流入民间而形成的民间武术，逐渐接受了中国儒、释、道传统文化的渗透与浸润，进一步推动了明代武术的形成和发展。其重要标志之一便是出现了练功、单舞和对搏并重的演练方式，形成了功法、格斗、套路并重的武术形式，摆脱了军事武艺只以搏杀为主、排斥套路练习的单一军事目的。陈卜精于器械，在当时的历史时期，应当是具有民间武术与军事武艺的相通性。因此，“陈卜能够精于器械，在村中设立‘武学社’，教授子弟，保卫桑梓”，防的则主要是当地的匪盗。这在明朝初年军事武艺盛行、战乱频发的年代里是非常符合实践逻辑的。由此也不难看出，在陈卜的年代，陈家沟习武的动因，显然“保卫桑梓”“防匪防盗”是重要的缘由。

今天，有的学者在撰写太极拳历史的相关章节中，将陈卜所练之拳称为陈氏家传 108 势通臂长拳，并将其具体招式名称罗列为：

懒扎衣立势高强，丢开腿出步单阳，七星拳手足相顾，探马势太祖高传，当头炮势冲人怕，中单鞭谁敢当先，跨虎势挪移发脚，拗步势手足活便，兽头势如牌挨进，抛架子短当休延，孤身炮打一个翻花舞袖，拗鸾肘上连着左右红拳，玉女穿梭倒骑龙，连珠炮打的是猛将雄兵，猿猴看果谁敢偷，铁甲将军也难走，高四平迎风脚踩子，小红拳火焰攒心，转手炮打一个凤鸾藏肘，窝里炮打再个井栏直入，直入势庇身拳转身吊打，指裆势剪臁踢膝，金鸡独立朝阳击鼓，护心拳专降快腿，攒肘势逼退英雄，喝一声小擒拿休走，硬开弓击鹰捉兔，下扎势闪惊巧取，倒扎势谁人敢攻，朝阳手便身防腿，一条鞭打进不忙，悬腿势诱彼轻进，骑马势冲来敢当，一霎步往里就踩，抹眉红盖世无双，下海擒龙上山伏虎，野马分鬃张飞擂鼓，雁翅势穿庄一腿，劈来脚势入步连心，雀地龙按下，朝天蹬立起，

① 周伟良 . 中国武术史［M］. 北京：高等教育出版社，2003：77.
② 同①.

鸡子现胸，白鹤亮翅，黑虎拦路，胡僧托钵，燕子啄泥，二龙戏珠，赛过枪神，丘列势左搬右掌，鬼蹴脚补前扫后，霸王举鼎韩信埋伏，左山势右山势前冲后冲，观音献掌童子拜佛，翻身过海回回指路，敬德跳涧单鞭救主，青龙舞爪恶马提铃，六封四闭金刚捣碓，下四平秦王拔剑，存孝打虎钟馗伏剑，佛顶珠反堂庄望门攒，掩手红拳下压，上一步封闭捉拿，推山二掌罗汉降龙，左转红拳左跨马，右转红拳右跨马，左搭袖右搭袖，回头搂膝拗步插一掌，转身三请客，掩手红拳双架梁，单凤朝阳高四平，金鸡晒膀托天叉，左搭眉右搭眉天王降妖，上一步铁翻竿，下一步子胥托鞭，苍龙摆尾仙人摘乳，回头一炮拗鸾肘，踩子二红仙人捧盘，夜叉探海刘海捕蝉，烈女捧金盒直符送书，回头闪通臂窝里炮，收回去双龙抹马，急回头智远看瓜，自转两拳护膝，当场按下满天星，谁敢与吾比并。①

然后比对太极拳名称，并得出结论，认为“陈王廷在造拳时，从家传长拳中吸取不少精华，甚至是以家传长拳为基础。”② 我们认为需要进一步的推论。且不说套路名称之间的比对有没有偶然与巧合，更重要的是因为从 1374 年陈氏始祖陈卜迁居河南怀庆府，到 1600 年陈王廷出生，中间有 226 年的历史，如果再将陈王廷“造拳”的历史具体到 1644 年明亡后的三十年光景，再到 1674 年的陈王廷《长短句》抒怀，中间就有了 270 年的历史，也就是说从明朝初年，到明朝灭亡，再到清朝的康熙年间，陈氏家传的 108 势通臂长拳从没有间断与失传，这在单纯依靠“口传身授”“师徒传承”的封建社会里，的确难以具有足够的说服力。今天，即便在陈家沟太极拳博物馆中，对于从陈卜到陈王廷之间 270 年的历史区间，只言片语的介绍也没有，因此，说陈卜所练之拳为“陈氏家传 108 势通臂长拳”并进而推论陈王廷创编太极拳吸取了“陈卜演练的‘陈氏家传 108 势通臂长拳’”的部分精华，并以此为基础进行了“造拳”，需要更多的史料加以论证。

言归主题，对于今天的太极拳始祖——陈王廷，按照陈家沟太极拳博物馆相关史料的记载：陈王廷，生于 1600 年，1641 年任温县乡村守备，1644 年在明亡后隐居家乡，于 1674 年归隐陈家沟村创编了太极拳，并作《长短句》以抒怀，并推断：“陈王廷于明亡时正当壮年（44 岁），其造拳应在 17 世纪的 70 年

① 严双军．太极拳［M］．杭州：浙江人民出版社，2007：18–20.
② 同①．

代，即1644年明亡后的三十年光景。”[①] 依照陈王廷所处的历史背景，不难发现，陈王廷所处的时代正值改朝换代，其本人也经历了明朝灭亡到清朝建立的历史节点，属于前朝（明朝）旧臣，曾任明朝时期温县的乡村守备。就陈王廷个人而言，其人生的黄金时期，也就是他本人的前44年是在明朝度过的，那么显而易见，明朝对陈王廷的影响较大。明亡后，其作为前朝旧臣不得不归隐故土，在仕途上应当是没有了继续发展的空间，同时本身又具有造拳的能力（曾任乡村守备），于是将精力付诸造拳自娱，处于一种仕途上了无希望而自我安慰的状态。其《长短句》准确地表明了陈王廷当年的心理状态。前半阕：

叹当年，披坚执锐，扫荡群氛，几次颠险。蒙恩赐，枉徒然；到而今，年老残喘，只落得《黄庭》一卷随身伴。闷来时造拳，忙来时耕田，趁余闲，教下些弟子儿孙，成龙成虎任方便。

显然，这是对自己明朝时曾经任职生涯的回顾和感叹，同时，也表明了其回到陈家沟后“习武造拳”的目的和初衷，即“闷来时造拳，忙来时耕田”。明显是将“造拳”作为一种“自娱自乐”的心理慰藉和对自己职业生涯的寄托。

其下半阕：

欠官粮早完，要私债即还，骄谄勿用，忍让为先，人人道我憨，人人道我颠，常洗耳不弹冠，笑煞那些万户诸侯，兢兢业业，不如俺心中常舒泰，名利总不贪，参透机关，识彼邯郸，陶情于鱼水，盘桓于山川。兴也无干！废也无干！若得个世境安康，恬淡如常，不忮不求，哪管他世态炎凉。成也无关！败也无关！不是神仙，谁是神仙。

在下半阕的抒怀中，明显的感触是陈王廷当年的“忍让”与“不甘”，即“人人道我憨，人人道我颠”；其作为前明旧臣，生活在清代，自然不敢也不能“张扬”，只能“忍让”。但是回顾起自己当年的“风光”，却心有不甘，但又无人诉说，只有诉诸文字，发发牢骚，“笑煞那些万户诸侯”。但是生活在新的朝代，生活总要继续，一切只有作罢，只有满足于寄情山水式的“与世无争”的自

① 顾留馨．太极拳术［M］．上海：上海教育出版社，1993：353.

我满足与陶醉，于是才有了“陶情于渔水，盘桓于山川”“若得个世境安康，恬淡如常，不忮不求，哪管他世态炎凉。成也无关，败也无关。不是神仙，谁是神仙”的感触与抒怀。

对陈王廷而言，其面临着非常尴尬的历史处境，就个人而言，其属于“前朝旧臣”，就历史时代而言，其处于朝代更迭的历史节点中。陈王廷作《长短句》的1674年，清朝正处于康熙的统治之下，当时的政治时局为：三藩叛乱，康熙帝拟前往亲征。同时，清朝初年，满汉之间存在着一定的民族矛盾。汉族士大夫受清室压迫，借文字发泄愤恨的情况时有发生，明末遗臣故老著书立说，流露出山河故国之思，也并不鲜见。《明史》和《南山集》二案①就是康熙年间著名的“文字狱”②。因此，陈王廷作《长短句》还是冒着一定风险的。在这样的时局下，陈王廷“造拳习武”的初衷也只能是“闷来时造拳，忙来时耕田，趁余闲，教下些弟子儿孙，成龙成虎任方便”这样的“修身养性”了。之后陈家沟的练拳习武，便在这样的“自娱自乐”或是“以拳谋生”或是“防匪防盗”中承传与发展。日出而作，日落而息，忙来时种田，闲来时练拳。拳练成了，有时便出去“走镖”，或是以拳谋生，教拳授业，养家糊口。老了，便归耕故里。直到今天，在陈家沟，依然流传着祖辈“走镖”及铲除“土匪恶霸”的传闻旧事，只是这些传闻经过无数村民的渲染与言传，有了诸多夸大与杜撰的成分，显得不那么真实了。

2. 以拳致富：1949年以后，尤其是改革开放以后的陈家沟

随着社会的变迁，农村生活日益艰辛。在中华人民共和国成立初期，陈家沟习拳练武的风气也几近绝迹，加之受“文化大革命”的影响，练拳者稀少。期间，在陈家沟村民陈照丕的努力下，陈家沟习练陈式太极拳的人数有了一定程度的增长。更重要的是，在陈照丕老人的努力下，培养了后来一批村落的武术太极精英，如陈小旺、陈正雷、王西安、朱天才等在后来改革开放的大潮中，占据了先机。十一届三中全会开启了春天的大门，中国再次站到了历史拐点上。改革开放，这是刚走出浩劫不久的中国作出的抉择。从此，中国的思想开始波澜壮阔

①《明史》案发生在顺治十八年，决谳于康熙二年；戴名世《南山集》案是发生在康熙年间的一个大案。

②“文字狱”是封建社会统治者迫害文人的一种行为。封建统治者从作者的诗文中摘取字句，罗织成罪，严重者会因此引来杀身之祸，甚至所有家人和亲戚都会受到牵连，遭满门抄斩乃至株连九族的重罪。“文字狱”历朝皆有，但清朝最多。据记载，仅庄廷鑨《明史》一案，“所诛不下千余人”。从康熙年间到乾隆年间，就有10多起影响较大的“文字狱”，涉及人数之多可想而知。

地解放，中国的经济开始奇迹般地腾飞，这是中国命运的大转折。1978年也因此被称为中国改革开放元年，在之后的30年间，中国开始书写另一种完全不同的历史，并日益深刻地影响着世界。作为中国命运转折的改革开放，也同样影响着陈家沟，改革开放给陈家沟的陈式太极拳提供了大有作为的发展空间。自20世纪80年代以后，陈家沟太极拳名家辈出，这些乡土太极精英开始陆续在村里开办武校、家庭武馆，有人则走出国门，致力于传播太极拳和中国武术文化。目前，“在陈家沟，海外收徒的职业拳师就有100余人，国外太极拳培训市场越做越大，真正实现了向世界弘扬太极文化的目标。除此之外，陈家沟村里已经有王西安、陈小星、陈照森、陈炳开办的四所大型太极拳学校，而家庭式的小武馆更是遍地开花，进一步提高了陈家沟太极拳的知名度和认可度，为陈家沟吸引了更多的人气”①，并衍生出了与太极拳相关的武术产业，很大程度上提高了村民的收入，很多村民凭借太极拳开办企业、武校跻身于高收入阶层，成为以“拳”致富的典型。

【个案】陈家沟目前较大的太极拳学校有4~5家，小型的家庭式武馆、太极辅导站等有数十家。其中×××学校是陈沟较大的太极拳学校之一。学校始建于80年代初，初期由村里的大队组织经营，后转租给个人经营。目前，以太极拳培训为主，其层次主要包括：青少年班、成人健身班、老年养生班。学校基本培训内容与基本收费情况如下：

①普修班：学制3~8年，学费6600~17600元（含书费、保险、校服）

②专项班：学制1~10年，学费3000~30000元（含书费、保险、校服）

③短训班：学期1个月，学费500元（陈式太极拳老架一路、单剑）

④自选班：学期1个月，学费800元（有基础者自选学习内容，限选两项）

⑤技击散打班：学制2年，学费9000元（陈式太极拳法、器械、推手及散手）

⑥成人健身班：学期1~6个月，学费400~2000元（太极基本功、十九势、三十八势、老架一、二路、太极单剑、推手）

⑦老年养生班：学期自定，学费1000元/月，5000元/6个月

⑧教练员培训班：学期3个月，学费3000元（基本功、十九势、三十八势、老架一、二路、单剑、推手等）

⑨寒暑假班：学期1个月，学费400元（限学生，陈式太极拳老架一路等）

① 中国旅游报［N］. 2009-09-14（13）.

⑩节假日班，学期 5 天，学费 400 元（陈式十九势、三十八势、大架一路、大架二路等任选一项）

住宿费：集体间每月 100 元，普通单间每月 300~500 元，标准间每月 1800 元（国外学员各项费用以美元计）。（访谈日期：2010-10-07）

目前陈家沟武术学校教学的主要内容有陈式太极缠丝功、陈式太极拳十九势、三十八势、老架一路、二路、新架一路、二路、国家竞赛套路、三十六势单剑、四十九势单剑、双剑、春秋大刀等。（详见附录）

目前，“以拳致富”已经并不局限于陈家沟。近年来，为加快产业化开发步伐，陈家沟所在的温县已经组织 100 多名太极拳师开办太极武馆，目前已在海内外开办太极武馆及连锁加盟店 340 余家，每年招收各国太极拳学员约 7.3 万人，实现教拳收入 8000 余万元。除此之外，温县还加大了太极拳相关产业的开发力度，在陈家沟建设农家宾馆 20 余家，开发太极服装、太极器械、太极功夫茶等系列产品 10 余种，发展太极拳家庭武馆 30 余家，初步形成了游、学、住、购、娱产业链[①]。

3. 太极拳打出旅游之路：今天的陈家沟

近年来，陈家沟及温县、焦作开始凭借太极文化，打造旅游品牌。今天的陈家沟，已经成为“陈家沟景区”。随着“太极圣地”“国家级非物质文化遗产”及“中国武术太极拳发源地”等金字招牌的出现，发展陈家沟旅游已经成为保护与开发其宝贵文化资源的重要途径。作为太极拳发源地，目前，温县按照国家 AAAA 级景区标准，已经规划设计了陈家沟中华太极文化园景区。据介绍，“依照规划中华太极文化园主要分为五大区：太极拳祖祠祖林纪念区、古村风貌及太极拳师故居保护区、太极拳法国际交流区、黄河太极拳乡文化景区、新村规划建设区，估算总投资 1.2 亿元。”[②]2009 年 8 月，陈家沟建成国内首个非物质文化遗产博物馆—中国太极拳博物馆，展厅面积 3000 平方米，收集、展示太极拳珍贵文物资料近万件。“2010 年 1 月 9 日，温县县委、县政府邀请清华大学国家文化产业研究中心、中国武术协会、华中师范大学等单位的知名专家，在郑州市召开‘陈家沟太极拳文化产业项目发展研讨会’，就创建高等太极文化科研教育机构、

---

① 焦作日报［N］. 2006-10-09（B01）.
② 焦作日报［N］. 2009-07-21（1）.

建造高层次太极生态养生基地等项目进行论证。总投资11.5亿元的陈家沟太极拳文化产业开发项目已于2009年8月落地太极拳发源地温县。项目的主要内容是，创建高等太极文化科研教育机构‘太极大学’，计划建造全国第一所高档的以太极养生理论为主导科学的‘太极生态养生基地’等项目。”①

陈家沟“太极拳祖祠”
（2012年7月摄于陈家沟）

太极祖祠内的“陈王廷”塑像
（2012年7月摄于陈家沟）

此外，从2000年起，温县“国际太极拳年会”（如下图所示）在焦作市举办，升格为“中国焦作国际太极拳年会”，2005年又进一步升格为“中国焦作国际太极拳交流大赛”，如下图所示。为太极拳的交流提供了良好的平台，不仅增强了太极文化的凝聚力，还促使陈家沟的旅游业有了自己的“黄金周”②。

首届太极拳年会③

焦作国际太极拳交流大赛开幕式④

① 河南日报［N］. 2010-01-13（2）.
② 中国旅游报［N］. 2009-09-14（13）.
③ 严双军．太极拳［M］. 杭州：浙江人民出版社，2007：4.
④ 同③．

第二节 “贵州安顺市大西桥镇鲍家屯”个案研究

一、区域概况

鲍家屯位于贵州省安顺市西秀区大西桥镇，坐落于距安顺东北方向约 23 公里的地方，作为安顺市的一个普通村落，实际上目前了解这个村落的人并不多。但是对于安顺，却有很多能让人记住这里的理由，“气势磅礴的黄果树瀑布、宛若仙境的龙宫、跳花圣地格凸河、高原明珠夜郎湖”等国家级风景名胜都出自这里。在地理区位上，安顺位于贵州省中西部，地处东经 105° 13′ ~106° 34′ ，北纬 25° 21′ ~ 26° 38′ 之间。作为贵州省第三大城市，安顺距贵州省省会贵阳 90 公里，地处长江水系乌江流域和珠江水系北盘江流域的分水岭地带，是世界上典型的喀斯特地貌集中地区，其城区之北，水流乌江；城区之南，水流归南盘江。地势西高东低，南部和西北边缘为山地峡谷，北部为洼地峰林，唯中部和东部为丘陵盆地。全省坡度 5° 以下的万亩大坝共 41 处，安顺有 9 处，为全省较为平坦之地区内属北亚热带季风湿润类型，年平均降雨量约 1300 毫米，气温保持在零下 4 摄氏度至零上 33 摄氏度①。东邻省会贵阳市和黔南布依族苗族自治州，西靠六盘水市，南连黔西南布依族苗族自治州，北接毕节市，总人口约 260 万，有汉族、布依族、苗族、仡佬族、回族、白族、彝族等二十多个民族，其中少数民族人口占 38.4%，全市土地面积约为 9260 平方公里。

安顺历史绵长，曾经是古代西南地区牂牁、夜郎的首邑。《安顺府志 · 卷三》（地理志二）对此有过这样的记载：“牂牁之名，始见于《管子 · 小匡篇》”“春秋者有牂牁国，六国时有夜郎国，今安顺概居二国之交。”② 如今，凭借穿洞文化、夜郎文化、牂牁文化、屯堡文化、三国文化、攀岩文化、三线文化等独特的文化优势，安顺成为贵州省的历史文化名城。

而本研究的个案鲍家屯具体则位于安顺市西秀区的大西桥镇。大西桥镇坐落于安顺市西秀区东部，是西秀区之东大门。地理位置在东经 106° 03′ ~106° 09′ ，北纬 25° 17′ ~ 26° 23′ 之间。东起石板房村与平坝区的天龙镇接壤；南起下九溪

① 帅学剑 . 安顺地戏［M］. 杭州：浙江人民出版社，2008（9）：2–3.

② 安顺府署 . 安顺府志 · 卷三［M］. 安顺市地方志办公室，安顺市民族宗教事务局点校，1995.

村与旧州镇接壤；西起杨家关与七眼桥镇接壤；北与蔡官镇和平坝区乐平乡紧邻。东西长 8 公里，南北长 10 公里，总面积 72.96 平方公里[①]。目前，大西桥镇共辖 24 个行政村 44 个自然村，耕地面积为 25283 亩，总人口为 36991 人。主要居住着汉族、苗族、白族、仡佬族等民族，少数民族约占全镇总人口的 9.08%，其中屯堡人口占全镇总人口的 90.92%。根据《安顺市西秀区大西桥镇志》的记载，该地春秋时属于牂牁国辖地，战国时为夜郎地，秦汉属象郡夜郎县。三国、两晋时隶属牂牁郡，南朝隶属夜郎谈指县。唐高祖武德元年（618），属彝族之播勒部（即普里部所属之罗甸国）。元世祖至元十五年（1278）云南行省设普定安顺州，属普定安顺州，元至正十一年（1351）设贵州宣慰司普定土府安顺州。明洪武初年，安顺建普定卫城，分属普定卫与安顺州，州卫合为安顺军民府，后属安顺军民府。民国三年（1914），改安顺府为安顺县，隶属安顺县。中华人民共和国成立后，1949 年 11 月属安顺县永靖区永兴、尚武两乡，1950 年 7 月属安顺县第七区永兴、尚武两乡。1951 年至 1990 年，在安顺县、市三分三合的历程中，均隶属安顺县管辖，1991 年至 1999 年隶属安顺市，2000 年后隶属安顺市西秀区[②]。

大西桥镇地处云贵高原东部，地势东部低，中部平坦，西部偏北较高，东西部海拔相对高差 50 米，东部海拔 1300 米，西部海拔 1350 米。大西桥镇的整体地貌概况属浅丘槽谷地貌区。岩丘、浅丘、槽谷、洼地、孤峰交错分布，区域内山丘与坝子连绵。境内气候属北亚热带季风性温润气候，受东南季风影响，年平均气温为 14 度左右。境内河流为长江水系，河流有型江河、鲍屯河、大西桥河、中所河、吉昌河等。大西桥镇是一个农业大镇，以农业为主，农村人口占 93%，对于境内的农业生产，尤其重要的是，自明初始，因“调北征南”传入江南先进的农垦技术，境内田畴平坦、水源充足的地理优势得以充分开发利用，种植业大为发展。1949 年以后，尤其是改革开放以后，经济体制改革的各项方针、政策在大西桥镇得到了进一步的贯彻与落实。目前，其主要种植的农作物有水稻、玉米及油菜等，同时，由于境内的土质偏酸性，茶叶种植也得到了广泛发展。除此之外，资料显示，大西桥镇内工商业也具有较为悠久的历史，在明代就有茶桑种植业，中年及以上的妇女从事纺织业，纺织品为粗棉、麻纱布、中粗棉布等。境

① 大西桥镇志编纂委员会 . 安顺市西秀区大西桥镇志［M］. 贵阳：贵州人民出版社，2006：26.
② 同① 1.

内的鲍屯村从事丝制品业、娄家庄等苗族村从事蜡染等。在历史上，大西桥镇的商业较为发达，明代中期就有茶市产品“清明茶”，沿途经商人员较多，沿古驿道建商铺居住为寨，如石板房、带子街、大西桥、三浦等。境内有农村集市2个，分别是大西桥和马场。

本研究的调查区域之一——鲍屯村便位于这里。据史载，鲍屯村原名“杨柳湾”或“永安屯”，后因村中居民九成以上皆为鲍姓，故又改称“鲍屯”或“鲍家屯”，其名沿用至今。

二、游走在大明遗风中的“老汉人”：安顺“屯堡人”

“屯堡的发端，昭示着一个划过时空的蓬勃兴起的屯堡社会的最初存在。”① 今天，如果你有机会走进安顺，走进安顺市的屯堡村寨，便会亲眼见到这些被称为明代遗风的“屯堡人”。那些宽袍、大袖、发绾、玉簪、耳坠银环、腰系丝绦、脚蹬风头鞋的屯堡妇女，以一身独具特色的着装而引人注目。初次见到，大多数人都以为他们是“某一个少数民族”，甚至以为他们是一个新的族群，因为那些充满异域色彩的服饰着实看似不同于汉族，也不同于其他民族。实际上，产生这种错觉的人，并不仅仅是我们，还有一个叫作鸟居龙藏②的人类学家。我国清朝的光绪年间（1902），鸟居龙藏渡过海峡，走进中国的内陆，来到贵州考察西南少数民族状况时，同样对这些“大袖长袍”的奇装异服妇女感到新奇，人类学家特有的职业敏感性使他倍感惊喜，以为这些被当地官员和城里人叫作“凤头鸡”的族群是一个新的族群，随后兴致勃勃为其“考流正源”。但是实际上，这仅仅是鸟居龙藏的错觉。因为，这些穿着异域服饰的妇人或男子是地地道道的汉族人。

今天，从贵阳至安顺直线距离100余公里的地域范围内还保存着300余个这样的屯堡村寨。村民以“六百年前的老汉人”自称，这些在今天看来与汉族人截

① 杨友维，等．大明屯堡第一屯——鲍家屯［M］．成都：巴蜀书社，2007：11.

② 鸟居龙藏，生于1870年，卒于1953年，日本民族学家、人类学家和考古学家。他是最早对中国少数民族进行调查研究的日本学者。从1887年起，在东京、德岛附近各地进行民族学、人类学、考古学调查。1892年进入东京大学人类学教研室负责管理标本，随后从事研究和教学。他非常重视实地调查，在1895年以后的50余年间，曾到东西伯利亚、库页岛、千岛、朝鲜，以及中国的东北、西南和台湾、内蒙古等地进行考察，对当地各民族的历史、体质、语言、宗教、习俗做了详细记录，写出多种调查报告和专著。他在1896—1899年先后4次对台湾高山族进行了调查，很多研究成果在《人类学杂志》上发表。1905年到湘、黔、滇、蜀对苗族、瑶族、彝族进行了调查，出版了《中国西南部人类学问题》一书。1921年写出了《满蒙史前时代》一文，获得东京帝国大学文学博士学位。

然不同的屯堡人，在跨越几个世纪的历史长河中，依旧固守着自己的传统，其生活方式、礼仪习俗、衣着服饰、宗教信仰、建筑风格等文化事象处于相对自我封闭状态，代代相传，相沿成习。“屯堡”村民无论是外显性的文化特性还是内在的人格品质及文化精神，在今天看来，都近乎“顽固”地保存着祖先的诸多遗风与特质，甚至在很大程度上完整性地传承与保存了历史。今天，如果你走进这个群体，就在你对屯堡人驻足停留的一瞬间，人类社会发展的历史仿佛凝结在一个特定的时段，让你不得不感叹人类历史作用于今天的独特力量。那么，对于大环境相对封闭但是小环境并不封闭的喀斯特地貌环境中的屯堡村寨，究竟有过怎样动荡曲折与绵延起伏的发展历史？为什么直到今天，这个独特的群体依旧以“六百年前的老汉人”自称？安顺屯堡人又有着怎样的历史由来呢？

实际上，对于大西桥镇及周边各个屯堡村寨的形成，要追溯到明代时期洪武十四年（1381）至洪武二十一年（1388）那一段从“征南平乱”到“屯田制度”的历史。《安顺市西秀区大西桥镇志》记载，公元1368年正月，在动荡岁月中出现的乱世英雄明太祖朱元璋在南京称帝建立明朝后，其势力并未完全控制整个西南诸省。作为元朝残余势力的云南梁王仍然把匝剌瓦尔密盘踞云南，控制着整个云南和贵州西北部大片疆土。为一统河山，铲除后患，明太祖朱元璋于洪武十四年（1381）派已征南平定四川的大将傅友德、沐英、顾成等继续西征云南。征南将士历经艰辛，于次年二月攻克了云南大理，铲除了元朝灭亡后最后一个盘踞云南的残余梁王把匝剌瓦尔密，“调北征南”平乱宣告结束①。

前文已述，对于大西桥镇及周边各个屯堡村寨的形成，与大明王朝的“征南平乱”“屯田制度”及“移民就宽乡”密切相关。那么后来的“屯田制度”与“移民就宽乡”是如何发生的呢？依据相关的史料记载，可以很容易地发现，大西桥镇、安顺乃至贵州地区，对明朝来是一个极为重要的战略要冲。虽然贵州地处西南边陲，加之山高路险，自古便被称为“化外”与“蛮夷”之地，但由于其“开一线以通云南”这一极其重要的战略地位，由此大明王朝给予了贵州充分的重视。明朝初年，在贵州还并不具备成为一个行省的条件下，明王朝就在贵州成立了都指挥使司、提刑按察使司等，并在永乐十一年（1413）设置贵州布政使司，使贵州正式成为省一级的行政单位。在当时，一方面，明王朝“调北征南”虽然取得了阶段性的胜利，但是贵州所在的区域位

① 大西桥镇志编纂委员会．安顺市西秀区大西桥镇志［M］．贵阳：贵州人民出版社，2006：337.

置山高路险，地处边陲；另一方面，当地的土司占地为王影响了中央王朝的统治。为了保障通往云南驿道的畅通，不让云南成为一块朝夕不保的“他人之地”，明朝从洪武初年就开始屯兵贵州。贵州作为“滇之锁匙”，即便在“调北征南”战事取得成功的那一刻，朱元璋也没有放松对贵州的管控。1382 年，即洪武十五年，征南将军傅友德攻克云南后，朱元璋在给傅友德的上谕中毫无掩饰自己对贵州的担忧，“比得报，知云南已克。……至如霭翠辈（贵州土司）不尽服之，虽有云南，亦难守也。”①进而提及，“天启、崇祯间水西、乌撒、永宁三土司联手起事，云南与中原立即‘声息断绝’”②。在这样的忧虑中，在战略和统一全国的考虑下，朱元璋认为要长久控制西南达到云南边陲的长久稳固，就必须稳定贵州。于是，在贵州由于军事战略需要而产生的大规模移民全面展开，“有事则战，无事则耕，暇则讲武”，洪武十四年（1381）征云南的三十万大军随后开始留驻湘黔、滇黔、川黔滇驿道沿线，开始了“三分屯垦，七分戍守”的军屯生活。据记载，“由沐英、沐春父子所迁入滇黔的‘狭乡之民’③就达 400 万之多。”④当然，之后除了大规模的“军屯”，还有后来的“商屯”和“民屯”。从此，因军屯、商屯和民屯而来的移民和少数民族共同生活在贵州这片土地上。明代贵州的汉族移民，对贵州的后来发展产生了极大的影响。正如有学者指出：“元明以前，虽有牂牁、夜郎等方国上千年的文化积淀，但是黔道艰险、交通不便、信息闭塞，中原文化很难以它的强势在林峰峡谷的民族部落中渗透蔓延。自明朝以来，大量汉民族在朱元璋的‘移民就宽乡’皇旨的命令下，从江南移驻黔境，完成了明王朝造就‘汉多夷少’的战略部署。随着屯田制度的推行，十几万的平滇将士、填南民众及其家属，在荆棘草莽间劈荒造田，耕耘播种，不仅使黔中的耕地面积成倍增加，且他们带来的江南先进农耕技术，更是促进了当地生产技术的变革，屯军、屯田，以及屯田制对黔中乃至整个贵州的发展，具有划时代的进步意义。”⑤

而对于“屯堡”，最早出现在清朝咸丰元年（1851）纂修的《安顺府志》中，载曰：“郡民皆寄籍，唯寄籍有先后。其可考据者，屯军堡子，皆奉洪武敕调北

① 贵州民族研究所 . 贵州资料辑录［M］. 贵阳：贵州人民出版社，1983：24.
② 刘文征 . 滇志［M］. 昆明：云南教育出版社，1991：768–769.
③ 由于云南和贵州在明初属于地广人稀之地，而当时江南等汉族文化区大部分都已经出现地狭民稠的现象，“移民就宽乡”的措施是解决这种矛盾的途径之一。
④ 陆韧 . 变迁与交融：明代云南汉族移民研究［M］. 昆明：云南教育出版社，2001：72–73.
⑤ 帅学剑 . 安顺地戏［M］. 杭州：浙江人民出版社，2008：13–14.

征南。当时之官，如汪可、费寿、陈彬、郑琪作四正，领十二操屯军安插之类，散处屯堡各乡，家口随之至黔。”[①] 大量资料证明，“屯堡人不是当地土著居民而是外来汉民族的史实”已经确定无疑，而众多的史料也进一步印证了安顺屯堡人系“明代屯军之裔嗣”的历史事实。如清朝道光年间《安平县志》记载：“屯堡即：明洪武时，军之住所。明代设屯，军民居住上有区别，如名为‘屯、堡’都为军户住所，名为‘村、庄、寨、院’为商民户住所”。《安平县志》还记载：“屯堡者，屯军居住之地名也。”《平坝县志》记载：“明太祖当年从安徽凤阳起兵，凤阳从军者较多，此项屯军系为凤阳籍，又此种妇女头上束发作凤阳妆，绾一笄，又呼之为凤阳头笄，绝非苗夷之类也。”《安平县志》记载：“生活在这一社会区域的，由于特定的历史背景和特殊的生活环境，特别是习俗民风，特有的艺术文化，他们所居住的村寨又以特有的军事性质的屯、堡、官、哨、卫、所、关、卡、旗等命名。故此，追制既废，不复再以军字呼此种人，唯其居住地名未改，于是遂以其住居名而命之屯堡人。”[②]

只不过伴随着历史的更迭与朝代的变迁，大明王朝的覆灭，清朝屯田制的废除，填南移民的涌人，原本意义上的屯堡有所扩大。如今，在大西桥镇及其周边的一些乡镇，历史上的“屯堡”住所由于历史朝代的变换和发展而改变了原来的地名称谓。可即便如此，以安顺为中心，屯堡村寨达到300余个，人口有30余万。东到平坝，西到镇宁和关岭，南到紫云，北到普定，范围广大。明朝皇帝“养兵而不病于农者，莫如屯田”的举措，不仅达到了明王朝“调北征南”的目的，也促进了安顺的发展，来自中原各省的屯军移民，出于同一目的、同一命运、同一生存需要，聚族而居，村寨连接成片，在贵州这片独特的土地上逐渐形成了有别于当地民族和其

屯堡妇女
（2011年2月摄于鲍家屯）

① 帅学剑. 安顺地戏［M］. 杭州：浙江人民出版社，2008：14.
② 大西桥镇志编纂委员会. 安顺市西秀区大西桥镇志［M］. 贵阳：贵州人民出版社，2006：337-338.

他汉族的特殊群体——屯堡人。

屯堡村寨
（2011年2月摄于鲍家屯）

三、大明屯堡第一屯：鲍家屯

从安顺市区往东北方向驱车约23公里的地方，可望见一古老的屯堡村落——鲍家屯。在贵州安顺，鲍家屯只是云贵高原山峦纵横大地上的一个普通村落，微不足道的如同若干屯堡群中的一枚小小的棋子。但是当我们真正走进这个村落，就会发现，它虽只有芥豆之微，却蕴储世态大千。透过它，我们不仅能够窥探到一段尘封于历史深处的特殊记忆，更重要的是，我们仿佛能够触摸到那段来自600年前金戈铁马的峥嵘岁月。

从明洪武二年（1369）到十四年（1381），是明王朝从天下大乱到天下大治的时期。要探究鲍家屯的由来，要追溯到明洪武二年（1369），在今天的安顺市西秀区境内，第一批大明军事屯堡首先在这里出现，据《续修安顺府志》记载，在同期进入的氏族族祖和形成的屯堡中，首先就有鲍家屯和祖先鲍福宝的记载。

鲍姓，原籍江南徽州府歙县新安卫塘樾村太和舍。洪武二年（1369）始迁。祖先鲍福宝，因“调北征南”入黔，封振威将军。卜居安顺永安屯，即今鲍家屯[①]。

《大西桥镇镇志》又载，鲍家屯，原名“杨柳湾”，后改名永安屯，最后得

① 杨友维，等.大明屯堡第一屯——鲍家屯［M］.成都：巴蜀书社，2007：11.

名鲍家屯。入黔定居鲍家屯的有吕、江、汪、许、鲍5姓。现仅鲍、汪、江3姓仍居鲍家屯，其他姓氏已外迁。鲍姓，鲍福宝于洪武二年（1369）定居鲍家屯，是鲍家屯鲍姓的入黔始祖。从第七代开始修订家谱，以后又多次修补，有完整的《鲍氏家乘》[①]。结合上述县志、族谱，同时对照明朝的历史发展脉络，可以将部分历史事件梳理如下：

《鲍氏家乘》（卷拾）
（2011年2月摄于鲍家屯）

公元1368年，明太祖朱元璋在南京称帝；

公元1369年，明洪武二年，第一批大明军事屯堡首先在安顺出现，其中之一，振威将军鲍福宝，择地屯军杨柳坝，始成为后来的鲍家屯；

公元1375年，明洪武八年，调成都后卫指挥佥事顾成守贵州；

公元1376年，明洪武九年，明太祖朱元璋开始考虑征讨云南，命傅友德巡行川蜀雅播之境，修城郭，缮关梁，因兵威降普定诸山寨；

公元1381年，明洪武十四年，傅友德命指挥佥事顾成为先锋，攻克普定，擒安锁，复置普定府，傅友德令顾成列栏以守，改普定卫指挥使司，时贵州路通，沿途设堡……[②]

由上述可知，在明洪武十四年（1381）朱元璋全面发动“清除盘踞云南元代残余势力”的征南战争之前，朱元璋就已对这场战争进行了前期的战略谋划与准备。其中之一，便是早在明洪武二年（1369）即已派出一部分明朝军队，深入当时尚属元朝势力范围之内的普定府。而鲍家屯的形成便是这一战事前期筹备的“成果”之一。由此也可以看出，鲍家屯其鲍氏祖先鲍福宝入黔，可以归为明王朝“调北征南”中的一个先期军事行动，从明朝初年朱元璋为征服云南采取的

① 鲍屯的鲍姓于明朝万历或嘉靖年间由七世祖鲍国臣、鲍文弼功成名就之后着手整编族谱。明天启丙寅（1626年），九世祖鲍新原第一次修编成书。以后鲍姓的子孙，依规续补，现《鲍氏家乘》作为鲍氏家珍藏于鲍姓名人家。屯堡宗族的家谱以入黔始祖为纲，提纲挈领，目目相连，层次清晰。

② 大西桥镇志编纂委员会．安顺市西秀区大西桥镇志［M］．贵阳：贵州人民出版社，2006：340.

一系列举措来看，自洪武二年（1369）的明军入黔到洪武十四年（1381）大规模军事行动的展开，是一个持续运作的完整过程。这从侧面说明了鲍家屯的创建远远先于十二年后庞大的屯戍军民的进入，成为这片土地上响起的屯堡村落的第一声足音[①]。应当说，首批进驻贵州的军屯在之后大规模的“调北征南”行动中发挥了“先锋部队”的作用。而早在“调北征南”战争全面开始的12年之前，先头部队就要进驻贵州，在一个当时明王朝的势力范围尚不能完全掌控的地方驻扎12年，其生存难度可以想象。而鲍家屯就是在这种处境下开始以它“芥豆之微”登上了蕴储世态大千的历史舞台。洪武二年（1369），即大明王朝开国的第二年，虽然大明王朝已有万民归心的气魄，但除以南京为中心的江南、湖广闽浙及北方等区域大局已定外，大片国土仍然是金戈铁马、烽火连天。鲍家屯所在的黔中腹地，尚属元朝政权普定路管辖的地域，鲍福宝在洪武二年（1369）进入贵州，面临着来自三个方面的生存压力：

其一，极为恶劣的自然条件。当时的贵州还属“化外之地”，在“振威将军”鲍福宝率部进入这片荒芜的土地之前，这里人烟稀少，野兽出没，是有名的“蛮荒之地”“瘴疠之乡”。《安顺府志》中清朝人田雯在其游记中对贵州的自然地理环境有过如下描述：

瘴生于嵐，山泽不正之气。中于口鼻，而遂匿乎膏肓。谷黯天如线，严高月不明。掘地得拳土如卵，遇洪荒则皆泽国。[②]

在如此恶劣的自然环境下生存，屯军驻守十余年，其生存难度可想而知。

其二，元朝梁王军队的军事行动与干扰。军队要在此立足，除了应付恶劣的自然环境，还必然面临着来自当时元朝梁王军队的军事战争。洪武二年（1369），正是明军主力在北方战场鏖战正酣，无暇南顾的特殊时期，在贵州，明军势力还处于劣势，其深入敌后，进入元朝势力控制的范围内安营扎寨，其本身就面临着极大的危险。

其三，世居在此的少数民族对外来汉族军队的敌视。史料记载，明洪武二年（1369）至洪武四年（1371），军屯创建之初，在今天的安顺范围内，各种力量

① 杨友维，等．大明屯堡第一屯——鲍家屯［M］．成都：巴蜀书社，2007：11.
② 同① 16.

相互交织对峙。元代推行土司制度，在这里设置普定路，隶属云南曲靖宣慰司。置所距离今天的鲍家屯不足百里，其下辖的四个州之一的安顺府，距离鲍家屯更是不足二十里，这些府、州的地方官皆由地方土著民族的部族首领担任。明军在此屯军驻扎，无疑要经受在此的少数民族对外来汉族军队的敌视。

正因为如此，今天，我们走进鲍家屯，其村落设计规划依然能够清晰地折射出当年历史背景下的村落设计初衷。鲍家屯作为首批军民进入贵州形成的屯堡之一，与之后“调北征南”大局已定后新建的屯堡设计明显不同。“调北征南”之后的屯堡设计，大都侧重于生产与生活功能，并不尤其注重地理环境的军事防御功能。但在特殊年代建成的鲍家屯则恰恰相反，其择址、规划及村落内部设计，都带有显著的军事防御色彩，这与鲍家屯在建屯之初的历史背景有直接的关系。近年来，关于鲍家屯的极富“军事色彩”的村落布局引起了部分学者的关注。出生于黔中屯堡之乡的杨友维及北京国防大学教授鲍中行等对鲍家屯显示战争强势的防卫体系有过详细的论述：

鲍家屯的军事防卫系统大致可以分为三个层次：

第一层次，以鲍屯为核心，周围有数个村庄和山头拱卫；制高点设有军事设施，可以相互联系，一方有难，八方支援。这种既分散又相对集中的村落布局形式，既能适应战斗的需要，又符合农业生产的要求。鲍家屯外围受敌威胁较大的西北、正南、东南方向上，建有带子街、小果园、塘河三个小村庄，作为前哨阵地，保卫本屯安全。在受敌威胁最大的正南方向，利用垭口山、小箐山、大箐山的有利地势，依托天然溶洞和悬崖绝壁，构筑坚固的城堡，与本屯形成掎角之势，强化了鲍家屯正面的防御。

第二层次，鲍家屯四周有屯墙，是一道严密的防御工事。屯门位于十多级台阶之上，易守难攻，进入屯门即入“瓮城”①，如下图所示。这是一个颇为独特的军事设施，是鲍家屯建造者智慧的高度彰显。鲍家屯瓮城面积约为 1000m^2，呈长方形。穿过瓮城，在村落中轴线的两侧，由数百座石头房屋组成延伸出八条弯弯曲曲的街巷，纵横交错，组成一个巨大的“迷魂阵”。八条巷道，各成阵势又能彼此呼应，由此构成鲍家屯的另一个防卫系统，即“八卦阵”（分别称为青

① 瓮城，又称“月城”“曲池”，古代城池主要防御设施之一。作为古代城池的附属建筑，瓮城依附于城门，与城墙连为一体，多呈半圆形，少数呈方形或矩形。当敌人进入瓮城时，如将主城门和瓮城门关闭，守军即可对敌形成“瓮中捉鳖”之势。

鲍家屯“巷道”
（2011 年 2 月摄于鲍家屯）

龙阵、白虎阵、长蛇阵、雄狮阵、金鱼阵、火牛阵、玄武阵、鹿角阵）。每道阵地都有防卫设施，都是一座坚固的战斗堡垒。按八阵图布局，敌人进来如入迷魂阵。八个阵分别布置在屯寨街巷各处。重要地段设有碉楼，碉楼的小窗（猫儿窗）监视着各路街道，便于开展巷战，实行村自为战。同时，鲍家屯建有五层楼高的石碉楼，高高耸立在村落之中，碉楼内设有射击孔、投弹孔、瞭望孔，可以实施射击等防卫行动。与一般屯堡村寨碉楼不同的是，鲍家屯碉楼第四层的四面墙体外建有四个“石箱”，且形状有半圆、长方体、正方体等，这些“石箱”外部和底部有射击孔和投弹孔，可容一人在“石箱”中射击和投弹，打击来犯之敌。

第三层次，逐屋战。鲍家屯的民舍房屋建筑均为石头结构，按四合院布局，坚实难攻。屋顶坡度平缓，各户可互相联通。敌军中计入街巷，各户均能居高临下给予打击。屋顶上的石板石片，还可以作为武器，实行户自为战。在冷兵器时代，这种各户构筑的单体防卫，同样具有相当的威力①。

据《鲍氏家乘》记载，正是由于鲍家屯在建造之初基于对战争防卫的实际需求，这一村落构成了固若金汤的战斗堡垒。鲍家屯自建屯以来，历经 600 余年的发展变迁，而鲍家屯也经历多次战乱，但由于其防御工事的完善和坚固，成为一个村落建筑发展的奇迹。正如研究屯堡建筑的学者所阐述的那样：“鲍家屯军事防卫体系的形成，是明初‘调北征南’战争的产物，同时又是战争所派生出来的一个在黔中大地军事防卫史上的奇迹。它经历六百多年的风雨剥蚀，带着岁月的沧桑向我们走来。宛如一座明代的小型军事博物馆，使我们在惊叹这一历史再现的同时，去感触屯堡人的智慧和神奇的创造力量”②。

① 杨友维，等 . 大明屯堡第一屯——鲍家屯［M］. 成都：巴蜀书社，2007：30–33.
② 同①.

四、安顺地戏：活着的传奇

地戏，被称为“是屯堡文化中最有活力、最有特色、最具人文精神的文化现象”[①]，近年来，“地戏”因其粗犷、奔放的艺术个性和深邃的人文内涵，而受到众多学者的关注。安顺地戏，俗称“跳神”，是流传在贵州安顺一带以屯堡人为主体的广大农村中的一种民间戏剧。因在贵州省全省370余“堂”（跳一部书为一堂）地戏中，安顺市就占了300余“堂”，其余数十“堂”分布在紧邻安顺市的清溪、花溪、长顺、六枝等地，故称“安顺地戏”[②]。之所以称为“地戏”，还在于其表演时不在戏台上，而是在村落里的空地上，围场而演。尽管当地的屯堡人笃信佛教，戏台在许多村寨中随处可见，但地戏却仅在平地上演出，因此，顾名思义称之为“地”戏。1986年，贵州省安顺市西秀区龙宫镇蔡官地戏队首次走出国门，在法国巴黎、西班牙马德里演出引起轰动之后，安顺地戏相继在韩国、日本、新加坡等国家展演，其古朴粗犷的艺术个性和人文内涵引起人们广泛的关注，有的专家学者称其为“中国戏剧的活化石”[③]。那么，对于地戏，究竟是什么样的力量能够让它在安顺传承数百年？其源，其本质，究竟为何？

事实上，在戏剧或是戏曲发展史上，无论东方还是西方，戏剧的生成大约都走着一个相同的路径，即源于宗教活动和诗、歌、舞的综合形式。如古希腊的戏剧即是源于酒神颂，是从祭祀酒神狄俄尼索斯的歌舞仪典中演变成希腊最初的戏剧样式的[④]。在中国，戏剧的生成同样与祭祀活动密切相关，传统宗教、民间信仰及其衍生的诸多仪式活动，成为中国戏剧的重要源头之一。

在传统的中国乡村社会里，最早的原始祭祀活动便是祭祀村落守护神——土地神，也就是“社神”的“社祭”活动。春季向社神祈祷丰收的“春祈”社祭；秋季感谢社神赐予丰收的“秋报”社祭。学者田仲一成在其著作《中国戏剧史》中全面考察了中国戏剧在其产生初期阶段的形式和内容，对戏剧与祭祀礼仪的关系有独到的见解，认为“春祈”社祭中的戏剧成分是中国戏剧形式的主要来源；“秋报”社祭中的悲剧因素则促进了戏剧内容的形成。并进一步认为中国的戏

① 帅学剑．安顺地戏［M］．杭州：浙江人民出版社，2008：26.
② 同① 2.
③ 同①．
④ 叶长海，张福海．中国戏剧史［M］．上海：上海古籍出版社，2005：6-7.

曲，大都是从这两种祭祀活动中产生出来的[①]。这一点，在安顺地戏的身上似乎顺理成章，因为，直到今天，村落里还沿袭着地戏古老的演出时令，一是新春到来之际，二是稻谷扬花之时，类似于上文提及的“春祈”与“秋报”。除此之外，传统的地戏表演也同样带有浓厚的祭祀色彩。安顺地戏中的祭祀仪式包括：开箱、参庙、扫开场、扫收场、开财门等。这种也被当地人称为“跳神”的古老傩戏，寄托着屯堡乡民心灵深处的村寨平安、人畜兴旺、风调雨顺、招财进宝等美好夙愿，祈福纳吉的祭祀仪式成了安顺地戏的重要构成元素。

安顺地戏，作为中国传统“面具戏”的一种，从源头上讲，首先与“傩”密切相关。傩（nuó），语言大典中解释为：古代腊月驱逐疫鬼、拔除不祥的迷信仪式，是原始的巫舞之一[②]。《吕氏春秋·季冬纪》注云：“大傩，逐尽阴气为阳导也，今人腊岁前一日击鼓驱疫，谓之逐除是也。”[③]自汉以后，逐渐向娱乐方面演变，加强了娱乐成分，成为一种舞蹈形式。傩，在远古时期曾被奉为通天的神器，在远古的祭祀礼仪中，村落中的巫师依靠巫术引来天地之神。神则依靠附身巫师的形式降临世间。巫师常通过戴面具、狂舞等方式来表现神附体的状态，并通过对舞或对唱的形式向村民传达神的旨意。随着生产力的发展和提高，这种形式逐渐发生了演化，神灵依附不再是人们畏惧的对象，反而成为人们观赏、娱乐的手段。演员的戴面具、舞蹈、念白、歌唱等着装、表演形式，根源上都是根据祭祀时的神灵附体而创造的[④]。可见，祭祀仪式需要戏剧的参与来表达情感，而戏曲则在乡村祭祀中以戏剧演绎的形式得到了充分的发展和延续，乡村祭祀本身已经成为戏剧生长的独特空间。安顺地戏的萌芽与发展过程也大致如此。针对戏剧与祭祀仪式之间的关联，美国汉学家大卫·约翰逊曾做过独到深入的论述，他认为，中国文化传统的基本精神之一就是行为，道德伦理不是理论的存在而是实践的行为。仪式和戏剧都是中国文化的重要部分，因为它们传达了中国文化的实践精神，把中国人的生活经验与人生理想借行为表达出来了[⑤]。正是由于仪式与戏剧的这种内在的亲缘关系，成为戏剧参与祭祀仪式的首要前提[⑥]。

对于安顺地戏，我们依然无法绕开的疑问是：为什么唯独在安顺，这种承载

① 田仲一成 . 中国戏剧史［M］. 布和，译 . 北京：北京大学出版社，2011：1–11.
② 陈勤建 . 中国风俗小辞典［M］. 上海：上海辞书出版社，2008：480.
③ 国家体委体育文史工作委员会 . 中国古代体育史［M］. 北京：北京体育学院出版社，1990：59.
④ 同① 1–3.
⑤ 李亦农 . 民间戏曲的文化观察［C］. 李亦园自选集 . 上海：上海教育出版社，2002：257.
⑥ 骆婧 . 泪光中的狂欢：丧仪与戏剧探究［J］. 民族艺术，2012（3）：52.

着太多传统文化的古老傩剧还保留得如此完整？我们首先想到的是“交通不便”的原因，正所谓“蜀道难，难于上青天”，对于毗邻四川的贵州省确实如此。即便是在交通十分发达的今天，我们如果从北京到达贵州安顺市的屯堡村寨，按照目前最快的交通方式，也要经过这样的波折：首先从北京乘飞机到达贵阳，然后从贵阳乘坐长途汽车到达安顺，再从安顺乘坐汽车到达屯堡村落。即便是没有中间转车的烦扰，也需要几乎整整一个白天的时间，整个行程2400多公里。因此，我们似乎很容易得出结论：安顺地戏之所以被如此完整地保存和传承下来，原因之一是交通不便，甚至与世隔绝。在现代化的进程中，也许只有偏远的村落才会保留如此完整的传统，这样的推测似乎合情合理，但是事实真的如同我们推测的那样吗？

要解答这样的疑问，我们不能不重新提及前文中阐述过的安顺地戏的传承者——屯堡人。众多的史料业已证实安顺屯堡人实为“明代屯军之裔嗣”，屯堡人不是当地土著居民而是外来民族。可即便如此，沧桑巨变，大明王朝早已土崩瓦解，屯堡人是出于怎样的原因几百年来保存、沿袭了地戏，而地戏与屯堡人又有怎样的特殊情感？当年，大明王朝一统天下，屯军移民来到安顺之时，对当地的土著居民来说，是征服者和占领者；对于填南汉人，是先驱者和开拓者。特殊的社会地位，使他们产生了强烈的自豪感，加之当年的屯堡人来自经济发达的江南地区，生产、生活方式都优于当地的土著居民，这样的经历，使屯堡人产生了极为优越的族群心态，即便是清王朝废除了屯田制，屯军也失去了其军事上的依靠，当年的王者之师变成了日出而作、日落而息的山野村夫，但其优越的族群心态依然挥之不去，几百年来屯堡人坚定不移地固守着自己的传统和文化，形成了一个固若金汤的“文化孤岛”，演绎着令人惊诧不已的“屯耕余韵”。所以，从本质上讲，不是地理区位上的“交通不便”保存了安顺地戏，屯堡人独特的族群心态才真正是安顺地戏保存、传承

安顺地戏演员
（2011年2月翻拍于鲍家屯陈列馆）

的内在动因。当然，客观地说，应该是特殊的历史经历，特殊的地理环境，加上屯堡人独特的心理诉求，成就了今天独一无二的文化艺术形式——安顺地戏[①]。时至今日，屯堡村落民众对地戏活动依然具有高度的心理认同，渴望保留传统文化的心态，至今依然成为村落民众强大的内聚力，并顽强地表现在生活的各个层面。地戏，成为众多屯堡人固守传统的一种内在的“隐喻符号”。

五、管中窥豹：安顺地戏中的武术文化现象探究

对于安顺地戏，除了其独特的粗犷之美，更让人惊叹不已是其地戏活动中带有显著的军事色彩和武术特色。地戏表演中，场面勇猛逼真，铿锵之声不绝于耳，犹如置身真实的战场，两两相斗似打又似舞。方寸之间的“跳”“拼”“舞”诉说着一段段金戈铁马的历史史诗。不可否认，在中国传统文化的包容与浸润下，诸多传统艺术门类中“你中有我，我中有你”的现象并不鲜见，多种技艺相互融合几乎是所有文化艺术门类发展过程中的一个普遍现象。但是，在安顺地戏中，武术与戏曲之间的关联要复杂得多，这不仅表现在单纯的地戏表演的“形似”，更为紧密的关联则在于屯堡人内在的族群心态，以及地戏活动中祭祀仪式的族群文化表达。武术与戏曲存在着本质的鸿沟，但在安顺地戏中，大量的武术文化符号却得以衍生。武术与戏曲之间，具体而言，当地的武术活动与地戏之间究竟存在着怎样的交流与融汇，使得这种“古傩戏”中存有中国武术的元素，值得深究。

朱元璋主张“养兵而不病于农者，莫如屯田”“有事则战，无事则耕，暇则讲武”的战略决策，不仅实现了明王朝巩固统治的军事目的，也形成了今天既有别于当地民族又有别于其他地域汉民族的特殊群体——屯堡人。特殊时代背景和历史经历使得屯堡人以600年的岁月熔铸成今天极为少见的文化人美学样本——安顺地戏。“艺术源于生活”，明晰了屯堡人的历史和往昔屯堡祖先金戈铁马、驰骋沙场的历史。反观今天安顺地戏中的武术文化现象，其中的联系似乎很容易让人理解。今天我们能够看到的传统的安顺地戏，依然固守着“专演武戏”的传统，以表现战争场面和对打格斗为主要表演手法，演出的剧目有：西周武戏（封神演义）、西汉武戏（楚汉抗争、西汉演义）、三国武戏（三国演义、后三国演义）、隋唐武戏（薛仁贵征东、薛刚反唐、罗通扫北、反山东等）、宋代武戏（杨

① 帅学剑．安顺地戏［M］．杭州：浙江人民出版社，2008：22-24.

家将、五虎平西、精忠传），等等。其内容大都是两军对垒、英雄对打的武技表演。同时，演出套路极富武术特色，如，地戏中的“空拳对”“扭脖颈”“鸡打架”“左右栽花”等徒手技艺；“打黄金棍”“打背板”等棍棒技艺；“梭枪”“抛枪”“杀转枪”“耍刀”“飞刀”“理三刀”“围城刀”等刀枪技艺均含有大量武术的成分。单项的刀术的技法有：亮刀、接刀、追刀、挡刀、栽刀、绕刀、环刀等十种刀术技法；枪术的技法包括：挂枪、靠枪、扑枪、绕枪、隔枪、拍枪、栽枪、踢枪、剁枪等；除了单练技法，对练技法也极为丰富，例如：雪花盖顶、古树盘根、刀砍顶门、藤上栽花、栽枪过堂等。演练时，这些独特的武术技法，让人如同置身武打现场，如果不是演练者头戴假面，蒙着青纱，背上插旗，伴有说唱，在一锣一鼓的伴奏下，高歌拼唱，很难相信这是在“唱戏”，反而更似一场武术演练，着实让人浮想联翩。以地戏演练中的剧目《三国》为例，其演出套路如下：一尖过堂——和面——理三刀——围神刀——挂枪过堂——单打背包——大刀（枪）三路——苏秦背剑——雪花盖顶①。

地戏演出中的整个套路，以质朴的打、杀、劈、刺为主，花法少，跟其他的戏曲相比，反而多了诸多的实用技法。除此之外，和一般的戏曲演出大不相同的是，地戏表演时的兵器极为丰富，囊括了中国传统武术中的十八般兵器，包括：刀、枪、剑、斧、拐、矛、钩、锤、镖、锏、棍、铲、刺、鞭、铛、戟等。而这些兵器的材质也分为两种：其一，为木质，形体较小，有彩绘装饰。现在安顺的地戏表演被作为当地的一个旅游资源来开发，演员所采用的兵器材质大都是木质；其二，则为金属质地的真正的刀枪，也就是真刀真枪的表演。若考究其缘由，《续修安顺府志》有这样的记载：“黔中民众来自外省，当草莽开辟之后，多习于安逸，积之既久，武备渐废，太平岂能长保？识者忧之。于是乃有跳神戏之举，借以演习武事，不失生疏，含有养兵于农之深意”。当然，这也仅是猜测，由于史料的匮乏，也难以考证。但是，安顺地戏中这种既类同于中国传统武术活动，又有别于普通戏曲中的武术打斗，兼有武术个性和戏曲共性，“和而不同”的武术文化现象是真实存在的。

事实上，在中国武术或者是戏曲发展的历史上，武术与戏曲原本就是一对姊妹文化。以“唱、做、念、打”为主要表现手段、载歌载舞的中国戏曲实际上蕴含着极其丰富的武打艺术。例如，兼有武术与杂技的中国传统精典剧目《三岔

① 帅学剑．安顺地戏［M］．杭州：浙江人民出版社，2008：64-73.

口》《雁荡山》《水漫金山》等中的武术技艺，无不让人叹为观止。今天，固守文化传统的屯堡人向世人呈现出了独具特色的安顺地戏，那么，我们能否借助这种保存较为完整、被专家称为“戏剧活化石”的安顺地戏，推演出武术与戏曲之间的渊源关系进而揭开隐匿于地戏“假面”背后的武术面纱呢？

祭祀礼仪中的武术成分有傩神武技与武技表演。安顺地戏是目前保存较完整的古傩戏，来源于原始祭祀活动中的歌舞。对于祭祀与歌舞，显然中国武术并未置身事外，而是与其武术与祭祀、歌舞有着莫大的关联。在原始祭祀、宗教活动的独特场景里，在乡村祭祀活动向中国戏剧不断演化的进程中，早期的武术形态已经作为一种重要的元素参与其中，这种进化首先和戏曲的早期形态“傩”密不可分，在漫长的进化过程中，傩的形式大致经历了傩祭——傩舞——傩戏的演变，其主题演变则经历了驱鬼——娱神——娱人的历程[①]。

在早期的祭祀礼仪中，傩神是作为和灾害之源的恶鬼打斗并驱逐之的武神，在祭祀礼仪中通常舞动大刀、长剑、长矛、弓箭等武器以显示其武艺、夸赞其武功，并以追逐恶鬼、与恶鬼进行搏斗的情节贯穿整个祭祀过程。例如，唐代诗人孟郊在《弦歌行》中曾经涉及了追傩礼仪中的武术元素。诗云：“驱傩击鼓吹长笛，瘦鬼染面惟齿白，暗中崒崒拽毛鞭，倮足朱裈行戚戚，相顾笑声冲庭燎，桃弧射矢时独叫。”说的便是追傩队伍驱鬼时拿弓准备射箭的样子，其礼仪显然是以武技为基础的[②]。实际上，在宋元以前，正是由于傩神武技、角抵戏与乡村祭祀的结合，才使其得到了更好的维系与传承。

到了宋元时期，这类的乡傩逐步向戏曲发展中的“舞戏化”方向转化和发展，在中国辽阔的中原和江浙一带，武技、武术表演已经在村落祭祀中开始大规模流行，甚至因其规模和影响而被写入到了地方法律的禁令中，如，庆元年间所颁布的《庆元条法事类》第八十卷《杂犯》一条中写道：“祠赛社会，执引兵杖。……首领人徒二年。集结社众、阅习武艺（同杆棒、链锤）者徒二年。”由此可见，当时乡村祭祀中武技表演的盛况。

实际上，安顺地戏专演以战争为题材的武戏，以表现战争场面和以对打格斗为主要表演手法，其最主要的缘由依然与祭祀相关。正如前文所述，安顺的屯堡村寨是由明代的屯军形成的。残酷的征战致使死伤无数，同时侨居异族的生存区

① 陶立潢，进燔．傩文化刍议［C］．载傩文化论文选．贵阳：贵州民族出版社，1987：15.
② 田仲一成．中国戏剧史［M］．布和，译．北京：北京大学出版社，2011：55.

域，还要应对当地土著居民的敌视，村落之间的战争一触即发，不断有战死者出现。安顺屯田村落群和江南故乡稳定的环境完全不同，或者由于侨居地处于一种严酷的战斗环境，人们就在每年各季的节日时通过祭祀礼仪活动，使在故乡已成为化石、停止发展的追傩武技以“跳神”的形式转化为英雄武戏成为可能[①]。从这一点上来讲，安顺地戏的本质实际上是针对亡灵、英雄的镇魂祭祀[②]。实际上，在中国的历史上，对战死者的祭祀活动并不鲜见，例如，战国时期的《九歌·国殇》里便有这样的歌词：“天时怼兮威灵怒 / 严杀尽兮弃原野 / 出不入兮往不反 / 平原忽兮路超远 / 带长剑兮挟秦弓 / 首身离兮心不惩 / 诚既勇兮又以武 / 终刚强兮不可凌 / 身既死兮神以灵 / 魂魄毅兮为鬼雄。”只不过，在今天，安顺地戏已发展为一种商业表演活动，并不完全恪守传统意义上的演出时令，祭祀的环节也并不完整，地戏的演出，自然少了些祭祀的味道，反而多了些表演的风韵了。

何谓戏曲？清人王国维一语中的，“戏曲者，谓以歌舞演故事也”。歌舞影响中国戏曲的形成由来已久，而对于武术，则自古就有武舞同源的说法。武术与戏曲，实际上是在中国传统文化浸润下所形成的一对姊妹文化。两者从源头上来看，皆出自一家，即源于原始歌舞。在古代，正是舞使戏曲与武术在祭祀的特殊场域中发生了实质性的关联。

在古代武术的发展历程中，随着社会制度的健全和文化经济生活的进步，武术在继承原始社会武术原始形态的基础上，开始逐步形成、发展了起来。而其中，除了频繁的部落冲突、军事战争，促使人们对武术活动的内容和形式重视外，还有一个重要的原因，便是统治者对于祭祀、朝会大礼等诸多礼仪的需要。《左转·成公十三年》中说：“国之大事，在祀与戎”。可见，当时礼治教化对一个国家的重要程度，而“舞”更成为进行礼治教化的重要的工具。周代曾把宫廷歌舞分为“文舞”和“武舞”两类。《诗经·邶风·简兮》载：“硕人俣俣，公庭万舞。有力如虎，执辔如组。左手执籥，右手秉翟，赫如渥赭，公严锡爵！”文舞手持羽毛或乐器，武舞则持兵器，如盾、斧之类[③]，文舞为谦慕揖让以著仁，武舞则为发扬蹈厉以示勇，纪念商代桀功勋的“大舞”属于武舞，而始于周文王，成于周武

① 田仲一成．中国戏剧史［M］．布和，译．北京：北京大学出版社，2011：87.
② 同① 85-86.
③ 叶长海，张福海．中国戏剧史［M］．上海：上海古籍出版社，2004：17.

王时的“象舞”以及表现周武王伐纣的“大舞武”，也大多为军事武艺与乐武相结合的产物[①]。这些舞蹈，对后世戏剧影响很深。

实际上，在我国早期歌舞和祭祀的表演中，已经蕴含了戏曲的初始形态。当然，中国武术与戏剧艺术的融合也是多方位、多层面的，作为两种开放的文化形态，他们相互作用、交叉、渗透，既丰富了自身的内涵，也促进了对方的发展[②]。在历史长河中，武术与戏曲这两种文化样式，逐步分流形成了各自的风格特点，成长为独立的文化形态，虽然当今，武术与戏曲分属于体育与艺术的不同领域，但两者之间的关联，却从未完全断裂。

六、鲍家拳：抑或是一种携带“野生基因”的古老拳术

在中华人民共和国国武术发展的历史上，曾进行过一次大规模的对民间武术的调查和整理工作，即 80 年代初期对中国现存的民间武术活动进行的深入挖掘和整理工作,在当时称之为“武术挖整”,简称“挖整”[③]。武术的“挖整”是一次全国性的民间武术调查活动，是对中国民间武术一次大规模的调查与整理工作。在这次大规模的民间武术调查和整理工作中，在全国各地的流传的拳种套路开始陆续汇集，并引起世人的关注，但是贵州安顺鲍屯“鲍家拳”并不在其“初步查明的流传于全国各地的 129 个拳种”之列，在之后的武术研究中，绝大多数武术研究者对鲍家拳也都是鲜有耳闻，在武术研究的历史上，更是毫无记载。那么流传于贵州安顺的鲍屯，被当地人称为“鲍家拳”或是“鲍家武术”的这种拳术其历史发展脉络和源流究竟是怎样的呢?

按照当地人的介绍，鲍家拳脉络渊源与鲍屯村落的由来密不可分，而鲍家拳的名称，则与“鲍姓”相关。由于寨中 90% 为鲍姓人氏，故村寨被外人称为鲍家屯或鲍屯，其村民所习练之拳法则被称之为鲍家拳，或鲍家武术。鲍家屯，是贵州鲍氏的发祥地，据民国十九年（1930）编印的《鲍氏家谱》记载，

---

① 中国体委体育文史工作委员会 . 中国古代体育史［M］. 北京：北京体育学院出版社，1990：59.

② 龚双安，闵阳 . 试论中国武术与戏曲的融汇作用［J］. 西安体育学院学报，1991（1）：83.

③ 武术“挖掘整理工作”是在原国家体委武术挖整组的领导下进行的，在各级体委武术挖整组的积极参与下，动员了全国 8000 余名专业武术工作者和业余爱好者，耗资 100 多万元，被称为我国武术发展史上空前的“普查武术家底抢救武术文化遗产”的工作。通过最后的总结，初步查明了流传于全国各地的 129 个拳种；各省、自治区、直辖市编写关于各种拳种理论、技术和传播、发展的典籍《拳械录》和《武术史志》等 651 万字；录制了 70 岁以上老拳师拳艺 394.5 小时；通过“献拳经拳谱、献兵械实物、献功法技艺”的“三献”活动，收集文献资料 482 本，古兵器 392 件，其他实物 29 件。

鲍公福宝始祖籍贯，宫音（堂号）尚党邑，原籍南京直隶省安徽徽州府，歙县堂樾村衮绣乡大合社人氏。于大明洪武二年（1369）调戍贵州普定卫（安顺），获都司这一军官职。对于鲍家拳，村落里的鲍氏后人认为，鲍家拳是其始祖鲍福宝在明朝初年“调北征南”战争中的“移民携技”，其传承脉络总结如下：鲍氏始祖震威将军鲍福宝系带兵武将，他从皖南歙县堂樾带来了拳术，其渊源可追溯到西晋鲍伸将军。西晋太康年间（280—289），护车中尉来镇守新安，将鲍家拳带到歙县。不仅如此，今天的鲍氏后人甚至将鲍家拳的由来与更为久远的鲍氏祖先进行了关联，托名于春秋时代齐国大夫鲍叔牙，认为鲍家拳初创于大禹战三苗、统一九州、建立夏朝的时期，形成于春秋时期，发展完善于西汉时代。这样笼统的推论，从中国武术发展的历史来看，只能归结为是村落鲍氏族人对祖先的一种崇敬，并未有相关的史料可以对其进行翔的论证，是在村落里流传的一种传说罢了。事实上，对于中国武术历史与脉络的探究，武术中有太多的拳种套路都将其缘起问题归为早期的历史传说式的神化以及歌谣和故事等，这一点好理解。在古时，武术要想扩大影响和知名度，一个非常重要的条件就是努力寻找一个“偶像”，然后“神话”他，使其成为众多习练者的崇拜者，如峨眉武术之司徒玄空、太祖拳之赵匡胤，少林拳派之达摩祖师，太极拳之夜梦玄帝授拳等。我们不能完全将这一类的传闻轶事、传说、传奇一概斥之为“子虚乌有”。但是，从科学的角度出发，要将这些传闻和轶事作为武术发展的源头的历史依据，则需要更多客观的历史史料作为依据，否则，我们只能将其作为一种“口承传统”的传说了。实际上，在社会学研究的过程中，有时我们难以避免的一个问题是，由于研究者本身就是一定文化和历史条件下的产物，又是其社会实践的产物，因此，在其研究过程中，不可避免会把自身的内在的精神文化因素加以外在化和客观化，既影响和改造着对象，又影响和决定自身的行为方式和取向。[①]由于这样的因素，目前在诸多的武术研究中，我们往往仅凭借自身对武术事业的钟爱，有时会陷入“一厢情愿”或者“想当然”的泥潭，恨不能将所有武术历史的“博大精深”和“源远流长”与自身所从事或研究的某种武术拳种理论相关联，言谈论述中全部是对武术的钟爱和赞美，武术似乎是成为“无所不能”之物，研究者不能客观地接受武术研究中的一些真实历史，长此以往，武术的研究势必将会陷入“自娱自乐”和“孤芳自赏”

① 闰黎．论布迪厄社会学理论的反思性［J］．学习与探索，2000（1）：96.

的错误中，从长远看，并不利于中国武术的健康发展。

对于将鲍家拳看作是明朝初年“调北征南”战争中的“移民携技”，则需要进行如下理解。明朝初年的“调北征南”已经是既定的历史事实，关于鲍屯的由来，也可以说是毫无争议，但是将鲍家拳看作是明朝初年的“移民携技”则有太多的疑问需要解答。依据中国武术发展的历史，不难发现，明清时期是我国武术发展的繁盛时期，这种繁盛的表现之一便是武术拳种与门派的大量涌现。众所周知，在中国武术的发展历程中，套路是武术文化结构中尤为重要的组成部分，对于套路的相关记载，虽然在宋代就已出现，但尚未有其名称，而发展至明代，冠以各种拳名的套路已蔚为壮观[①]。据戚继光《纪效新书》所记，就已有16家之多，诸如，三十二势长拳、六步拳、猴拳、温家七十二拳等。在明末清初，各地出现的拳种名称则更为繁多，今天我们所熟知的太极拳、八卦掌、形意拳等诸多经久不衰的拳种都是在这个时期内形成的。今天，我们试图来论证鲍家拳源于明朝初年“调北征南”战争中的“移民携技”，显然需要进一步的论证，今天，即便是在鲍屯，由于史料的匮乏和年代的久远，我们也无法寻求到蛛丝马迹，关于当地人称为“鲍家拳”的武术，根据村落访谈和调研协同口述资料，可以简要地梳理其传承脉络，大致如下：鲍福宝——鲍尊三——鲍茂凡——鲍云武——鲍灵佑——鲍安洪、鲍灵斌等。鲍家拳其早期的源流，从史料上无法进行翔实的考证，目前，能够亲眼看见的仅仅是村落里寥若晨星的几个习练者，他们是已经87岁的鲍云武老人、已过不惑之年的鲍灵佑及其两个徒弟，鲍安洪和鲍灵斌。关于鲍家拳的诸多传闻旧事，大多是村落民众的一些“口承传统”式的传闻了。

同时，“从名与象的角度分析，一个完整的拳种套路应该具备两个特征，一是拳种名称，二是相对稳定的动作技术结构”。[②]鲍家拳基本具备这两个特征，表现在：其一，拳种名称，鲍家拳目前所演练的套路内容有，护卫拳、四门挂锤、小四门等，棍术套路包括有大背棍、小背棍、一百单八棍等；其二，鲍家拳具有相对稳定的动作技术结构，动作朴实，步法灵活，以拳掌护身为主，攻守兼备。除此之外，通过对目前传习这一拳术的鲍灵佑、鲍安洪、鲍灵斌的访谈，还发现鲍家拳具有以下的技术风格特点，表现为：第一，兵器和套路多，内容丰富。整个武术系统使用20余种兵器，几乎是十八般兵器样样都有，武术套路多达数十

① 周伟良．中国武术史［M］．北京：高等教育出版社，2003：83.
② 同①．

个；第二，战斗性、对抗性强，具有浓厚的军事色彩。鲍家武术的套路和动作，是按实战要求编排和设计的。练武的过程实际上是进行战斗训练和演习，进行斗智、斗勇、斗技、斗谋等对抗性训练，具有显著的军事特色；第三，与安顺地戏密不可分，是一种独具特色的军事文化。直到今天，鲍家武术经常与军傩（傩戏的一种）结合在一起，用来歌颂和表现英雄人物高超的军事武艺，丰富军队的文化生活，以武术的器械作为地戏的道具，以武术的套路、动作作为戏剧的表现形式，歌颂古代的爱国将领和英雄人物。

今天，由于史料的匮乏，我们无法对鲍家拳的传承脉络进行系统的梳理和描述，鲍家拳也由于社会结构改变而面临着传承断代的危机，但是，在新的时代背景下，尤其是近年来，随着非物质文化遗产工作的大力开展，鲍家屯正在组织申报“鲍家拳”为贵州省安顺市非物质文化遗产。同时，承担着村落民众健康需求、丰富民众文化生活、寄托种族认同等功能的村落的武术馆校“鲍家拳馆”业已成立，并发挥着新的社会功能。

在鲍家屯与“鲍家拳”传习者鲍灵佑等进行座谈
（2011 年 2 月摄于鲍家屯）

鲍安宏演练“鲍家拳”
（2011 年 9 月摄于鲍家屯）

第三节　“山西长治市长子县鲍店镇东街”个案研究

一、区域概况

山西长治市长子县鲍店镇东街是本研究选取的个案之一。长治市古称上党，整体地貌为，四周山峦起伏，山间有许多小型盆地，中间地势低，呈盆状，为有名的上党盆地。鲍店隶属长治区域内的长子县。长子县位于山西省东南部，上党盆地西南侧，北纬35°53′~36° 15′，东经112° 27′~113° 00′，东西差33′，南北差22′，东西最长，东端南漳乡路家沟村至西端横水乡崖底村的小关道，长度约为65公里，南北最宽处，南段色头镇庄里村的南沟至北端鲍店镇北部村，宽度约为37.5公里，总面积1029平方公里，占全省面积的0.2%，占长治市总面积的7.4%①。全县共辖9镇2乡2个服务中心，286个行政村，总人口约29.8万。长子是炎帝桑梓、尧王故里、丹朱封地、精卫之乡、西燕国都、千年古县。因上古时期尧王大儿子丹朱，受封于此而得名。秦汉400年间，长子城一直为上党郡治，西汉置长子县。东晋十六国时，慕容永据长子称帝，为西燕国都。隋开皇年间复称长子县，此后，县名历代未改。2007年9月被联合国地名专家组中国评为“中国千年古县”。

《长子县志》有这样的记载：“长子县位于山西省东南部，长治市西南隅。西枕太岳山脉，东走上党盆地。山川交错各占疆域一半，河汉纵横分属漳沁二水。物阜民勤，各业发达。”②

长子是中华民族文明发祥地之一。传说炎帝神农氏在境内羊头山尝百草，兴稼穑，完成了人类从游牧狩猎到定居农耕的重大转折。境内发鸠山，为《山海经记载》的古代神话故事“精卫填海”的衔木之地。尧封长子丹朱于境，长子县由此得名。周初为太史辛甲封邑。秦汉两代置长子县，为统领14县的上党郡治所在地。西晋时鲜卑族慕容永建立西燕国，长子城为国都。隋开皇九年（589）长子县曾易名寄氏县，开皇十八年复为长子县。长子自古为战略要地，境内古驿道北达太原，南通洛阳，扼上党西南部交通之咽喉，地势呈月牙形，三面环山，一方为广阔平原。驻军既有纵深防御之险，亦有跃马驰骋回旋之余地。南可控制晋城、高平，西可以拦截安泽、沁水方面进犯，故为历代兵家必争之地。周郝王五十五年（公元前260），秦、赵上党之战，双方在县境丹朱岭下的丹河谷地屯兵百万。西燕慕容永于凭借扼守上党要塞，乱世称帝。长子具有革命斗争的传统。宋代，县内抗金斗争十分活跃。明代，有众多乡民跟随李自成起义军打进北京。清末，县人刘海根组织义和团，风风火火闹上党，惩罚不法洋教士。辛亥革命爆发后，境内干草会声势浩大，地主劣绅闻之丧胆。五卅惨案后，本县学生罢课示威，声援上海工人。抗日战争时期，全县人民在中共长子县委领导下，与日

① 山西长子县志编纂委员会．长子县志［M］．北京：海潮出版社，1998：41.
② 同①1.

本侵略军展开了殊死斗争。长子为太岳革命根据地的前沿阵地，给来犯之敌以沉痛打击。拥有丰富历史文化遗产和深厚的文化底蕴的长子县，2007 年被评为“中国千年古县”。

二、“鲍店镇东街”的个案研究

鲍店作为长子县的乡镇之一，位于县城北 18 公里，屯、长交界处，东邻长治市郊区，素有“雄鸡一唱鸣三县”之称，是长子县四个古集镇之一。古时候曾为晋豫、秦晋的交通要道。至今已有两千多年的历史。镇居民来自全国，是长子居住回族人最多的一个地区。中华人民共和国成立前，镇上斗店 10 余家，店员、掌柜 200 余人。鲍店镇是县集镇中最兴盛的一个。鲍店镇自古以商业之繁盛，以行业之众多，交易之广泛著称，是长子县的一大商业重镇，驰名上党。建立后，随着经济发展，鲍店镇成为粮油集散中心[①]。

鲍店镇东街，镇政府所在地，是隶属鲍店镇的一个自然村落，也是一个行政村落。关于鲍店镇东街的由来，《长子县志》记载如下：“相传很久以前，有一姓鲍的人家在此地一棵老槐树下开店，后传宗接代成为村庄，且以当初店主姓氏及其行业取名为鲍店。”[②] 因在镇内东街，故而得名。关于《长子县志》提及的“鲍姓人家”，村里的老人进一步解释说，“鲍姓人家”就是西汉时敢于犯上直谏的忠臣“鲍宣”的后代。临近鲍店，周围的村落里还有 4 个以“鲍姓”命名的村子，依次为“西鲍”“东鲍”“南鲍”“鲍庄”。对于这些村庄的由来，《长子县志》的记载也大致相同，大都记载为：“因村中原鲍姓居多，故名。”[③] 对于村子建立的缘起，给予这样的解释不无道理。《长子县志》在长子概况介绍中还记载到：“古今长子，人文荟萃，英才辈出。有西汉时敢于犯颜直谏的忠臣‘鲍宣’，东汉时久战沙场的名将鲍永、鲍昱，南北朝时闻名文坛的诗人鲍照，文韬武略，各领风骚。”[④] 在历史上，对于“鲍宣”的记载如下：

鲍宣秉性耿直，“常上书谏争，其言少文多实”。《汉书 · 鲍宣传》载，鲍宣忠于职守，敢于执法不屑苟谀。一次丞相孔光出视辕陵，随从官史不行旁道，驱车在中央驰道乱跑。这在当时是犯法的，正巧被鲍宣遇见，他即命左右将孔光从

① 山西长子县志编纂委员会 . 长子县志［M］. 北京：海潮出版社，1998：49.
② 同① 60.
③ 同① 60.
④ 同① 5-6.

史拘捕，车马充公。孔光恨鲍宣不顾情面，由此耿耿于怀，千方百计排挤鲍宣。汉哀帝宠信孔光便不问是非，派人到司隶府抓人，鲍宣闭门拒命。这下触怒了皇帝，便被以“无人臣礼，大不敬之道”的罪名逮捕下狱，定为死罪。后被免去死罪，改罚髡钳刑，流放上党长子。鲍宣发现长子这里宜农宜牧，又少盗贼便把家从河北迁来定居。

王莽篡汉后，极力排除打击不附己之“汉忠直臣”，处死达数百人，鲍宣亦未幸免。公元 3 年，鲍宣与大司空何武同被下狱致死。公元 25 年东汉光武帝刘秀登基，大赦天下，下诏褒扬鲍宣并准荫其子孙“至大官”。

同时，邻近长子县的屯留县，其县志中的《人物志》对关于鲍宣的儿子“鲍永”也有相关记载：鲍永，字君长，上党屯留人，按《后汉书》，永父宣，哀帝时任司隶校尉，为王莽所杀。

今天，在长子县南鲍村有“汉司隶鲍宣”墓碑及墓志铭，千百年来，上党长子被视为汉司隶鲍宣故里。可见，关于鲍店由来的流传，真实性较大。现在村里还有村民自发组织的关于鲍氏家族的寻根活动。

目前，鲍店镇东街共有人口 2300 人左右，500 余户，因村落本身是镇政府所在地，所以跟周围的村庄相比，村落的城镇化程度较高，交通便利，村子旁边的道路上每天都有通往长治的班车。作为镇政府所在地，村子周围聚集着鲍店西街、鲍店南街、鲍店北街几个村庄，实际上从地理区位上，四个村子已经紧紧地连在了一起，尤其是随着近年来我国城镇化进程的加快，四个村子的街道、房屋已融为一体，形成一个较大的聚居中心。在这个中心的外围，则是大片的农田，在这个中心内部，有街道、各种商店、餐馆、澡堂以及理发铺。每到清晨，村旁通往长治的街道上，各类人群便络绎不绝，非常热闹，赶车进城的、起早务工的、赶早下地的以及路边的商铺里起早做生意的，都开始忙活起来。路旁的小餐馆里的生意这个时候也异常红火，甚至连路旁露天处也坐满了人，“一份油条、一碗稀饭、一碟咸菜”成了每一个赶早起来人的早餐。这样的情景要一直持续早上 10 钟，然后人群慢慢散去，街道归于平静，而餐馆的老板又开始忙碌着准备午餐。这个时候，街道两边其他做生意的店铺，慢慢有了主顾，一个乡村小镇的一天就在这样的忙碌中开始了。

（一）练拳习武：乡土村落的武术文化现象

鲍店东街由于其自身的地理位置而形成今天的发展状态，相比于目前中国广大的农村，应当是“条件较高”的村子。除了鲍店的历史渊源外，还有一个重要的原因，就是其是镇政府所在地。无论是“镇政府”“县政府”还是“省政府”，其所在地无疑都是这一地区的政治与文化中心。作为一个地区的政治和文化中心，其发展状态也自然要优先于邻近的村庄。尽管这个地方很小，在中国、甚至是长治的地图上小到难以标注。但是，“中心”到底是“中心”，哪怕是镇一级的。2011 年 10 月当我第一次从太原经由长子县辗转来到这个村子时，起初充满了疑虑。因为，众所周知，改革开放以后，在市场经济为村民谋得物质实惠的同时，许多村庄里的传统文化在市场经济的大潮中也被冲刷地“支离破碎”，甚至“片甲不留”。在这样一个“中心”，一个被现代文明包裹的地方，还有没有传统武术生存的空间？从探寻武术活动的角度，我开始强烈地怀疑在这个村子从事研究的可能性。因为这个村子，它并不像河南省温县陈家沟，后者由于其受惠于作为某一拳种发源地的金字招牌，相关武术文化资料的获取很容易。但是鲍店东街这个村子，普通得就如同河流中的一滴水。可是，当我真正走入这个村子，仅仅是片刻，原先的种种忧虑、怀疑，甚至伴随着长途奔波的劳累便荡然无存。这种转变发生在我和一个 40 多岁的大姐之间的一段不经意的简单对话后。其内容如下：

问：大姐你好，请问你知道鲍店东街吗？

答：鲍店东街，知道啊。我就是从那个村嫁出来的。

问：真的吗，我就是要去鲍店东街。那你知道那个村子里的人练武术吗？

答：练武术，我当然知道。我小的时候还练呢，大家都练。

问：那你现在呢，还练吗？

答：现在不练了，不过村里有些人还在练。

问：那你们都练什么啊？谁教你们？

答：练小红拳，还有刀、棍、梢子，很多啊。

问：那谁教你们呢？在哪里学呢？

答：我小的时候就在村里那个大队的院子里，村里有会武术的老人在教。那时候吃过晚饭，大家都就过去了，只要想学，就会有人教。但是，要学好，还要拜师呢。

问：那你现在还练吗？

答：现在早就不练了，现在都在忙赚钱，谁还有工夫练？

问：那为什么以前练呢？

答：以前没事啊，再说，我们还要“闹红火”。

问：闹红火？什么是闹红火？

答：就是过年的时候，元宵节还有庙会，要为武术表演做练习。

问：那现在过年还闹红火吗？

答：闹啊，但是不如以前热闹了。没什么人，大家都很忙，有的过年的时候打工都不回家，回家的人，一般初五就都走了，打工去了。再说，村里也不给钱，办的就少了。

问：那以前村里给钱吗？

答：以前也不给，有时给几盒烟，或者一点糖什么的。主要是大家都有空。

问：我要去村里看看这些武术活动，现在能看到吗？

答：能，但最好过年的时候来，现在村里好像有人办了个武馆，就在村子东边。你过去问问就知道了。（访谈日期：2011-10-05）

这次不经意的对话，让我改变了起初对鲍店东街的认识，重新开启了我对这个村落的研究信心，也许正如法国雕塑艺术罗丹所言：“生活中并不缺少美，而是缺少观察美的眼睛。”对于每一个真正走入田野，而又试图在田野中获取信息的研究者而言，又何尝不是如此呢？正如英国历史学家卡尔所说，事实的确并不像鱼贩子案板上摆着的鱼，“信息”是需要“被发现”的。对于我而言，后来鲍店东街给予我的武术文化及人文信息，远远超出了我的预期。

第一，乡村庙会：最生动的集体记忆

哈布瓦赫是法国社会学家涂尔干的学生，并被公认是“集体记忆”（collective memory）研究的开创者。他首次将“记忆”这个概念赋予了社会学的内涵，强调记忆的社会性与公众性，认为无论是历史记忆还是自传记忆，记忆都必须依赖某种集体处所和公众论坛，通过人与人之间的相互接触才能得以保存。在哈布瓦赫看来，“记忆产生于集体，即只有参与到具体的社会互动与交往中，人们才有可能产生记忆”[①]。在鲍店，这种产生社会互动与交往的村落空间是乡村的集市与庙会。对于鲍店，集市与庙会具有特殊的意义。《长子县志》记载：“鲍店镇自古以商业之繁盛，行业之众多，交易之广泛而著称，是长子县一大商业重镇，驰名上党。早在明朝末年这里就有了盛大的集市贸易，每月的三、六、九为集日，每年农历二月初二、五月十七、七月初十、九月十三，为鲍店的4个庙会举办的日期。其中九月会，是山西省四大庙会（正月解州会、四月尧庙会、七月五台山会、九月鲍店会）之一。会期100天，以药材交易为主，故也叫药材大会，闻名全国，万商云集，热闹异常。”[②]“集市”与“庙会”成为这个村落人们“集体记忆”的核心。

在村干部的帮助和协调下，专门为我组织了两次专门的座谈会，在调研的过程中，我与村里的老人进行了详细的座谈，包含村支部书记在内，参与深度访谈的村民有12位，他们平均年龄为63岁，其基本情况如下表所示：

深度访谈的村民统计表（截至2011年）

序号	姓名	年龄	访谈形式	备注
1	鲍先锁	67	口述	原村支部书记
2	陈建民	49	口述	现村支部书记
3	杨晋成	76	口述	长治工作（已退休）
4	李水旺	67	口述	长治工作（已退休）
5	郑进禄	57	口述	村民务农
6	李小芝	63	口述	长治工作（已退休）
7	陈宝锁	55	口述	村民务农
8	焦长成	73	口述	村民务农
9	薛锁柱	62	口述	村民务农
10	李成则	75	口述	村民务农
11	白玉生	54	口述	村民务农
12	刘安根	63	口述	村民务农

① 哈布瓦赫．论集体记忆［M］．毕然，郭金华，译．上海：上海人出版社，2002：95.
② 山西长子县志编纂委员会．长子县志［M］．北京：海潮出版社，1998：49.

2011 年 10 月在鲍店东街座谈
（2011 年 10 月摄于鲍店）

与部分座谈者合影
（2011 年 10 月摄于鲍店）

以下为与当地村民深度访谈的内容节选。

【访谈节选 1】陈 xxx，鲍店东街现任支部书记。

我们这个村，实际是个移民村，90% 以上都属于外来人口。他们（指了指旁边的村民）的祖上有河北的、河南的、山西的，全国各地的都有。我们村的祖上，刚开始的时候就是外地一户姓鲍的人家在这里开店做生意，后人就定居这里，成为“鲍店”，这就是我们村为什么叫鲍店的原因。但是，现在，我们村并不全都是姓“鲍”，我就不姓，还有很多人都不姓鲍，几代人都住这里，因为他们的祖上都是到这里做生意，或者流浪到这里的。实际上，自古至今，我们这里的“集市贸易”还有“庙会”都是特别有名的，吸引全国各地做生意的人，都愿意来这里。就是前些年，我们小的时候，鲍店镇集市与庙会在全国也非常有名，数一数二的。尤其是“药材会”更是有名，我们这里产“党参”，全国各地的药材贩子都来买，非常热闹。这里的人，都爱“赶大集”，唱戏的、打武术的都会来。还有庙会，以前，每年的初二开始，一直到正月十五，村里的人都要“闹红火”①,快要到“闹红火”的时候,村里的大人、小孩都要准备“耍拳”②。除了“闹红火”，还有鲍店的庙会等，都有“耍拳”的。前些年，“闹红火”的时候村里还要组织，现在，几乎没有了。村里没什么钱，我们村也没有企业，不重视了。现在，都搞经济了，你看今天，他们来座谈，就误了一天工，损失七八十元钱呢。（访谈日期：2011–10–06）

【访谈节选 2】**杨 xxx，76 岁，原鲍店人，1952 年进城工作，1998 年退休。**

我 1949 年开始练武术，1982 年参加过晋东南的武术比赛。1998 年退休后，我就在家办了个家庭式的业余武术班，有 30 多个学生一直都在跟我学。我刚开始学习武术的时候也就是十一二岁，那时候，我小，上学的时候总是受别人欺负，就去学武术，开始先练习“架子”③，后来，我跟村里王春阳④老师傅学，就在他们家的院子里。王春阳老师傅不是我们这里人，民国的时候家里出过事，就跑到这里来了，他没有结过婚，也没有孩子，那时候很多小孩子都在那里学。其实，村里很多人都是跟他学的。那时候，年年村里“闹红火”，尤其是在正月，每到初三，我们就到王春阳老师傅家里去练。那个年代，过年要“闹红火”的时候，街上有人敲锣，大家就都一起上。那时候，鲍店的四条街还组织比赛，公社里还给发“玻璃匾”“奖状”。我是年年都去“闹红火”，有时候点着火把，一起“耍拳”。现在老了，再说，大队里没钱，经济紧张，也没人组织了。（访谈日期：2011–10–06）

【访谈节选 3】**郑 xxx，57 岁，鲍店人，其祖辈由河南迁入山西鲍店。**

我的武术主要是年轻时候“闹红火”时候学的，我们这个年纪的人都会“耍拳”，那个时候，为了在庙会上“闹红火”，都一起学。在庙会上我表演过“三节棍进枪”“双人梅花枪”“大梢子对棍”“六棍”等。每年的正月十五、十六，村里的庙会都非常热闹，先是“上香祭祖”，然后队伍的前面是“大旗”“锣鼓”，

① 当地人对“参加庙会活动”的“俗称”。
② 参加庙会武术表演以及习练武术等活动，当地人称为“耍拳”。
③ 架子，当地人对“武术基本功”的一种俗称。
④ 鲍店东街人，村里现在在世的会武术老人大都是跟王春阳学习的，其已去世多年。

紧接着是“九节鞭”“梢子”等，主要是为了开场；再后面是“故事会”，里面有“踩高跷”“划汉船”“抗桩”①“舞狮子”“二贵不跌”②等活动，还有“大西瓜叉”③（音译），边走边唱。四周都是村民在观看。前些年，除了闹红火，我们“耍拳”和其他活动还“串单位”，到别的村，有时还进城表演，表演完了有时人家给点钱，或者烟什么的。除了“庙会”，平常，特别是收了小麦之后（农历五月）的农闲时候，我们有时就在村里的打麦场等空地上“耍一下拳”，练习一下，只要高兴了就去。现在偶尔也练一下。（访谈日期：2011–10–06）

【访谈节选4】鲍xxx，67岁，鲍店人。

我是山西本地人，祖辈一直都生活在这里。我们祖上是鲍宣的后代，现在我们还组织了“鲍氏家族寻根会”，每年都要开会的，全国各地的鲍氏家族成员有时都要来我们这里祭拜祖先的。说起武术，我们祖上的武术就非常厉害。鲍宣先是被流放到了长子，后来被王莽害死后，他的儿子鲍永就带着自己的三个孩子，分别是：鲍昱、鲍祈、鲍音及家属逃到了晋南，后来投奔到反抗王莽起义的刘玄部队，刘玄死后，就投奔到刘秀部下。我们族谱上记载了“鲍昱武功高强，讨伐太行山强盗”④的事情，可见我们祖上是有武功的。后来，鲍店庙会非常有名，这里又是交通要塞，还是贸易中心。很多做大生意的人都到这里，后来就有了镖局，要不然，走那么远的路，东西还不都让太行山的土匪给抢了？镖局里面的人武术是也是很厉害的。听老辈人说起，我们村里以前的一些老人，武术练得好，就去镖局，谋个营生。要不然，为什么就我们鲍店武术练得好？不过后来，村里人都喜欢“闹红火”了。（访谈日期：2011–10–06）

① 当地的一种民俗活动，类似于武术的一种“基本功”。
② 一种模仿“两人摔跤”但其实是由单人配合一种穿在身上的道具完成的民俗活动形式。
③ 现场根据所见、所闻组织素材“临场发挥”样式的一种“说书”活动。
④《屯留县志》中《人物志》载：鲍昱，子文泉，永之子。按《后汉书》所载，昱少传父学，建武初，太行山中有剧贼，太守戴涉闻昱有智谋，乃就谒，署守高都长，昱应之，讨击群贼，诛其渠帅（大帅），道路开通，由是知名。

鲍店东街村里的“鲍宣故里文化站”（2011 年 10 月摄于鲍店）

通过座谈以及村里老人的口述回忆，同时参照村里的族谱与县志以及相关的文献资料，我对村子以及村里习武活动的整体状态有了较为详尽的认识和了解。总体而言，表现在两个方面：第一，鲍店是一个有着较长历史的乡土村落，村子历史久远；第二，村里的练拳习武活动与当地的集市、庙会密切相关。

在当地人的记忆中，村落里庙会的“闹红火”在很大程度上激发了村民习练武术的积极性。而当地人将早期的习练武术活动称为“要拳”也足以看出当地人对武术的另一种品味。在其他武术村落里，村民首先将武术活动视为“能打架”，认为其是用于格斗的技击形态，鲍店镇人与之显著不同，“心安理得”地接受了武术“要”的娱乐与休闲功能。但是，在后来的发展中，鲍店由于其发达的“贸易中心”地位逐渐成为镖局等特殊行业积聚的中心，同时由于贸易关系吸引了大批外来人口。实际上，大量的人口流动逐渐使鲍店慢慢演化为一个“移民村落”，村民的祖上大都来自全国各地，现在，村名虽为“鲍店”，但村中反而有更多的非鲍姓村民居住。在明清时期，由于鲍店突出的庙会贸易，加之当时社会环境的动荡，村民对“镖局”这一机构有所记忆与耳闻。中华人民共和国成立初期，对于村中的武术活动，早期的主要传播者主要有：王春阳、薛秀则、李银库、侯长富、李天祥等村民，他们的祖上大都是由河北、河南、陕西等外省迁入鲍店，其传播的武术内容较为杂乱，包括有大红拳、小红拳、六合、单刀以及武术对练等样式。在后来的传承与发展中，由于村民庙会“闹红火”，在套路的传播中，能够引起观众较大反响，表演性较强的“武术对练”样式则得到了更好的传承与传播。

鲍店早期的武术习练者：薛秀则、李银库、王春阳、侯长富、李天祥
（2011 年 10 月翻摄于鲍店东街）

第二，“耍拳”：存在于乡土村落里的另一种武术情结

村民在正月十五庙会上“耍拳”的动作照
（2011 年 10 月翻摄于鲍店）

“耍拳”形象地涵盖了鲍店人对武术的另一种态度，虽然不够庄正，但却真实地反映了鲍店村民对武术的另一种喜好。在人声鼎沸的庙会上，在鼓乐声声的伴奏下，在村民的叫好中，村民在庙会上展现的另一种姿态。法国学者涂尔干提出了“集体欢腾”概念。他认为：“集体欢腾是人类文化创造力的温床。部落成员在庆祝仪式、舞蹈和聚餐时聚集在一起，对创造力的发展产生极大影响，给人们以整合在一起的力量”①。法国学者哈布瓦赫则对“集体欢腾”概念作了进一步的阐述。他认为：“族群存在的历史记忆是靠纪念活动、节日等形式延续下来的，周期性的仪式能够带来焦点作用，让人对历史的记忆恒久弥新”②。显然，鲍店村民的“耍拳”是在“庙会节庆”集体欢腾时被记忆与建构的。“耍拳”已经成为乡土村落里一种别具特色的记忆。

在调研的过程中，我非常担心村民“集体记忆”中的庙会“耍拳”只是存于

① 涂尔干．宗教生活的基本形式［M］．渠东，汲喆，译．上海：上海人民出版社，1999：293-294.
② 哈布瓦赫．论集体记忆［M］．毕然，郭金华，译．上海：上海人民出版社，2002：44-45.

大家的记忆中，不能够看到“活”的形式出现，因为即便是记住，我调研对象的村民平均年龄已逾60岁，最大的年龄已近80岁，让一群老人现场演练“耍拳”，我还是觉得于心不忍，倒不是担心因为他们忘记动作，只是担心他们的身体吃不消。村里原来的支部书记看出了我的顾虑，笑着说：“他们的身体好着哩。”就在说话功夫，他们已经从刚才座谈的桌上走到院子里，开始了两个人现场的“耍拳”，就和刚才座谈时一样的“生龙活虎”。就这样，在我在鲍店的近半个月的时间里，我用了近1个星期的时间整理了村民“耍拳”的部分主要套路。过程是：两个人先整套演练，然后分解动作，给我留下间隙，现场记下动作名称，套路与动作名称大都由“演练的老人”口述，我来记录。平均一天只能完成两个套路的整理工作。上午、下午各一个，由于期间正是农忙时节，通常大家实行轮流演练的方式进行。展示武术的老人们，每天白天由四个人轮流演练并口述动作，没有轮到自己，就先下地去了，晚上座谈，这样的过程持续了近2周。

通过对村民口述记忆以及对村民习练套路的整理，目前在鲍店东街习练的武术套路包括：虎头钩、和平拐、杀四门十八刀、三禁枪、梢子、六棍、连锤，等等。近年来，随着我国竞技武术运动的开展和普及，村里有些在外读书的小孩开始学习一些竞赛套路，反而村里固有的一些对练套路习练的人越来越少，目前能够习练的大都是村里60岁以上的老人。近年来，随着庙会等传统活动的逐渐衰微，这些带有乡土气息的对练套路已逐渐退出历史舞台。

鲍店村民武术演练动作照（2011年10月摄于鲍店）

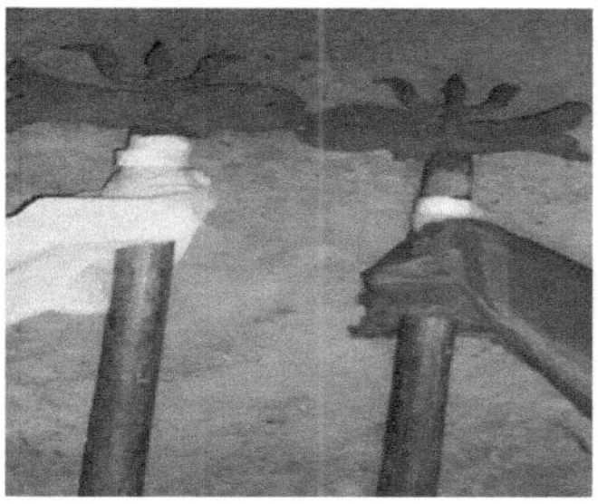

金鱼叉
（2011 年 10 月摄于鲍店）

和平拐
（2011 年 10 月摄于鲍店）

（二）集市庙会：村落武术活动积聚的实践场所与文化空间

民俗是在一个国家或民族中被广大民众所创造、享用和传承的生活文化，是一种独具特色的文化现象，庙会就是这种文化现象中的重要一环。它的产生、存在、演变与发展与乡民百姓的生活息息相关。从源头上讲，庙会源起于古代社会对神的祭祀，在古代乃至近代的中国，几乎每个村庄都有庙宇，庙宇内供奉有神像以供乡民百姓祭祀。以长子县为例，《长子县志》载："长子历代建造的寺、庙、观、祠、楼、坛有百余座。居僻壤山庄小村无力建庙者，也要搭席设祭。各寺庙没于祭期，香客纷至，商贩云集，俗称'庙会'，庙会常以一村一镇或数村联合举办，凡有神庙就有庙会，各庙会均有固定日期，全县一年大小庙会不下百次。"① 庙会的发展与演变，历经汉、唐、宋时期，明清时期得到了进一步的完善与发展，在近代，其商贸功能则尤为突出。"借庙会之名，行商贸之事"，是近代以来我国庙会发展的突出表现，文艺搭台，经济唱戏②。在鲍店，尤其是在清末与近代以来，"借庙会之名，行商贸之事"成为鲍店庙会的一个突出特色。实际上，对于鲍店庙会而言，则一直具有这样的传统。《长子县志》记载："长子县以秦、汉起，就是上党地区的商贸中心，市场辐射宽广。"③ 对于鲍店庙会，更有十分详尽的记载。鲍店庙会兴起于明末，是山西四大庙会之一。每年农历九月十三日到十二月二十三日，会期 100 天。会上川贵中药、甘蒙皮货、津京百货、苏杭绸缎、广东铜器、汉口首饰、上党药材、荫城铁货五花八门。从农历十一日后的

---

① 山西长子县志编纂委员会．长子县志［M］．北京：海潮出版社，1998：309.
② 同① 309-310.
③ 同① 4.

55 天时间里，主要以规模盛大的药材交易为主。鲍店开设有和盛、义兴、三盛、永兴、吉成、公义等 6 家药行。来自本省、四川、宁夏、云贵、天津、汉口的药商不下百余家，出售有云南白药、太谷广升远龟岭集、广东跌打丸、安徽“淮货”、潞城大风丸、平顺大党参等，货物堆积如山，人生鼎沸，吆喝声喧闹不已。有唱戏的、要西洋景的、跑马卖艺的为大会助兴。外地药商走时，都要买上党党参、连翘、远志、知母、黄芩等中药材运回，俗称回货。如 1953 年，天津新联药行就从此会购走党参 8 万斤。1956 年，随着国家药材统一购销，鲍店药材会自行终止，但物资交流仍延至今。[①] 从鲍店庙会的描述中，我们可以轻而易举地窥探到当时鲍店庙会的盛况，也可以想象在客商云集的鲍店，中国传统武术活动的栖身所在。伴随着明末以来鲍店庙会的兴盛，鲍店武术也由此衍生、发展为两种主要的样式和生存空间。其一为镖局，其二为庙会表演。

第一，镖局。“鲍店庙会”在史料的记载中有一个重要的时间节点即清朝中叶。庙会期成交额达 10 万元以上，仅税收一项竟达 1 万两白银。在当时交通、法制并不十分健全的情况下，如何保证诸多客商的财富、货物安全，在当时必定是一件令商人们异常头痛的事。在这种情况下，有一种行业便应运而生，由于商业发展的需求而发展壮大。这种行业即为“镖局”。那么，在当时的历史环境下，在鲍店庙会盛极一时的清中叶，镖局、武术及商业贸易之间有着怎样的关联呢？

在历史上，“镖局”这种在独特历史条件下催生出来的特殊行业一直与山西武术、晋商有着千丝万缕的密切联系。晋商作为明清之际山西社会的一个特殊群体，在中国历史的舞台上留下了辉煌的印迹，他们“利用政府‘招商输粮而与之盐’的政策，经过商品交换、货币汇兑，逐步发展成为富可敌国的商帮，执中华金融牛耳五百余年”[②]。就在鲍店庙会极盛的清中叶，即清代的乾隆时期，也是山西商业发展大鼎盛的历史时期，晋商的商号遍及全国各地的商埠，山西平遥、祁县、太谷等地商铺林立，经营绸缎、颜料、茶叶等商品，钱庄、票号更是不计其数、鳞次栉比。到了晚清时期，仅太谷县城的大小商号至少在 700 家以上，其中“励金德”“广升誉”“恒升泰”“西谦亨”等都是当时著名的商号[③]。商业的发展必然带动“镖局”的发展。同时，大量的商贾大户为习武者提供了大量的就业机

① 山西长子县志编纂委员会 . 长子县志［M］. 北京：海潮出版社，1998：310–311.
② 李金龙，刘映海 . 清代镖局与山西武术［M］. 北京：北京体育大学出版社，2007：154.
③ 刘定一，宿继光 . 三晋武术［M］. 北京：人民体育出版社，2008：40.

会，“镖师”作为一种特殊职业已经开始在历史舞台上大放异彩。对于“镖局”的由来，在万籁声1928年所著的《武术汇宗》一书中对此有相关的考察，并在武术界得到较高了的认可。书中认为：“考创之鼻祖，乃系清乾隆时，……山西神拳无敌张黑五者请于达摩王，转奏乾隆，领圣旨，开设兴隆镖局于北京顺天府前门大街，嗣由其子怀玉，继以走镖，是为镖局之稿矢。”[①] 书中认为“镖局”最早是由一个神拳“张黑五”的山西人在清朝乾隆年间创办的，其目的就是保障晋商来往的资金安全。由此看来，在当时的历史时期，正是由于“商贾大户”的社会需求，极大地促进了“镖局”的形成和发展，而“镖局”则更大程度上促进了山西民间武术的辉煌。如“形意拳大师戴隆邦之子戴文雄得其父真传，以保镖为生，声震武林，闻名遐迩，是嘉庆、道光时期最为著名的心意拳大师”[②]。由此可见镖局、民间武术以及晋商之间的渊源关系了。

通过上述分析，可以发现，在鲍店庙会盛极一时的清朝中叶，镖局、武术以及商业贸易之间存在着密切的关联。这种关联表现在，“商贾巨富”的社会需求促进了“镖局”的发展，而“镖局”作为一种特殊职业，通过“压镖”“护院”又保障了晋商的商业活动和个人利益，而民间武术则在“镖局业”的特殊职业中栖身，并不断传承、发展和壮大。对于鲍店庙会而言，正处在这一历史时期。在地理区位上，今天，曾经“商贾大户”云集的山西祁县到长子鲍店的距离也不过就200公里左右的距离。相同的历史时期，相近的地理区位，同样是“致富皆在千里之外”的进行长途贩运和转售贸易，对于客商云集的“鲍店庙会”而言，出现栖身于此的“镖局”应该是司空见惯的，正所谓：“镖局之兴盛，始于商业之需求。”[③] 所以可以推断，在明清时期，伴随着鲍店地区“庙会”中商贸活动的盛行，鲍店武术活动的开展与当时的“镖局业”势必密切相关，“镖局”也势必会对鲍店武术产生深远的影响。当然，这样的结论是在我们依照当时的历史大背景，辅以相关史料进行逻辑分析与推理的结果。事实究竟是否如此，由于村落史料的匮乏，也只能推论至此。但是，一个毋庸置疑的事实是：在明清时期，商业的发达与镖局的产生与发展密切相关。晋商的鼎盛和辉煌时期是从明万历年到清光绪末年，而镖局和山西武术在清道光年间和清光绪年间也发展到鼎盛和辉煌。

① 万籁声．武术汇宗［M］．北京：中国书店出版社，1984：257.
② 侯芬芬．晋商对山西武术发展的影响［D］．兰州：西北师范大学，2009：26.
③ 同② 4.

之后，随着社会的变迁，晋商、镖局逐步湮没在历史的大潮中。对于鲍店庙会，1956年，随着国家药材统一购销，鲍店药材会自行终止，虽然物资交流仍延至今，但其盛况已大不如从前了。

第二，娱神娱人：乡村庙会上的“耍拳”。中国是一个具有悠久历史的农耕社会，农耕社会的特质之一就是富含培养与孕育庙会的土壤。传统农业生产方式在大自然面前的孱弱致使传统乡土村民对神灵虔诚的恭敬与崇拜，期望在生产与生活中得到神灵的庇佑与保护，并由此而衍生出各种各样的庙会活动。因此，对于乡村庙会，可以理解为：“一种以某个神灵庙宇为活动场所，以某个神灵诞日为活动时日，具有诸多祭祀性仪式与酬神娱神内容的群众性集会活动。”①庙会就是在乡土村民的这样的一种心态中产生、发展乃至壮大，即“对神灵的崇拜”。而这种“崇拜”绝非是暂时的或者是突发奇想的，而是贯穿于每个人的一生的。正如有关学者所指出的：“中国民众的宗教情感宣泄在他们参拜的庙宇和庙宇中无数神灵、偶像上；在他们从诞生、婚配到死亡的人生旅途中每一个驿站上；在一年四季的每一个神的诞日、祭日和无数酬神的日子里。”②可见，每一个庙会实际上都是一定区域内乡土村民生产和生活信仰的集中体现，是一定区域乡村社会的真实写照。但是，随着社会的发展与进步，乡村庙会在发展过程中潜移默化地发生变化，其功能特性得到了很大的转变与拓展，庙会逐步由浓重的“神性色彩”向强化“人性色彩”迁移，这种迁移具体表现在两个方面。

其一，乡村庙会由宗教集会逐步拓展为集市贸易。这一点在鲍店庙会上得到了充分的体现，尤其是到了近代，“借庙会之名，行商贸之事”已然成为一种常态。鲍店庙会已成为当地民众日常生活与经济贸易的主要依托。关于鲍店庙会商贸功能的发达情况前文已有详细介绍，在此不做赘述。

其二，庙会逐步由酬祭供奉的庄重仪式拓展为娱神娱人的文艺表演。“献祭与祈祷体现了人对神的敬畏之感和虔诚信仰之情。它强化了人对神的依赖和驯服，固定了人—神关系，从而也固定了人—神关系所表现的人—人关系。”③对于庙会，它原本就是源于对神灵的崇拜而举行的宗教性的集会活动，其核心内容本是一套具有神灵奉献意义的仪式活动，包括：摆设供品、点烛焚香、磕头祈福、

①蔡丰明. 城市庙会：人性本质的释放与张扬［J］. 学术月刊，2011（6）：94.
②侯杰，范丽珠. 中国民众宗教意识［M］. 天津：天津人民出版社，1994：5.
③吕大吉. 宗教学通论［M］. 北京：中国社会科学出版社，1989：297.

迎神赛会、驱除邪祟、超度众生、许愿还愿、池塘放生等等。但是随着庙会功能的演变和转化，诸多祭献仪式在日渐繁盛的庙会中，地位已经不再如从前般重要，取而代之的是各种具有艺术审美特点的文艺表演，如说书唱戏、社火社戏、杂技曲艺等等。在鲍店，村民热衷于在庙会上的“耍拳”便是一种“娱神娱人”的庙会表演。由此可见，虽然乡村庙会在历史的演进中存在一定的传承关系，但是从其发展的趋势与特性来看，那种传统意义上的“人神关系”已经有了较大的改变，表现在：人对神灵的依附逐渐减弱，甚至于消解；相反，作为原本处于被动地位的人则有了更多的支配权与主动权，甚至村落民众开始按照自己的意愿、需求来布置、安排庙会的内容与形式。在庙会上，鲍店村民的“耍拳”活动，实际上就是这种新型的“人神关系”的建立。形式上，“耍拳”是对神灵的敬畏和仪式的表达，但本质上，“耍拳”则是为了满足当村落民众多元化的生活需求和内心对于参与休闲娱乐的欲望。

在鲍店，村里 50 岁以上的村民几乎都具有庙会上“耍拳”的经历，表演内容有：鞘子打棍、二回苗子（单刀进枪）、杀四门十八刀、三禁枪、双人梅花枪、大梢子对棍、白手夺大刀等武术内容和形式。“耍拳”演出时极富表演性，有鼓乐伴奏，通常两人的“打斗”过程，并不仅仅是一个回合，通常要有“两三个回合”方能决出胜负。以三禁枪为例，整个表演分为三个回合：第一回合，双方势均力敌，难分胜负；第二回合甲方稍胜（乙方被打跑“拉败式”）；第三回合，乙方重新归来，战胜甲方（胜式）。在打斗过程中配合鼓乐，营造出一种“难分难解”的气氛，而且双方在打斗表演中是由“情感”交流的，胜者表现为一种娱乐的姿态，而败者则表现为一种灰溜溜的沮丧神态。而这种“耍拳”表演具有极大的号召力，是庙会上的一大看点，村民也足够重视。所以，在临近庙会的一段时间，村民都要进行细致的练习，即便是在平常，两人也经常顺手从院子里抄起一根棍子，作为打斗的武器，来一段“对练”，这种生活化的武术形式已经侵入鲍店村民的骨子里，对练的两人通常是固定的搭档。但是，只要并不完全拘泥于这种形式，随机的两个村民几乎都可以来上一段，这种复杂的“对练套路”在村民的身上看似异常简单。在调研的过程中，村里的两个小孩子过来看热闹，顺手从院子里拿起两根竹竿就进行类似于编排好了的“打斗演练”，着实让人惊诧，但是今天，这种对练形式的套路在村里的发展已大不如从前了，只依稀存活于村民的记忆里和几个顽童的娱乐中。

三、集体“失声”：鲍店武术面临的尴尬窘况

对于鲍店而言，一个显而易见的事实是，正是庙会上的“耍拳”活动激发并动员了村民习武的热情，也可以理解为，正是其娱神、娱人的文化需求成为鲍店武术发展的主导动因。而庙会，或者说是早期的镖局都曾经给予鲍店武术生存的空间和实践场所。但是随着社会的发展，这种“文化空间”逐步萎缩，甚至是丧失，显然对于民间武术的影响是巨大的。今天，随着村落民众宗教文化与社会风俗的演变，在乡土社会缓慢走向城镇化的进程中，传统乡村庙会的总体发展趋向衰落，其多元功能的互动关系得到不断的调试与变迁，传统庙会中各种功能的内涵逐渐演变，宗教的主导作用发生了根本性的动摇，而这无疑都是造成鲍店武术活动式微的主导因素。

除此之外，对于鲍店武术而言，造成其集体“失声”的主要缘由还包含两个主要方面，其一是社会变迁的巨大作用，它改变了村民传统的思维方式，动摇了村民传统的生活态度。中华人民共和国成立初期，鲍店基本上依然还处于一种传统乡土村落的发展阶段。尽管 1956 年随着国家药材统一购销，鲍店药材会的终止一定程度上对鲍店庙会产生了影响，但这种影响和变化并不显著。真正的变化发生在改革开放以后，作为传统乡土村落的鲍店在改革开放以后发生重大变迁。随着传统经济体制的变革与发展模式的改变，亿万农民从原有的生活与生产方式中解脱出来，在广袤的农村大地上启动了与以往任何时期都完全不同的改革。这种变化首先表现在村民的心理上，“自给自足”的乡村已不再是村民理想中的世外桃源，“发家致富”已经成为村落民众心中的向往。与此同时，村落民众也表现出了一些有悖于传统乡村根深蒂固的观念，即对村落的乡土认同逐步减弱，如对“耍拳”等传统庙会活动的淡漠。同时，最为重要的是，很多农民尤其是新生代农民工已经逐渐习惯于城市的繁华和快节奏的生活方式，表现得与农村生活格格不入，自相矛盾的复杂心情常常使得他们处于尴尬的境地。村民心理的变化终究付诸行动。改革开放以后，农村大地上的“打工潮”已经以迅雷不及掩耳之势在全国蔓延。这样的情形在鲍店同样有着鲜明的体现。“赚更多的钱”“过城里人一样的生活”已经成为村落民众心里的“行动指南”。在鲍店调研的过程中，我深有体会。调研座谈以及整理村里的对练套路期间，村民不止一次因为“耽误了一天的活”而自责不已，因为，这就意味着每天损失几十甚至上百元的收入，但

又由于村干部的组织而不便推脱。为此，我常内疚不已，为了弥补大家的损失，便以请大家吃饭与发放礼品来表示感谢。市场经济的大潮已经从根本上改变了村民的观念。村中根本没有“闲人”可言，“忙时种田”“闲时打工”已成为鲍店村民生活的一种真实写照。“耍拳”在鲍店逐步成为一种“奢侈品”。

其一，“耍拳”已经不再是娱乐休闲的唯一选择，村民娱人娱己的文化需求有了新的替代品。改革开放的巨大成果极大地丰富与满足了中国广大民众的“物质需求”。在鲍店，村民娱人娱己的文化需求已经有了新的替代。打工闲暇，过年过节时，村民的娱乐表现在看电视、逛街购物、打扑克、跳舞等活动，村里很小的孩子的童年则是在玩游戏、看动画片中度过。显然，“耍拳”已经不再是村民娱乐休闲的唯一的选择。

其二，“耍拳”的价值功效满足不了村落民众的需求。“耍拳”实际上就是武术。在所有武术人的心中，怀着对中华武术“博大精深”“源远流长”的挚爱，对武术“强身健体”“攻防自卫”“观赏娱乐”的价值功效充满自信。但在鲍店，武术就是“耍拳”，也仅仅是“耍拳”。“耍拳”就是为了高兴，娱乐了别人，也舒坦了自己。显然，今天的鲍店，“耍拳”已成为即将逝去的历史，只会封存在大家的记忆中。

综上分析，对于鲍店村民而言，造成鲍店武术集体“失声”的尴尬窘况的原因是复杂的，这种复杂性表现在社会的变迁、村民心理的变化、外来因素的影响等诸多因素的交互作用，而这种状态在今天看来远远没有结束的迹象。实际上，任何一个乡土村落都不仅仅是自然形态的客体存在，同时更是社会形态的事实存在，在城镇化、现代化的语境下，乡土村落发生变迁、走向现代化是自然的。然而，关键的问题是：变迁之后的乡村是否仍是广大村落民众的精神栖息地？诸多民俗体育活动还有无其存在与发展的文化空间？事实上，在我们看似现代化的背后，隐含着无尽的无奈。20世纪60年代，法国社会学家孟德拉斯在《农民的终结》一书中对乡村有着无尽的展望：“村庄现代化了，人又多起来。乡村重新变成了一个生活的场所，乡下人开始享有城市生活的一切舒适，所有的家庭都配备浴室、现代化厨房、洗衣机、电冰箱、电视机和小汽车。在某些季节，城市人大量涌到乡下来，如果城市离得相当近的话，他们有时甚至会在乡下定居。退休的人又返回来了。”届时，鲍店武术必然会以不同的姿态存在。

第五章

理解他者：传统武术文化中的“血缘”“地缘”“艺缘”

面对现代化的社会与文化转型，当前无可否认的一个事实就是，中国的乡村社会及其所孕育产生的村落文化已发生了根本性的变化。诸多的民间文化都转变成一种新旧交加、传统与现代并存、承继与发展等多种对立样态的交融。在乡村社会发展中，现代化、城镇化、城市文化的力量早已穿越“城乡二元”边界并对乡村聚落进行强有力的渗透，村落民众也因经济等多重原因在城乡之间穿梭。这些变化在原有的乡村社会生活痕迹上不断叠加，进一步带来了村落武术文化传承发展的危机。基于三个传统武术村落田野考察与分析的基础上，我们试图努力描绘出了当下民间武术发展的境遇，并系统分析这些由血缘、地缘、艺缘连接构成的民间武术整体性关系。同时，在研究中，我们也时刻谨记人类学的理论和方法，并将空间上有限的社区、民族聚落与时间和空间广阔的国家和社会关系关联起来，用来剖析村落武术传承与发展的网络系统，推演传统武术的传承机制，并以血缘、地缘、艺缘认同为向度建构传统武术传承机制的“共同体”，从而确立保护与传承村落武术的优化策略。

陈家沟、鲍家屯、鲍店东街三个村落虽各不相同，但却因为有着共同的民间武术文化被归类在一起。陈家沟中陈式太极拳中的师徒传承、鲍家屯中地戏中隐含的武术文化、鲍店中的庙会耍拳，看似毫无联系，但都具有浓厚的农耕、家族和人伦色彩，在各自所在的乡村社会中书写着传统武术文化传承关系的转变。村落武术群体是一个有着显著血缘、地缘、艺缘关系的社会群体。凭借血缘——是否师出同门；依靠地缘——是否源于一派；依托艺缘——是否习练同一拳术，建立和形成了武术人之间的纽带关系，获得武术群体的归属和认同。通过血缘、地缘、艺缘关系为纽带集合而成的民间武术群体，往往也会创造并形成由武术信仰、武德规范、武术观念等聚合而成的武术文化，深刻影响着每一位习武人的价值判断和行为模式。同时，通过血缘、地缘、艺缘关系纽带建立形成武术门派，进一步密切其关系网络，以保持武术门派共同体内的团结和秩序，表达利益诉求，共同应对一些复杂的社会局面，并获得来自群体内部的支持和庇护，以获得安全感和归属感。

第一节　师徒传承：武术文化中的“血缘关系”

一、血缘认同：家国同构

马克思说：“家庭起初是唯一的社会关系”。费孝通先生在《乡土中国》中也讲道：“血缘，严格说来，只指由生育所发生的亲子关系。”今天，血缘关系也可通俗地理解为：是由婚姻或生育而产生的人际关系，如父母子女关系、亲兄弟姐妹关系，并由此而派生的其他亲属关系。由此可见，血缘关系是人与生俱来的一种社会关系。

血缘关系自古有之，延续至今。在血缘社会中，人们依据血缘之力，凝聚一起，维系着社会结构，实践着血脉传承。恩格斯讲：“历史的决定性因素是直接生活的生产和再生产。但是，生产本身又有两种。一方面是生活资料即食物、衣服、住房，以及为此所必需的工具的生产；另一方面是人自身的生产，即种的繁衍。一定历史时代和一定地区内的人们生活于其下的社会制度，受着两种生产的制约：一方面受劳动的发展阶段的制约，另一方面受家庭的发展阶段的制约。劳动越不发展，劳动产品的数量，从而社会的财富越受限制，社会制度就越在较大程度上受血族关系的支配。”[①] 在这两种生产力的合力之下，相继衍生出了氏族、民族、国家等社会形态。血缘关系作为一种内在的延续，保持着它的生命力。诚如，一个地方一个家庭，若干血缘关系的家庭形成一个村落，若干个村落组成一个国家[②]。今天，我国很多的乡村都有其浓厚的血缘关系网络，从其村名

---

① 恩格斯．家庭私有制和国家起源［M］// 马克思，恩格斯．马克思恩格斯选集：第 4 卷．北京：人民出版社，2012：13.

② 徐勇．祖赋人权：源于血缘理性的本体建构原则［J］．中国社会科学，2018（1）：114–135.

就可窥见一斑，如王家村、孟家尧、陈家沟、鲍家屯等等。中华民族的历史和传统一向格外重视血缘关系，体现血缘关系的家庭观念在中国传统文化中有着重要的地位和作用。古人崇尚“修身、齐家、治国、平天下”的理想和信念，反映了“家”“国”之间的密切联系，这种家庭—家族—国家家国同构的社会模式始终是我国儒家文化赖以存在的社会文化根基。例如，在孔子的儒家思想体系中的“仁”，其最根本的核心便是“孝悌”，最初所指的便是“血缘关系”中父与子及兄弟姐妹之间的关系。因此，血缘关系作为一种内在的、与生俱来的社会关系，虽然随着社会的发展和变迁，在社会中的地位和作用各不相同，宗法之色渐退，但血缘认同仍具重要地位，在我国广大的乡村社会和很多的民间文化中，家庭、家族、宗族的关系依然十分浓厚，并发挥着重要作用。

二、拳道合一：“招熟”“懂劲”“神明”

乡土村落是传统武术文化生存的独特空间。在传统武术文化的传承与发展中，师徒关系尤其值得关注。虽然在我国，很多的传统手工业、民间艺人群体中也存有师徒关系，但和武术文化中的师徒传承关系不尽相同，后者是由武术技艺本身的特质所决定的，与其他技能有所不同，习练武术并不能单纯仅作为一项技艺来获取，或者说“学会一门手艺”和“习得一项技能”。作为武术的初学者和体验者，在体验之初，仅可以看作是练习武术技艺的表层，如习练“手眼身法步”，仅可以称之为习练“招法”。这一过程，也不能称之为师徒传承。武术文化之所以被称为博大精深，一个重要的因素就在于武术技艺的精深，这不仅体现于外在的“拳种林立”“拳系丰富”“拳风迥异”“拳法多样”[①],还在于“天人合一，内外兼修”的拳理，在于“内外兼修，形神兼备”的拳法，在于“心与意合，意与气合，气与力，手与足合，肘与膝合，肩与胯合”的内外三合，在于中华武术“势有形，意无穷”的探索和“感悟、神明”的终极追求。因此，在武术人看来，习武之道，在于“拳道合一”。

在陈家沟太极拳祖祠，可以看到三道石门，象征着习练太极拳的“三重境界”，更是体现血缘关系下陈式太极拳师徒传承的进阶程度。“三道石门”与王国维先生《人间词话》中的“人生三种境界”可谓是异曲同工。王国维先生从“独上高楼，望尽天涯路”到“衣带渐宽终不悔，为伊消得人憔悴”，最后到“众里

① 王岗．中国武术技术要义［M］．太原：山西科学技术出版社，2009：54.

寻他千百度，蓦然回首，那人却在，灯火阑珊处。”层层递进，道出了人生的百折千回。

在陈家沟太极拳祖祠，第一道石门呈微微打开的状态，上面书写着“招熟”二字，对联为：一阴九阳根头棍，二阴八阳是散手。第一道石门谓之“招熟”，为习练太极拳的第一层境界，是师徒传承建立的第一层动作形式，属于“初级入门”功夫，主要体现在“招法熟练”，就是在掌握太极拳基本技术要领的基础上，能够熟练掌握和运用太极拳的各种“招法”，具备一定的攻防技击能力，若为一般弟子，并非亲血缘关系，大多则只能停留在第一阶段；第二道石门已经完全打开，和门同宽，上书“懂劲”二字，对联是：三阴七阳犹觉硬，四阴六阳类好手。“懂劲”是习练太极拳的第二重境界，属于“中乘”功夫，也是师徒传承建构的第二层动作姿势。“懂劲”重在个人体悟，招发熟练之后，越练越精，默识揣摩，熟能生巧，渐至随心所欲。习练武术，只有达到“懂劲”之时，才会懂得阴阳相克之理、刚柔变化之妙，也才能真正理解“太极拳”的内涵。当然，在武术界，能够达到“懂劲”这个阶段的习练者并不多，到此阶段，在目前的陈家沟，武术精英可入此列，如陈家沟的陈正雷、王西安、朱天才、陈小旺等，从入列“精英”的人员可见，均是受亲血缘或模拟血缘关系之影响，靠师父的言传身教与弟子的细心领悟，才能达到第二层；习练太极拳第三重境界，谓之“神明”。第三道石门呈向外打开状，对联是：唯有五阴并五阳，阴阳不偏成妙手。至此者，可算习得“上乘”功夫。也是师徒传承建构的第三层动作姿态。可以体现为：武术习练中的无招胜有招的“登峰造极”。实际上，到第三个境界，与其说是武术技艺的精深，不如说是以武修身、修行、修养的武术人格的完善，是师父口传心授与弟子潜心钻研的结合。

为此，陈家沟用王宗岳先生“由招熟而渐悟懂劲，由懂劲而阶及神明”的表达，道出了习练太极拳的三重境界，也是中国传统武术的习练之道。正因为如此，要真正学习武术，必然离不开师徒传承。

三、内外之象：子与非子

血缘关系随历史进程而延续至今，不仅仅是“种的繁衍”，更是“精神的延续”，翻开传统武术传承篇章，在蕴含着浓郁的中国传统文化气息下，依靠“血缘认同”而形成的师徒关系是传统武术传承脉络中力量最为浑厚的情感基础，师徒传承推动了传统武术的承继，构建了“血缘认同”的传统武术传承机制，折射出传统武术中“一脉相承”的拳理技法特色。在传统武术文化的传承中，没有师父，就没有师承；没有师承，也就没有了“师徒关系”。倘若没有了“师徒传承”的武术承继，则如同“无源之水，无根之木”。所以，我国的民间武术，或者说很多的拳种流派，发展得好与不好、拳术技法纯正不纯正，一个重要的评价标准，就是师徒传承得好与不好。因此，在村落武术的调研中，我们可以简单地评判：陈家沟太极拳发展得好，因为它渊源有序、脉络清晰；而鲍店东街武术发展得不好，因为师徒传承断代，庙会耍拳后继无人。很多传统的手工业和民间艺人，在传统的观念中，大都有“传男不传女”“传内不传外”的行业约定，希望这些技艺永为己有，让既有利益在家族中延续下去。在传统武术的传承中，很长一段时期，也固守着这样的传统。武术文化中的师徒之间，早期大都带有浓郁的血亲关系色彩。譬如，陈家沟太极拳自陈王廷首创之后，在陈家沟的陈氏子孙中世代相传。从《陈氏家谱》中可知，陈王廷首先将拳技传于三子一孙，后至玄孙。陈王廷第四代秉壬、秉旺、秉奇三兄弟是陈家沟著名的太极拳手，与同族陈公兆、陈大兴齐名。在陈家沟，以传习陈式太极拳为纽带而形成的师徒传承关系，是陈家沟太极拳发展过程中的普遍现象。目前，陈家沟的太极精英有陈小旺、陈正雷、王西安、朱天才四人，四人之所以受到认同，除了其规范的太极拳技艺之外，还有一个重要的原因就是四人皆有规范的传承谱系，渊源有序，有根脉，才得到了社会大众的身份认同，因此，民间将其 4 人称之为“四大金刚”，在陈家沟成为陈式太极拳的代言人。

“子与非子”,一般统指“儿子与弟子”①。放置于传统武术传承机制中来审视，即“血缘与模拟血缘”间的传承。由血缘，而成家族；由家族传学，而成师徒，属“内”之象；由艺缘，而成“江湖”；由“江湖”行艺，而建师徒，属“外”之象。当然，在传授之中，德技各异，内外之象，亦可互换。由此所构成的传承机制——“师徒制”，可谓常青之树。这也是血缘与艺缘二者话语之“焦点”，也映射出“血缘”与“艺缘”认同的对话模式。因此，在传统武术传承机制中，其二者的认同，便逐渐形成“血缘下真父子”及“艺缘下师徒似父子”的传承机

① 戴国斌．中国武术传播三题：文化史视角［J］．上海体育学院学报，2016（3）：56–61.

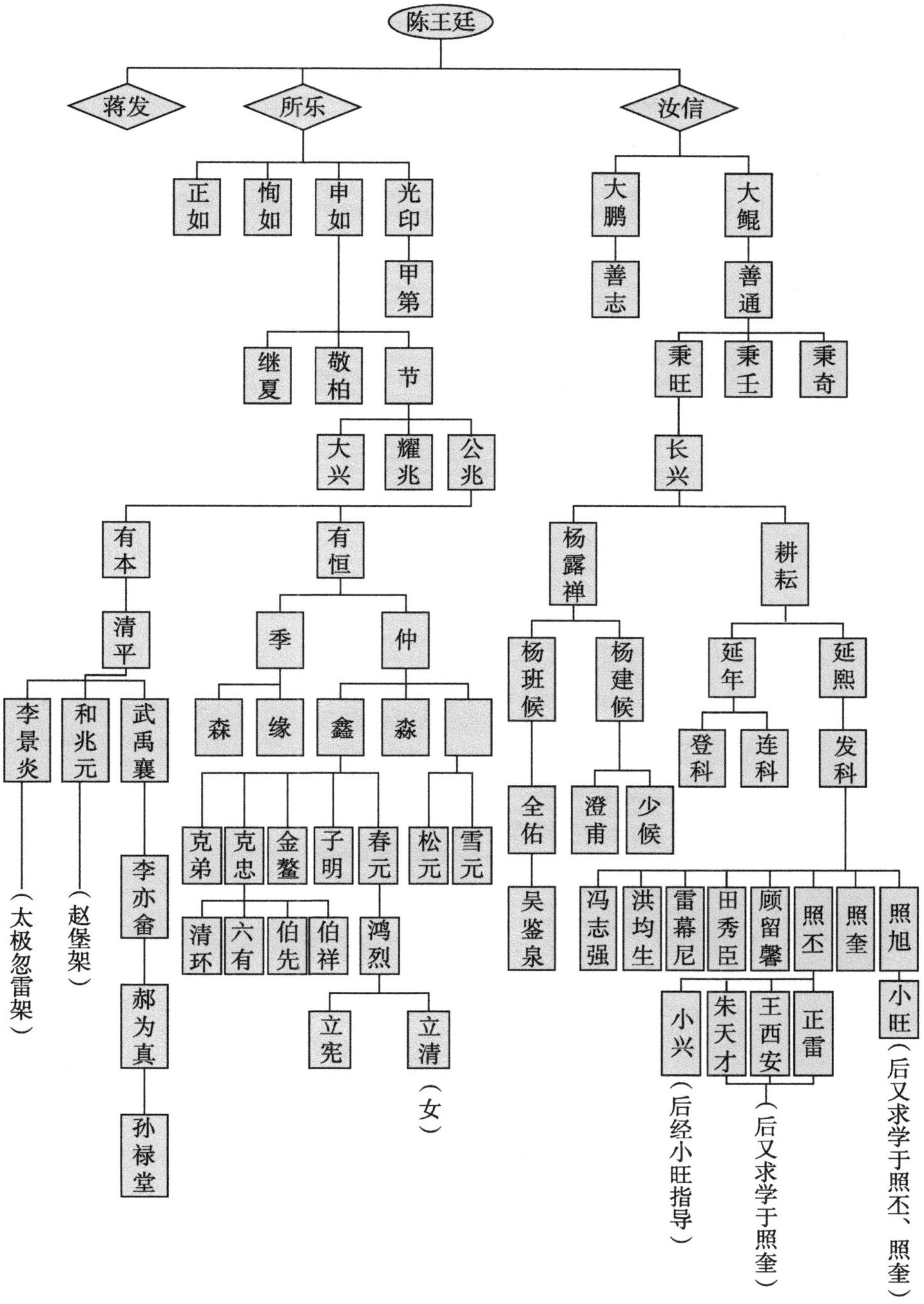

陈家沟陈氏拳家世系简表

制。在构建的伦理框架之中，展开代际之间的传承之道。究“艺缘认同”之何来？与“血缘认同”有何系？我们不得不将自己的“眼光向后”回归至“乡土社会”之中。回忆两者在当时社会中不同角色，以便更好地理解传统武术在“子与非子”对话间的绵延传承。在乡土社会大背景下，言及村落武术，在传承之中，以血缘关系为传承，乃最常规之象。虽是平常，但偶遇“无常”。随着社会变迁，经济之影响，村落武术家族中会出现子未承父业的现象，其原因大致有二。其一，儿子之志向未在其“父业”之行；其二，为养家糊口，儿子之选择，有另谋“他路”之现象。因之，便使得血缘传承的纽带出现“断裂”，而为更好地维系“家传（武术）”的脉络，助力其传承不至于中断，此时“江湖”之中的艺缘关系便颇具影响。从技艺切磋到拜师学艺的转化，弥补了“血缘认同”传承之短板，由此而延伸了传统武术的传承链条。

“子与非子”在传统武术的传承形式上，可谓之为“符号”的传承。是“父子”与“似父子”的认同。由上述村落武术析之，“艺缘认同”谓之“师徒关系”的构建。在陈家沟陈式太极拳的传承方式中，一类以家族式的“父子相传”；另一类以“艺缘”型的“师徒相授”。前者属于天然的“血缘关系”，技法拳理仅在陈氏家族内部成员传承，所谓“传内不传外”；后者属于“加工式”的“血缘关系”，通过“递帖拜师”的传统仪式——师父收徒弟，构建类似于“父子”血缘的人身依附关系，进行技艺的传授。这类“递帖拜师”的传统仪式，表达了传统武术作为文化事实的上层形式。格尔茨曾说，文化是一个象征系统，是由象征有机结合而形成的一套意义体系①。作为传统武术文化在这一象征系统中是用来传递其意义体系的载体，便是“拜师”仪式，其是一种结构化的程序。通过这一仪式，使得“拜师者（弟子）”有了归属，得到身份认同，将“艺缘关系”上升至“艺缘认同”。也使得“父子”与“似父子”构建的传承机制，赋予了文化符号的传承意义。

此外，在“子与非子”所构成的传统武术传承机制之中，涉及选拔“门派”拳种“传承人（掌门人）”的传承之时，亦会考虑“儿子中心”的血族传承，也有“弟子中心”的德技传承②。突出了“子与非子”之间存在着一定的“张力”，此间的关系，在传承过程如何调适，也是当下构建传统武术传承机制需要思考的

① 罗红光. 人类学［M］. 北京：中国社会科学出版社，2014：389.
② 戴国斌. 中国武术传播三题：文化史视角［J］. 上海体育学院学报，2016（3）：56–61.

问题。

关于武术文化中的“师徒传承”，我们以陈家沟的太极拳传承为例。在陈家沟，拜师者若有志于习练太极拳功夫，要入门细学，首先需要考虑的便是“拜师”。于徒弟而言，既是对传授者武术技艺的认同，又是对其行业话语和武德品行的敬重；于教授者而言，开门收徒，是为了传统武术技艺与文化精髓得以正脉传承，代代相传，不至于传承断代，后继无人。因此，拜师学艺，远非一套仪式所能表达，其更在于一门技艺的延续和一种文化的传承。武术中的师父作为一代武术传人，有责任将其流派的武术技艺继续发扬光大，择徒而授，把这份珍贵的武术技法遗产完好地传承给子孙后人。拜师者更要有承担起继承、传承和发扬光大该流派武术的责任和义务，并以实际行动维护该流派武术技法的严谨和尊严。未行拜师仪式之前，双方还只是最普通的教拳与学拳的关系，算作旨趣相投。拜师仪式之后，即可成为名副其实的师徒关系。武术行业内常说“一日为师，终身为父”，即指这种师徒关系。

在传统武术的拜师仪式中，其一，习练者通常需要先向师父相近的徒弟或朋友等咨询拜师学艺的相关事宜；其二，自己要表达诚意，主动向师父提出拜师的意愿、提出申请或请人转达自己拜师的意愿；其三，经师父考察同意之后，需按照武术文化中的规矩，亲自向老师呈递“拜师帖”；其四，师父会择吉日举行拜师仪式，并邀请各界来宾，做周密的安排和组织。在拜师仪式中，门内弟子和来宾要分开坐，便于行礼仪式。台上要供奉武术先辈的牌位或挂像。其拜师仪式的程序虽不尽相同，但大致如下：① 请师父的同门师兄弟及武林界同仁入座，入室弟子站立一旁；② 司仪介绍本次拜师仪式并宣布拜师仪式开始；③ 介绍武术前辈和各位来宾；④ 请师父主祭，上香敬酒，上香礼毕后，准入弟子跪拜师门先祖（先师），上香，祭酒；众入室弟子随师父跪拜，礼毕，徒弟退身，站于台旁观礼；准入室弟子站于台旁；⑤ 请师父、师娘入座；⑥ 准入室弟子宣读拜师帖，递交拜师帖；⑦ 准入室弟子跪行拜师礼，三叩首；⑧ 呈上拜师礼金；⑨ 准入室弟子向师父、师娘敬茶；⑩ 师父回赠入门武帖（证书）；⑪ 师父向入门弟子训话；⑫ 见证人讲话；⑬ 入门弟子向师伯、师叔及武林同仁行鞠躬礼；⑭ 入门弟子向来宾鞠躬行答谢礼；⑮ 拜师仪式结束。通过拜师仪式，在武术传承人之间构建了类似血缘关系的宗法体系，缔结了“非子即子”的血缘关系，形成了师徒传承的内核。师父不仅要传授徒弟技艺，更要将该流派相关的武术文化、为人处事规则一一传授。行为举止、言谈规范、武德礼仪，均要恪守该流派规矩。在民间武术中，师父对徒弟的影响是全方位的，师徒之间缔结了稳固的人际关系，情同父子。拜师仪式后，整个师门的人际关系，实际上是对宗族家庭关系的模拟。通过拜师递帖的师徒传承，拓展了传统武术传承的空间，延续了传统武术文化的血脉。中国很多民间武术的拳种和流派大致都是通过这样的承递延续至今的。

第二节　因域立派：武术文化中的“地缘关系”

在理解农村乡土性的社会运行逻辑时，费孝通先生曾用“差序格局”这一理念进行描述。因为在我国广大的乡村，很多的村落都是以血缘关系为纽带而建立起来的，并通过血缘纽带而形成村落内部的人际关系网络，这是很多村落基本的社会结构特点，从这一点上来讲，血缘关系始终都是很多村落研究的基点。

一、投影成像：生于斯死于斯

在我们的研究中，三个村落都具有这样的特点，尤其是陈家沟和鲍家屯，明显是以血缘为纽带建构形成的宗族性村落。所以，费孝通先生认为“世代间人口的繁殖，像一个根上长出的树苗，在地域上靠近在一伙。地域上的靠近可以说是血缘上亲疏的一种反映，区位是社会化了的空间……血缘和地缘的合一是社区的原始状态”[①]。但事实上，在中国，除了较为普遍的宗族性村落之外，由于历史移民和其他原因，存在很多的地缘村落，村民由多个姓氏组成，譬如，鲍店东街，这类村落的部分村民之间也有血缘关系，但更多是依靠地缘关系而形成的，村民之间的关系更多体现为地缘关系，所谓“远亲不如近邻”。地缘，注入了“地域含义”，地缘关系是指“由于长期居住在一起、共同生产和生活而形成的社会关系”[②]，反映人们按照一定地域的划分，聚居一地，构建地域性的关系网络。聚族而居是中国人传统的经济、生活组织方式，在婚姻制度、宗族观念的影响下，血缘认同逐渐发展出地缘认同[③]。映射于乡土生活，约定俗成的“村约”或制定的“条规”，都是地缘认同的写照。当然，伴随着社会变迁和文化转型，在乡村

① 费孝通．乡土中国［M］．北京：北京大学出版社，1998：72–73.
② 奚从清．现代社会学导论［M］．杭州：浙江大学出版社，2012：238.
③ 张倩．家国情怀的传统构建与当代传承——基于血缘、地缘、业缘、趣缘的文化考察［J］．学习与实践，2018（10）：129–134.

社会的发展中，村落中的地缘关系不再只是“血缘的投影”[①]，更成为“血缘的延伸”和“基于地缘建立起来的人情互助关系”[②]。

二、拳派各异：地域武术文化

武术文化中的“地缘关系”则体现在“因域立派”和“各门各派”。传统武术习练者相互之间的武艺认同和互相关系，一方面不仅要考虑是否师出同门；另一方面还在是否源于一派，或来源于一地。同时，传统武术习练者，通过血缘和地缘认同，将其地域性的传统武术文化内化于身体，体现出“身体技能与存在方式”[③]的身体文化代际传承，而构成传统武术的地域性文化事实，如陈家沟村民习练太极拳、鲍店村民庙会耍拳、安顺鲍家屯演练地戏。于是，在宏观上，门派林立，南拳北腿；在微观上，村落武术各自的门规和武德规范，也不尽相同，呈现出地缘关系认同之下的“地域武术”特色，可谓类别纷呈异彩。受“地理区位、地形、生态资源、区域分布”[④]等地缘因素影响，中国武术历史上的三大流派即少林武术、峨眉武术、武当武术便是通过地域关系建立起来的。在村落武术文化中，以血缘关系、地缘关系为基础而建立起来的民间武术文化圈，在宗族亲情、乡土乡情的基础上，成为武术习练者的情感基础，奠定了中国传统武术文化的基础和底色。

费孝通先生称“传统的中国社会”为“乡土社会”。在乡土社会中，血缘是社会之基础，地缘是血缘的“空间投影”[⑤]。通俗来说，费孝通先生将“血缘”与“地缘”做此解读：在乡土社会中，“生于斯、死于斯”把人和地的因缘固定了。生，也就是血，决定了他的地[⑥]。由此，村落的原始形态，便是血缘与地缘的结合。“生于斯、死于斯”之说，无形之间综合了血缘与地缘之认同，投血缘之影，成地缘之像。

村落武术作为村落中的一种文化实践，其传承机制，尤显重要。武术依据“血缘关系”传承而开，是一种“血脉相承”的文化现象，建构了家族式的“师

① 费孝通．乡土中国生育制度［M］．北京：北京大学出版社，1998.
② 李宏伟，王晓峰．地缘村落的人情“内卷化”——基于冀北 H 村的田野调查［J］．内蒙古社会科学（汉文版），2012（4）：133-138.
③ 罗红光．人类学［M］．中国社会科学出版社，2014：34.
④ 王玉德．试论湖北的生态环境与武术——地缘武术学的视野［J］．武汉体育学院学报，2010（11）：62-65.
⑤ 费孝通．乡土中国［M］．上海：上海世纪出版社，2007：67.
⑥ 同⑤ 66.

徒”传承机制，即是血缘认同之表现。然而，此类村民主体的文化实践，若仅以“血缘”这一单线作为传承脉络，其“空间性”则较为狭小。欲拓展其传承空间，必然建立“地缘认同”之意识。在血缘认同的基础上，逐渐转向地缘认同，正如，“地域上的靠近可以说是血缘上亲疏的一种反映，区位是社会化了的空间”①。一则，扩展了村落武术的传承空间；二则，凝聚了“村心”，形成地方文化。

实际上，在我国传统的乡村社会中，村落不仅具有依靠地缘关系和血缘关系形成的“实体性”，同时还具有“自我意识”②，在表层的社会生活之下，潜在于村落民众共同的价值体系，并由此构成集体的认同意识。这种属于集体的自我意识会进一步激发亲缘团体或邻里关系的认同。正如山西长子鲍店的庙会活动。其社会学意义便在于构成和展现村落自我意识的重要场所和机会。由此而产生“地缘认同”的意识，为其村落武术的传承奠定基础。

再如，庙会作为被广大民众创造、享用和传承的文化现象，其产生、存在、演变和发展与乡民百姓的生活息息相关。其中，庙会“耍拳”显示了村落的凝聚力和团结精神。且在庙会期间，受地缘认同意识的影响，除了集中游行之外，还会受到邻近村落的邀请，村里组织会班进行排练、遴选，到各村进行展演，所到的村落会相应准备一定的“礼品”回赠。在当地人的记忆中，是村落里庙会的“闹红火”促进了村民习练武术的积极性。在“庙会”平台之上的民众，以“闹红火”为载体，或因血缘认同，抑或因地缘认同，相聚相“闹”，使得当地的武术文化随之而传承，延续其生命力，使得“血缘认同”与“地缘认同”的意识更加强化，从而促成了村落的“集体记忆”。并通过地方特色仪式活动，遂得以保存及发展。无形之中，传统武术诸多内容体系，也随之传承。

三、地缘认同：他乡故知

立足于“血缘认同”与“地缘认同”的意识，以此两种价值观认同为焦点，观览当下武术，莫衷一是。诸如，“少林武术”“峨眉武术”“武当武术”，均在“血缘认同”的基础上，更具“地缘认同”之意识。于个人，若习练者离开“当地的武术场域”，远走“他乡”，而在“他乡遇故知（故知，尤指同乡习练武术

---

① 费孝通．乡土中国［M］．上海：上海世纪出版社，2007：66.
② 董晓萍，万建中．北师大民俗学论丛［M］．北京：中华书局，2013：350-351.

者)”，必会在“血缘认同”与“地缘认同”的意识基础上，建构属于“故乡武术”的社会结构或组织，俗称“亚社会结构”[①]。通过此类结构，传承武术，构建新的传承机制。从而，从中可窥探出“生于斯、死于斯”的微妙变化已趋于实体化，即血缘之影，已成地缘之象，且愈趋明显。基于此，在此微妙转换之间，传统武术的传承，由血缘认同逐步转向地缘认同，继而对“血缘关系”的羁绊减少。诚如，血缘是身份社会的基础，而地缘却是契约社会的基础[②]。这一转变，也是认同价值观的转变，遂以消除了传统武术传承的中的“顾虑”，更能广拓传统武术传承空间，进而推进武术的结构化传承与发展。

第三节　行于江湖：武术文化中的“艺缘关系”

从社会学的角度来看，每个人都有特定的社会关系。其中，血缘关系、地缘关系，以及业缘关系是三种最基本的社会关系。在传统社会中，以血缘、婚姻、村落社区为基础而形成血缘关系和地缘关系是人作为个体最重要、最稳固的人际关系。随着现代社会的发展，由于社会分工而形成的业缘关系逐步成为人际关系的主导。在现代社会里，人与人之间的交往和社会关系，以业缘为纽带形成的业缘关系逐步上升为支配地位。

一、艺缘认同：同道中人

武术人的社会关系，除了血缘关系、地缘关系及业缘关系之外，起主导作用的还包括“艺缘关系”。习武人之间的艺缘关系是指习练者之间依靠武术技艺而形成的社会关系。习武人之间根据武术技艺的不同，艺缘关系也不尽相同，远近有别。所以，武术中有“同门”“同派”“同道”的不同称谓，如下图所示。其一，武术人之间的“同门”，指的是：师出一脉，具有血缘关系的“艺缘圈”，同门之间的艺缘关系最为密切，带有明显的血缘基础；其二，武术中的“同派”，指的是：拳出一派，具有地缘关系的“艺缘圈”，如少林武术、峨眉武术、武当武术、崆峒武术、青城武术等，武术之间的“同派”未必“同门”。例如：峨眉

① 张倩．家国情怀的传统构建与当代传承——基于血缘、地缘、业缘、趣缘的文化考察［J］．学习与实践，2018（10）：129-134.

② 费孝通．乡土中国［M］．上海：上海人民出版社，2006：70.

武术，因源于峨眉山而得名，现主要是指广泛流传于整个四川省乃至整个西南地区，主要有“僧、岳、赵、杜、洪、化、字、会”八个“门派”，而各个门派都有自己的特点及其传人；其三，武术中的同道。“同道”所指的艺缘关系较之“同门”和“同派”相对松散，主要是指面对非武术习练者的普遍称谓，指所有习武者的统称，所谓“天下武林是一家”，指的便是“同道”。

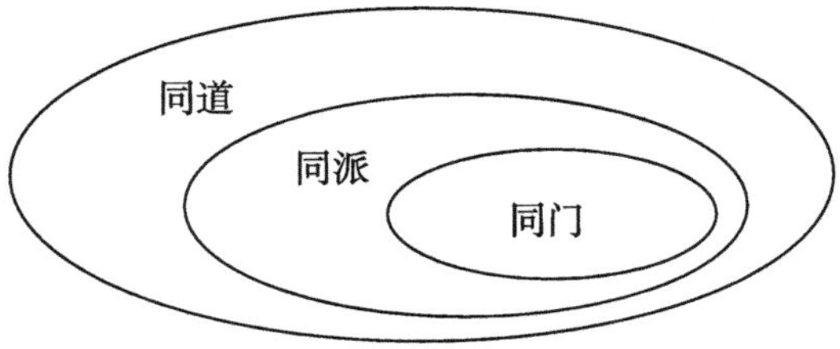

武术人之间的艺缘关系图

武术习练者之间的这种“同门”“同派”“同道”而形成的特殊的人际关系作为武术文化的一种历史和现实存在，对传统武术文化的传承和发展产生了极为重要的影响，建立在亲缘、地缘关系基础上的艺缘关系，成为武术群体维系武术人内部人际关系的纽带，如下图所示。同时，对于每一个习练武术之人而言，以血缘关系、地缘关系和艺缘关系为纽带而形成的社会网络系统，转变为一种习武人“行于江湖”的社会资本，它对武术习练者在择师授徒、行业地位、社会影响上发挥着重要的作用，对每一个民间习武人的社会生活产生了深刻的影响，成为一种武术行业认同的软实力。

二、艺缘关系：武艺人生

在传统的乡土社会中，村落民众以血缘关系为基本轴心或以宗族、家族的形式聚合在村落边界相对清晰的区域内，逐步形成村落社区。村落中的武术文化是以血缘和地缘关系为基础维系和构筑形成的传承关系。伴随着改革开放和现代化的推进，依靠血缘、地缘关系维系的传统产生了显著的变化和转型。对民间武术文化而言，最为明显的便是：武术传承中不仅仅只是依靠血缘关系和地缘关系进行维系，艺缘关系逐步上升成为支配民间武术发展的主导力量。这一点在陈家沟太极拳的传承和发展中有着显著的体现，陈式太极拳的发展最初的一脉是从陈王廷时期开始相传，到后来的陈长兴、陈有本、杨露禅，陈式太极拳也从祖辈的老架系统派生出新架太极拳、赵堡太极拳、杨式太极拳、武式太极拳、孙氏太极拳，每一派系都衍生出庞杂的“艺缘圈”和社会关系网络系统，成为国内外太极拳传播的中坚力量。今天，在民间传统武术的发展中，血缘关系、地缘关系、艺缘关系相互交织、叠加在一起，形成了“民间武术圈”复杂的认同结构和武术文化共同体。但于传统的民间武术而言，这一民间武术文化共同体的社会关系也体现出一些新变化：① 从基于血缘和地缘关系的封闭型向基于艺缘关系的开放型转变；② 从血缘、地缘、艺缘关系的复合型向以艺缘为主导的单一型转变；③ 从师出同门、源于一派的紧密型向志趣相投的松散型转变；④ 从源于一地、基于血缘的熟悉型向相互之间并不熟悉的陌生型转变。这些转变体现于民间武术的各个维度，对传统武术的发展而言是一个充满矛盾与冲突的调试和适应的过程。随着城镇化的推进和现代化的发展，民间武术圈社会关系的这些变化，也必然对习武人之间的习武动机产生重要影响，并对中华武术的当代传承提出新的要求。

因此，武术文化以武术技艺而形成艺缘关系，使得传统武术传承趋向广泛化。因艺结缘之现象，可视为艺缘认同。从宏观层面来看，是推动国家历史传承之路径；从中观层面来看，是推动社会结构稳态前进的内驱力；从微观层面来看，是加固人际关系的有力纽带。因艺结缘，达至认同，影响颇巨。艺缘关系在传统武术传承中，已占据重要位置。我们熟知武侠中的“江湖”，置于现实中，便是艺缘所产生之“图景”，武术人的艺缘关系是习武人行于江湖的社会资本。古时之江湖，其内涵之意较为深邃，由本意察之，“江湖”含义经由系列演变。首先，江湖即自然界所有的江、河、湖、海；其次，江湖从自然地理名词引申为一个具有文化内容的概念，往往与退隐官僚及落魄文人所寄生、歌咏的民间社会有关；最后，江湖社会成为与主流社会相对应的边缘社会、地下社会或秘密社会[①]。故此，古时武术界中的“江湖”，便是“边缘社会”中的一方“天地”；武术“江湖”中包括的“门派”“帮会”，常有“帮派”之间切磋技艺之象，并伴随技艺的承传，抑或消散；承传与消散，均是技艺的流变，流变之中便展现出艺缘在其过程的关键性。今时之江湖，指武术界中人与人之间所构成的现代关系。在古时所形成的“江湖文化”，经由系列社会变迁，也已焕然一新，今之“江湖”，已不属于“边缘社会”或“秘密社会”，业已成为主流社会的一员，形成了现代化的传统武术文化交流圈，从而助推传统武术之传承。艺缘之下，昔时带有消散的“技艺切磋”，衍变为今时的重承传的“技艺交流”；凭借艺缘之缘，在血缘基础上，构建新型师徒关系。诚如，“师傅领进门，修行在个人”，一语道出了传统武术中艺缘的不解之“缘”。“拜师学艺”在武术界亦是常象。凭借对“技艺”的追求，使之建立新的“师徒”关系，同时也构筑了今日之“江湖”。由此，行走于“江

① 梁家贵．中国倒影：若隐若现的江湖——《中国民俗通志·江湖志》简评［J］. 民俗研究，2011（2）：267-271.

湖”之间，传承“技艺”之果，而延续艺缘之“缘”。

三、循域问艺：人在“江湖”

“江河湖海”乃“江湖”之本意。而“非主流社会圈”存“江湖”之深意。与主流社会相对立，而产生出的“镜像”，又会是怎样一番景致？深究“深层的江湖”，探寻最具代表性的艺缘，与我们的主流社会又有哪些交集？我们熟知，中国传统社会是乡土社会。“土”的基本意义是指泥土[①]。“乡土”可谓地缘认同的前提；技艺则为艺缘认同的载体。在地缘认同基础上，又会承载着哪些艺缘认同呢？经过社会的发展，又会留下如何的“江湖镜像”？这对于传统武术的传承又有何影响？这一连串的问题，形如水中的涟漪，层层推开，唯有依循地缘认同，探问艺缘认同，细研此二者的契合之点。

地缘认同与艺缘认同所交汇之处，必然达成了文化共识，这种文化共识，建立起了传统武术传承的公共性区间，可谓契合之点。然而，究竟是什么样的力量使得地缘认同与艺缘认同相汇相融，共同维系着这一公共性？依循上由，我们将提取地缘中的“乡缘”与艺缘中的“技艺”，来设定一个文字公式：乡缘＋技艺＝江湖镜像。此公式的“+”表示交融、交锋之意。在传统武术的传承中，“技艺”为常量、“乡缘”为变量，有“同乡、异乡”之别。故此，所呈现的“江湖镜像”便是依据二者“量”的交融和交锋各异。依据“乡缘”为变量，可分为：同乡“在场”的“同乡与技艺”间的对话；异乡“在场”的“异乡与技艺”间的对话。依循二者间对话，来探寻“江湖镜像”之景，捕捉“地缘认同与艺缘认同”在传统武术传承中维系“公共性”之力量。

由“同乡与技艺”间的对话观之，同乡关系中也有不同的层次，有小同乡与大同乡之分，小至一镇一村，大至一县一府，甚至一省[②]，均具有地缘认同之意识。诚如，安顺之“地戏”，是流传在贵州安顺一带以屯堡人为主体的广大农村中的一种民间戏剧。地戏之中，“武术文化现象”屡见不鲜，安顺一带的屯堡人居住在同一“地缘”的空间之上，具有地缘认同的意识，借助于“地戏”这一载体，使得“武术文化”也随之传播。其中，“地戏”便是艺缘认同之载体。遂以

① 费孝通．乡土中国［M］．上海：上海人民出版社，2006：6.
② 方李莉．血缘、地缘、业缘的集合体——清末民初景德镇陶瓷行业的社会组织模式［J］．南京艺术学院学报，2011（1）：8.

形成了“同乡与技艺”间的对话模式。在此对话之下，“屯堡人”（当地人）借助“地戏”（艺缘），相互交流，进而形成了屯堡人内在的族群心态，同时对于当地热爱武术之人，也构建起“安顺武术文化”的亚社会结构，推动当地武术文化的传承。由此可见，“地戏”便是当地“江湖镜像”的再现，“族群心态”的形成便是维系地缘认同与艺缘认同间的“公共性”力量。

由“异乡与技艺”间的对话视之，“异乡”即所处地缘位置不同。它与“艺缘认同”相遇，两者是如何建构传统武术的传承机制呢？“异乡与技艺”间的对话，在“师徒关系”中，尤为常见。因“艺缘关系”产生的“艺缘认同”，在一定程度上，会使得身处“异乡”之人的意识观念里形成“地缘认同”。譬如，陈式太极拳，在当下社会，已走出陈家沟，走向世界。来自各地异乡人慕名而来，拜师学艺，“学艺”便是建构艺缘的认同，在艺缘认同的驱动下，使之“师徒间，徒弟间”形成“地缘认同”意识。故此，“陈式太极拳”便是当地的“江湖镜像”，此类“慕名而来，拜师学艺”之象，便是维系地缘认同与艺缘认同间的“公共性”力量。

第六章

三缘互构：民间武术共同体的演进与形成

费孝通先生在《乡土中国》中创造性地提出了“差序格局”的概念，揭示出了中国传统社会的特点。即“每一家以自己的地位作为中心，周围划出一个圈子，这个圈子的大小要依着中心势力的厚薄而定”“以己为中心，像石子一般投入水中，和别人所联系成的社会关系不像团体中的分子一般大家立在一个平面上的，而是像水的波纹一样，一圈圈推出去，愈推愈远，也愈推愈薄”①。这种“丢石头形成同心圆”式的“差序格局”构成中国传统社会结构的事实，在其结构映射下，也反映出了人与人之间的远近亲疏的社会关系。立足于血缘和地缘关系的基础上，“差序格局”理论形象地将传统中国社会的关系网络立体化表达出来。恰如“丢石头形成同心圆”②，它扎根于乡土，以自我为中心向外扩展，荡起层层涟漪，就此区分关系的远近亲疏，其背后所支撑的则是传统儒家伦理观。在我国乡村社会中，以武术技艺为纽带集合成的民间武术群体，显著具有这样的特点。民间武术群体以血缘关系、地缘关系、艺缘关系为纽带，形成自己的“武术圈”。在武术文化中也称为“门户”和“门派”，是因习练武术拳种和技法的不同而进行的“门派”划分。所以在武术群体内部的习武传承中，如若徒弟品行不端、有违武德规范且任何训诫都无济于事时，最常见的方法便是在自己的“门派”中予以除名，从而保持武术圈的清白，这就是武术中所指的“清理门户”。在武术圈中，血缘组织越大（包含通过拜师仪式而缔结的“类血缘关系”）门派中徒弟就越多，圈子也就越大。武艺水平、社会影响力等的高低是武术圈子巩固和发展的重要影响因素。在武术圈的形成过程中，血缘关系、地缘关系和艺缘

① 费孝通 . 乡土中国［M］. 上海：上海人民出版社，2006：26.
② 同① .

关系起决定作用。

第一节　血缘认同：三山半落青天外

民间传统武术圈，是以血缘、地缘、艺缘交织形成的一种社会关系模式为基础的。在传统社会的民间武术传承中，血缘关系、地缘关系是主导，艺缘关系相对处于从属地位。而在现代社会中，三者之间的关系虽然发生了一定的调试和变化，但依然共同支撑起传统武术文化发展的社会空间，依照三者之间的关系变化，我们将传统武术文化共同体的形成和作用总结为三种模式，即："三山式""两山式"和"金字塔式"，共同支撑起传统武术的文化空间。

"三山式"，犹如"三山半落青天外"中所描绘的"三山"景观，借以来形容传统武术的文化共同体的模式，即传统武术发展中基于血缘认同、地缘认同与艺缘认同所构成的传统武术"三尖"式的武术文化共同体。外在结构显示出：自上而下看，血缘认同的"峰尖"要高于地缘认同与艺缘认同；自下而上看，地缘认同与艺缘认同依附于血缘认同。这一结构的背后意义，映射出传统社会建构的传统武术传承机制共同体是以血缘认同为根基和主导，地缘认同、艺缘认同为辅助，进行传统武术之传承。从而体现出，"三山式"武术文化共同体是基于中国传统社会的结构而构建，蕴含着浓厚的家国情怀。血缘、地缘、艺缘三者认同相互交融，又各自独立，三者共同构成的"文化空间"，即为血缘、地缘、艺缘认同所达成的"文化共识"区域。聚焦这种文化共识区，最终形成传统武术传承之力最强的"空间"，亦会产生传统武术之"公德""公理"的空间。在这一空间下，依循乡土社会中"差序格局"的影响，此空间便是传承机制的中心所在，以此推开，便能显示出"圈"中关系。这"圈"中关系，也会随着文化资本、关系资本和经济资本关系不同[①]而各异；故此，家族、师徒、弟子之间，他们在各自的社会空间中，诠释着对传统武术传承之道，正是由于这"圈"中关系，在传统武术发展历程中才会呈现出此起彼伏之象。

此传承机制共同体，在"血缘认同"为主导上，带动着"地缘与艺缘"认同意识的形成，三者在所构"公共空间"之外，在各自的社会空间均有发展。诸如，陈家沟陈式太极拳传承的四位武术精英——陈小旺、陈正雷、王西安、朱天

① 罗红光．人类学［M］．北京：中国社会科学出版社，2014：6.

才，四人同气连枝，师出一门，但又相互独立，各自具有各自的武术圈。这样的情形是中国民间武术的普遍现象，并借此展开代际间的传承。

门户之见，派系之别，历来属于传统武术之“景观”。若依循“三山”共同体的传承机制来看，可以发现，在“三缘”认同之基础上，虽有融合，但也有独立。随着传统武术的发展，由“三缘”各自在不同的社会空间与时间上，演绎着“门派林立”之现象，远离了“公共空间”的圈子，又会另据“中心”，亦会出现另一个推己及人的“涟漪”。以此类推，便会有多个类似“涟漪”，而“中心”各异的“圈子”。据此现象，在传统武术传承之余，遂以形成不同的武术“门派”，而其中的行为方式、道德规范也会因“圈中资本”有所不同，此种“差序”，可谓“门户之见”的根源所在。而消解“门户之见”，便需在“三山”式共同体的基础上，重构“三缘”认同的空间结构，进一步深化传承机制。

以血缘认同为主导所构的传承机制共同体，在传统武术中由来已久。最初受王权传位之影响，在传统武术界实行以“血缘认同”为主的“单线”传承；为拓展其传承空间，遂以衍生出“地缘认同”与“艺缘认同”的“多线”传承。由此，定格了乡土社会的传统武术传承机制的“三缘”之说。虽已定格，但受社会变迁之影响，意义之深化，功能之变化，便伴有“出”格之象，遂以解构“三山”式共同体，重构新的传统武术传承机制“共同体”。

第二节　超血缘认同：两山排闼送青来

“两山式”，好似“两山排闼送青来”中的“两山”之态，借以来形容传统武术的文化共同体的模式，即以“地缘认同”和“艺缘认同”为“两山”所构建的传统武术传承机制“两山”式武术文化共同体是一种超越血缘认同的传承机制，遂以地缘认同与艺缘认同为主导。

此传承机制，其立足点已由乡土社会转向城镇社会背景，城镇化（也可称为城市化）初期，包括乡村在内，面临着重大的变化。诸如，由家到户，由户及村的结构变迁，城乡空间的迁移等现象。因此，从某种程度来讲，城市化过程即对乡土村落空间改造的过程①。此番改造，使得宁静的乡土生活之嬗变，“生于乡土，长之乡土，终归乡土”的生活观念之动摇，使得乡土文化的“田

①韩晓明，胡晓飞．城市化进程中传统武术文化传承的困境及对策［J］．体育文化导刊，2019（2）：58.

野芳香”消散。改造之余，传统武术传承空间出现了存在的危机感，为此，此互构之体也相应有所转向。在城镇化阶段所形成的传统武术传承机制的共同体，具有自身的核心价值和结构关系。其核心价值仍然是以传承传统武术为首任；依结构关系可以看出，血缘认同在历史钩沉之下，完全成为地缘认同与艺缘认同的依托，形成了超越血缘认同，而进一步拓宽了传承机制中地缘与艺缘认同的维度。

由超血缘认同所建构的传承机制共同体，观之所构成的“公共空间”，若以“差序格局”推之，其公共空间均是以血缘认同为中心而构成的“武术圈”，逐级推开，拓展而去，圈内圈外便形成了一种关系距离，即相互之间对武术的参与度越高，相互间的关系距离便会趋于越加紧密。此类参与度便决定了参与者的亲密性和关系阈值。诚如，师父之间，徒弟之间，师徒之间，等等，均形成了一根根由私人关系所构成的网络[①]，由此可见，开展传统武术活动的规模、内容、形式等方面，便能从中窥见传统武术的发展现状以及传统武术拳种的传承脉络。此间传统武术参与者的行为方式受“关系距离”而支配，以便处理武术圈内与圈外之事。因之，通过这一认同所构建的“公共空间”，来探寻传统武术发展中参与者的“最佳”关系距离，推进传统武术有序发展。

此共同体着重以血缘认同承托起地缘认同和艺缘认同，而建构传统武术的传承机制。突出了地缘与艺缘认同的“高度”。传统武术传承之中，某一拳种受其地缘关系的影响，而萌生雏形；随着地缘认同的意识形成，遂以形成门派。诸如此象，包括武当、峨眉在内的传统武术，均彰显着地域之特色。大家熟知，杨氏太极拳的出现，书写着太极文化的传承，追根溯源，来自陈式太极拳。书写的背后正是艺缘认同的表征，而其后的“吴式”“武式”“孙式”太极拳的发生与发展，均是如此。独立于血缘认同之外“空间”，拓展了门派或拳种的疆域，同时与血缘认同纽带，合力之下，提升传统武术的传承格局。

超血缘认同所建构的传承机制共同体，延续了乡土社会的传统性，赋予了城镇化进程中的时代因素，在一定时期内，延续了传统武术的传承，但随着城镇化的加速发展，传统武术的传承空间日趋缩小，生存空间日趋不足。因之，势必深层反思血缘、地缘、艺缘三者之间的关系，以及“结构空间”的重构。

① 费孝通 . 乡土中国［M］. 上海：上海人民出版社，2006：29.

第三节　拓展与转化：层峦叠嶂分高下

细察当前中国乡村发展所出现的问题，主要体现在以下三个方面：一是村落大批消失或“空心化”问题突出，劳动力大量外流；二是传统价值认同日益衰落，公共文化传统普遍弱化；三是村落自治精英匮乏，发展能力不足[①]。而乡村发展所出现的问题也给村落武术带来了当下之困境。诸如，村落的消失与“空心化”使得村落武术失去了扎实的“根基”，而劳动力的大量外流，使得村落武术的主体呈现“缺场”；现代化的冲击，使得村落武术的价值、村落武术文化认同缺失；加之，村落自治精英的缺乏，使得村落武术的发展源动力弱化。此类村落武术之现象动摇了传统武术的现代“发展观”。面对着这些问题与现象，在当下的城镇化高速发展阶段中提出了“以人为本、四化同步、优化布局、生态文明、文化传承”的新型城镇化方针[②]，以及随后的乡村振兴战略等。此类政策的出炉，在村落空间之中，均凸显着国家的直接影响力，且已在村落变迁中烙下了“政策之力”的痕迹，而这类“痕迹”也随时导向着村落的生活。当下的传统武术便置于此类村落空间之中，在都市化、现代化为特征的生活方式下，又一次遇见新的“瓶颈”，传统武术传承机制“两山”式共同体已不再适用于当下，重构血缘、地缘、艺缘认同传承机制，并使得更具时代功能与意义的共同体架构之声，呼之欲出。

在城镇化高速发展阶段，为解决传统武术传承之新瓶颈，衍生出构建“金字塔”式的传承机制共同体。正如“层峦叠嶂分高下”之诗境，而显露出“金字塔”之形，借此来形容传统武术的文化共同体的模式。宏观察之，艺缘认同为“塔尖”，血缘、地缘认同为“塔底”，建构出稳固的“三角形”外状。微观视之，在继承和转化血缘、地缘认同的基础上，交错、叠加，提升了艺缘认同之“高度”，是对传统武术传承之径的远度思考。

从理论层面，虽已构建了传承机制的共同体，呈现出了“结构空间”。但在实践层面，我们又一次追问和反思，在高速化的城镇发展之下，传统武术传承机

---

① 张士闪．当代村落民俗志书写中学者与民众的视域融合［J］．民俗研究，2019（1）：14–27.

② 阎彬，马学智．乡土武术传承实践的历程反思及其现代化转型的路径探索［J］．北京体育大学学报，2018（11）：130–138.

制为何会产生这样的“金字塔”式共同体？对当下传统武术的传承是否具有实质意义？面对“金字塔”式的共同体产生新的“问题链”，置于当下，一一去寻求其“求解支点”。

新型城镇化建设是我国在新时期提出的重要方针政策，是指导全国城镇化健康发展的宏观性、战略性、基础性规划，也是适应时代发展和人民需求的[①]。然而，经过城镇化的运转，当下的城镇化并非是去乡村化，而是延续和转化乡土文明。故此，在当下传承武术机制构建中，将血缘认同与地缘认同作为“地基”，便是延续和转化乡土文明的保障，呈现出“再发展”的态势。那么，艺缘认同又为何居于此传承机制的“顶部”呢？究其原因，其一，必追溯至中国社会的变迁历程，随着社会变迁，村落武术由最原始的“生于斯，死于斯”的情感依赖，已衍生出对艺缘认同的情感表达。其二，“江湖”时代已转化为时代“江湖”。即古时武术“江湖”之中的“四海之内皆兄弟”，在当下已赋予了时代意义。故而，在二者原因相叠加，传统武术传承机制共同体的构建重心必然趋于艺缘认同，遂以建构以艺缘认同为重点，继承和转化血缘认同与地缘认同为辅助的共同体。

若以“金字塔”式的传承机制，来看陈家沟的陈式太极拳之发展与传承，便能印证此结构的功能性——内显动态，外示稳固。内显动态在于血缘、地缘、艺缘可良性互动；外示稳固在于传承机制的结构形式相对固定。运用这一传承机制传承传统武术，最具关键性的是实践主体——传统武术人。故此，传承之时，聚焦人与人之间的关系，对传统武术文化的主体实践与价值准则的构建，尤为重要。因之，厘清其关系束，厘定传统武术传承脉络，便能拓展其当代的传统武术传承空间。

上述言之，在三类传统武术传承机制共同体的流变中，每一共同体构成的空间结构只是一个“理论性”的平面结构；在实施过程中，更需注重人的实践意义，使之成为立体结构。进而凸显其“共同体”的时代意义与功能。

---

① 向丹．新型城镇化建设背景下湖湘古村镇民俗文化主体研究——基于衡南县省级非遗项目“七巧龙”的田野调查［J］．产业经济，2019（11）：209-213.

第七章

传承与创新：民间武术文化生态保护与武术人的身份实践

民间武术文化生态，是基于中国传统文化在当下文化危机中所做出的积极反应，也是民间武术传统文化“自我保护、自我创新”的内在诉求①。对民间武术文化生态的保护，实则是传承与发展当下民间武术的重要举措。通过上文对三个村落武术的考察，进一步对民间武术进行动态性的整体保护，力将民间武术放在原有的文化空间中形成“原生地”“原生态”“原真性”的保护特色②，处理好传承的“本真”与“创新”，切实做好武术人的身份实践。

第一节　城乡中国：乡村文化生态变化对民间武术发展的影响

民间武术文化既是民族传统体育文化的重要组成部分，也是村落民众重要的物质和精神诉求之一，在民族民间非物质文化遗产中具有重要的地位和作用。当前，在现代化、城镇化、市场化的社会进程与变革中，现代化的生产生活方式极大地改变了中国传统民间武术的生存空间。在部分乡村社会中，村落民众生活方式的快速变革也使传统的村落武术文化难以满足村落民众生活的实用性需求，如鲍店庙会耍拳、安顺鲍家屯的鲍家拳与地戏表现出难以为继，面临着前所未有的生存危机。从村落武术的个案调查和研究中发现，在村落武术文化的传承和发展中，基于血缘、地缘和艺缘关系所形成的民间武术及传统意义上的村落武术已与

①李吉远，谢业雷．“文化生态”视阈下传统武术的传承与保护［J］．西安体育学院学报，2009，26（2）：190-193.
②同①.

现代农村发展形态大相径庭。在城镇化快速发展中，包括武术在内的很多优秀传统文化正面临着普遍的、广泛的传承断代和建设性破坏等问题。因此，在民间武术文化的研究中，我们研究关注的核心问题是：在当前城市化建设、城镇化推进和新农村建设中，如何有效保护和传承武术文化；如何发挥这些传统武术文化在当代社会发展中的积极作用；如何摈弃和规避一些传统武术文化发展中的陋习，使民间武术文化在文化遗产创造性转化与创新性发展中发挥建设性作用。

马克思·韦伯指出："现代文明的全部成就源于外在技术层面的工具理性和内在精神层面的价值理性的紧张对立，以功效为趋向的工具理性的发达必然损毁价值理性的人文理想。工具理性与价值理性的紧张对立，引起了诸多的社会问题，其中以对文化生态的影响最甚。"①当前，中国社会进入转型时期的关键时刻，现代化带来的后果渐渐显现出来。刘守英教授认为：在经历费孝通先生所论述的《乡土中国》后，我国已经步入"城乡中国"阶段，体现为：其一，农二代与乡村关系的根本性改变。在调研中一个普遍的现象是在大多数农村中，外出务工、聚家迁移已成为新常态，尤其是80后。他们务农时间都非常少，或者基本不务农，人与土地关系的变化是城乡中国的一个显著特征。其二，维系乡土中国的熟人社会村庄制度趋于瓦解。少小离家老大回，本村人变成陌生人，熟人社会的人际关系断裂。其三，城乡生产要素对流不断增加，城乡不再是二元对立，城乡生产要素双向对流。其四，中国农业正在经历重大变革，新农村建设、城乡统筹、城镇化推进、新型城镇化发展、精准扶贫、乡村振兴战略给中国农村、农业带来了巨大变革。在这样的境遇下，我国的乡村文化生态价值面临着诸多不可避免的现实问题。当前农村存在的主要问题不是收入低，而是消费不合理，闲暇无意义，是社会关系失衡、基本价值失准、文化失调的问题。乡村社会中那个充满了乡愁和熟人关系的村落正在渐渐变得陌生，物质与精神家园的分裂正在乡村社会中显现，传统文化中的故土情怀、村落文化、道德伦理开始走向异化，而这些变化无一不是传统武术共同体的内部显现和蔓延，成为动摇和影响民间武术传承和发展的隐性力量。

---

①梁茜．乡村文化生态价值的现代性境遇与重建［J］．广西民族大学学报（哲学社会科学版），2014（3）：62-65.

第二节　传统武术：作为乡村社会生态系统的民间文化

文化生态学源于生态学，形成于人类学①。生态学关注生物与环境，文化生态学作为一门交叉学科，则更关注文化与环境之间的相互关系。更为值得关注的是，文化生态学将人类文化置于生态环境中进行系统考察和分析，不仅为文化人类学研究开拓了新的研究空间，还为生态环境赋予了人类文化的意蕴。近年来，国内学者兴起的文化生态研究，虽然侧重各不相同，但普遍认为：其一，从文化的多样性出发，把人类文化的不同样态之间的互补发展、共生共荣的状态视为文化生态；其二，从文化的内在结构出发，把一个文化系统内部不同文化形态之间的互补发展、共生共荣的状态视为文化生态②。从这样的视角来看，在传统武术的发展中并不是孤立的，它应当和其他文化相互联系，相互聚合，形成各种不同的“民间武术文化群落”“民间武术文化圈”“民间武术文化链”，共同构成乡村社会村落文化的有机整体。

近年来，我国广泛开展的致力于“最典型的文化空间及传统和民族的文化表达方式”的非物质文化遗产保护工作取得了显著的建设成效，源于村落的诸多民间武术文化也由此得到了更好的关照和保护。但是在传统武术的保护和传承中，无论在理论上还是在实践中，我们大都是孤立地以保护为框架和导向，缺乏活态传承的机制，致使很多传统武术的发展与整体社会发展缺乏广泛、深入的联系，表现为被社会边缘化后的自足发展和自我安慰，对于其亟须解决的“如何传承”与“如何发展”的核心问题，在理论表达上存有缺乏、在探索中存有不足、在实践在“重申报，轻传承”等突出问题。我国著名民俗学家乌丙安先生在“中国古琴艺术”被列入世界“人类口头和非物质遗产代表作”时说过的一段话堪称经典，他说：“古琴，是物，它不是非物质文化遗产；古琴演奏家，是人，也不是非物质文化遗产。只有古琴的发明、制作、弹奏技巧、曲调谱写、演奏仪式、传承体系、思想内涵等，才是非物质文化遗产本体。所以，联合国批准的世界遗产是‘中国古琴艺术’，而不是古琴这个乐器或那些古琴演奏家，虽然古琴这种乐

① 董天策．新媒体与文化生态的重构［J］．西南民族大学学报，2018（1）：146–150.
② 同①．

器和那些演奏家们都很重要。”[①] 这种现象在民间武术文化的传承和发展中同样存在，陈式太极拳早已被列为国家级非物质文化遗产，鲍家屯的鲍家拳、鲍店东街的庙会耍拳对于申报非物质文化遗产也跃跃欲试，期待一鸣惊人，但是，在乡村民间武术的调研中，我们发现：很多村落里的武术现象大都脱离村落文化而孤立于一隅，有些列为“非物质文化遗产项目”的武术内容，在传承和发展中变形走样，甚至与非物质文化遗产传承的理念、原则背道而驰，“非物质文化遗产传承人”的国家认同甚至成为个别武术传承人在功利目的驱使下“培训收费”和“拜师收红包”的社会资本，还有些具有深厚文化意义的民间武术内容几近消失殆尽，残留的片段成为村落中与大众文化格格不入的“另类”。

文化是人类社会特有的现象，对人类文明的重要性不言而喻。德国学者蓝德曼在《哲学人类学》中指出：“人类生活的基础不是自然的安排，而是文化形成的形式和习惯。”[②] 从民间武术与文化的关系看，作为以师徒传承关系为基础，以武术技艺为载体进行武术文化传播的民间武术，经历了从血缘关系到艺缘关系的发展，至今仍在不断演进中。伴随着乡村文化生态的巨变，民间武术文化在相当大的程度上正面临着边缘化、孤立化的危机，要重获他们在乡村文化建设中的主动权，进行活态传承，首先我们必须要有整体观和文化生态观的思维，将民间武术纳入文化建设的高度上来，以正确的价值观对村落民众进行引领，以热忱的态度和规范的制度建设来传承优秀武术文化，构建在活态传承中让原住居民受益、人人积极参与的文化格局。倘若继续沿袭固有的、封闭的民间武术保护和传承策略，脱离整体社会的文化生活，仅依靠极少数几个“非遗传承人”和“爱好者”，或将非物质文化遗产保护理解为几个传承人的保护，而忽视对武术拳种、套路、技艺、武术思想、传承体系、武术思想内涵等民间武术本体，我国民间武术文化等非物质文化遗产将收效甚微，并不能改变其边缘化的境遇。当然，民间武术文化生态的重构，是一个开放性、立体化、多维度的实践体系，还有待研究者的大力开拓。

① 乌丙安．申报国家级非物质文化遗产合作名录的关键问题[J]．中国非物质文化遗产，2006（1）：39.
② 董天策．新媒体与文化生态的重构[J]．西南民族大学学报，2018（1）：146–150.

第三节　文化建设：民间武术文化传承的路径构建

一、重塑“师徒关系”在民间武术传承中的功能，构建“师徒制”核心路径

“家国同构”是中国传统社会的基础，血缘家庭是我国社会生活的基本单位，这成为我国长期以来形成的宗法社会的显著特征。从家庭到家族，从家族到国家，一方面，这种“家国同构”的社会政治模式成为儒家文化赖以存在的社会渊源；另一方面，儒家文化的社会法则和治国理政则是通过血缘家庭这一路径推衍而成的，从源于血缘关系的孝悌为本，到“己所不欲勿施于人”的他人之爱；从推己及人的“小爱”到爱社会和爱国家的“大爱”。儒家文化便是通过以“血缘家庭”为本，逐步延伸为儒家思想文化体系的核心“仁爱”，从而实现从个体行为教化到社会秩序建立的政治理想。由此可见，在我国的传统社会中，社会秩序的建立或是和谐社会关系的维系都是建立在血缘关系的基础之上的，从父母、兄弟之情延伸为和谐社会的形成，涵盖了社会生活的道德规范。“家是最小国，国是千万家”。古人“修身、齐家、治国、平天下”的个人理想和政治抱负，反映了家国天下之间的同构关系和家国情怀。当然，农耕文明衍生出的这种家国同构的政治体制和文化背景，在乡村社会的传统武术传承中有着根深蒂固的存在。

中国传统的武术文化根植于社会大众的日常生活，与其他社会文化要素唇齿相依，具有浓厚的社会基础。从三个村落武术活动的个案调查和研究中发现，民间武术发展的文化生态会内化为每个习武人个体的习武经验，融入习武人的身份建构过程，并借助习武人在“血缘”“地缘”“艺缘”关系构筑的社会关系网络进行武术实践。因此，习武人的武术实践是村落文化生态与民间武术传承的过程纽带。在民间武术的传承和传播中，传统武术共同体的核心是通过“师徒传承”关系而聚合在一起的习武群体，这一群体延续了家国同构的传统社会中的血缘关系纽带，与其他相对松散的和基于兴趣和爱好而聚合形成的习武人群有着本质的区别。区别的核心在于，其一，传统武术师徒关系的缔结凭借的是血缘家庭的血缘关系或依托拜师递帖构建形成的类血缘关系的宗法体系；其二，在这一习武群体

中，师父是整体群体的核心，师徒关系、师兄弟之间的关系构成是对血缘家庭的高度模拟；其三，在这一武术家庭模拟中，凭借的是“国有国法，家有家规”的内部约束——武德规范。生活在这一基本武术空间中的武术人要共同遵守这一武术流派的价值观念和武德要求，已规范这一流派习武人的行为规范和社会要求。倘若有所违反并屡教不改，便有被“逐出师门”的重罚，一旦徒弟被逐出师门或是背叛师门，在习武群体中都会被视为“不耻”，自此之后也很难在武术界立足，会成为习武和做人过程中的污点，很大程度上也不会被其他正统门派所接纳。当然这样的行为也会有辱师门，被武术圈视为丑闻。例如，2012 年，在太极拳拳师李经梧百年诞辰纪念座谈会上，李经梧后人及众多入室弟子声明，将太极拳妖魔化的经梧太极拳第一代传人闫芳逐出师门，并正式向社会承诺：“维护国粹尊严，荡涤门内浊流。”[①] 闫芳被逐出师门，武术界也开始反思其信誉危机，神秘化、虚假化武术成为民间武术发展的浊流。

传统武术的师徒传承是中国传统社会中“家国同构”“血缘家庭”在民间武术中的投影，是维系传统武术血脉的核心路径。在传统意义上，根据儒家文化以仁为本的核心思想，投射到传统武术中，便是以师徒为基点的传承关系，为确保传统武术在传承中的血脉和精神，师徒关系中的弟子又要细分为一般弟子和入室弟子，表现为师门择徒过程中的一个先后关系。“入室弟子”在中国传统文化许多门类领域中都有体现，起始甚早。《晋书·杨轲传》中载：“虽受业门徒，非入室弟子，莫得亲言”，讲得便是入室弟子在文化传承中的特有意义。传统武术向来被拳家视为枕中鸿宝，具有很多神秘的色彩，武术拳师大都不肯轻易示人，但在“香火延脉”的传统观念支配下，于是就有了既要使本门技艺后继有人，又要对传人进行种种选择的传承现象，要得其真传，非入室弟子不可。因此，便有了师父对徒弟审慎行之的遴选和长时间的考察过程。一般弟子要进阶为入室弟子，师父会在拜师学艺者完成初步考察并确认后，确定为一般意义上的师徒关系。但是，此时的徒弟并未被正式收录门谱，更未登堂入室，所以称之“一般弟子”。因为，师父要将本门技艺传承他人，需要对学艺者的道德素养、学习能力完成系统的考察，这需要长时间的观察，“故先辈每于传人之际，必要再三审慎行之者，盖因人才难得，不肯轻录门墙”。“审慎行之”的具体方法，就是由门外到门内的

① 光明网．武术界反思信誉危机．[EB/OL]（2012-10-18）[2023-07-10]．http://epaper.gmw.cn/wzb/html/2012-10/18/nw.D110000w2b_20121018_2-05.htm.

两次选择，即师父对初随习武的弟子经过一定时间的考察后，“如其可以传，再口授之秘诀”，许多武术精髓及“生平得力手法，非相习久而相知最深者，不可轻于相授”[①]。“入室弟子”和“一般弟子”有着本质的区别，师父对入室弟子和一般弟子的要求不同，拜师的形式也不同。在传统武术的传承上，只有通过递帖拜师后，才算真正形成了带有模拟血缘关系的“师徒名分”。由此可见，在师徒传承中，师父对徒弟“非相习久而相知最深者，不可轻于相授”，师父收徒，是在对拜师学艺者完成长时间的人品和道德考察基础上做出的决定，是对本门派武术技艺薪火相传的严格把关。例如，在陈家沟，广泛流传的便是“杨露禅拜师学艺”[②]的故事，深得人心。今天，师徒传承在民间习武群落中仍有其生命力，被不同程度地认同与信奉。总体而言，在传统武术中，师徒传承呈现出三个重要的特点。第一，师徒关系的谱系性。我国民间武术的拳种和流派，在武术技艺上代代相传，形成了各自独特的技术风格和拳种特色，如陈式太极拳的“缠丝劲”、峨眉武术火龙拳“蹲桩”等，这些与师承关系的谱系性有着密切的联系。在师徒关系中，亲缘化或类亲缘化都是这种系谱性的典型表现，“传内不传外”很大程度上表现出师承制度的严肃性。第二，技艺传授的封闭性。在传统武术的传习中，受师承关系的影响和制约，加之武术门派之间的竞争，民间武术在武术技艺的传授上都相对封闭和保密。“传男不传女”“正宗嫡传”都是这种封闭性的体现，在民间武术的承传中，是否正宗或嫡传成为武术门派优劣的显性标识和身份认同的体现，甚至很大程度上超越了武术技艺，成为一种身份的象征。第三，武术技艺的神秘性。在长期的封建社会中，民间武术在传承中，普遍讲究祖师崇拜。一方面，体现了民间武术对武术技艺开创者的怀念与敬畏；另一方面，由于命运的多舛，拳师们也求助于冥冥中神灵的庇佑，更重要的是神话其武术技艺的“神秘性”，如峨眉武术的“白猿祖师”、少林武术的“达摩祖师”、太极拳种“夜梦玄武大帝授之拳法”等。

---

① 王宗岳，武禹襄，陈斑，等．太极拳谱［M］．沈寿，译．北京：人民体育出版社，1995.

② 杨露禅（1799—1872 年），名福魁，河北广府（今永年区）人。杨露禅自幼好武，因家庭贫困，迫于生计，在广平府关大街中药字号“太和堂”中干活．这药店的老板是河南陈家沟陈德瑚所开，陈见杨为人谨慎，忠实可靠，又聪明能干，便安排他到故乡做工．适逢陈长兴借陈德瑚家授徒，杨心中十分羡慕，有心拜师学艺，但一者事繁，二者又怕陈不收自己．他虽然懂得江湖禁忌，但因学艺心切，便在陈氏师徒练拳时，在一旁观看，用心记下某些招式，无人时便私下练习。久而久之，竟有所得。后被陈发现，见其是可造之才，不但没有怪罪他，反而大胆摒弃门户之见和“江湖”禁忌，和陈德瑚商量，准其在业余时间正式学习太极拳。这样，杨露禅才得以正式拜陈长兴为师。

因此，基于血缘或类血缘而构建的师徒关系在民间武术传承中有着核心的地位和作用，师徒关系是习武群体内在凝聚力的纽带，是民间武术传承的基本构成单位。师徒关系在很大程度上强化了习武群体的身份认同和归属感。今天，在民间武术的传承和发展中，尽管传统的和固有的文化生态环境已发生了根本性的变化，有很多遗留的传统已不再适合现代社会的发展，有些应当大力传承的优秀传统文化又面临着不断异化的风险和挑战。无论从理论探索还是翔实的个案考察角度，实际上民间武术中的师徒传承文化现象并不鲜见，甚至存在只要有民间武术的地方，大都有师徒传承。但值得警觉的是：民间武术中的师徒传承虽然现实存在，但其内核遭遇异化，面临着貌合神离的危机。民间武术在师徒传承中的建设性破坏可以说始料未及，屡见不鲜。主要表现为师徒关系的异化。其一，习武者缺乏尊师重道的理念，态度不端正，习练动机不纯，盲目追求虚名，不理解传统武术的内涵；其二，为师者以趋利性择徒，不是考察拜师学艺者的人品和悟性，而是因礼金择徒，以拜师者的社会地位、社会影响力作为择徒的标准，贪图虚名，重利轻道。这样的师徒传承关系直接导致了民间武术传承的变异，成为民间武术师徒传承文化的毒瘤。因此，对于民间武术而言，要传承其脉络和精神，必须重塑血缘与类血缘传承在民间武术传承中的功能，通过伦理道德教化构建真正意义上的师徒，并由此合力外推而形成民间武术传承的机制，从而构成“师徒制”的传承模式，重构师徒传承在民间武术传承中的核心路径。

二、强化学校的武术文化教育功能，构建民间武术传承的学校路径

在传统的乡村社会中，血缘家庭是社会生活的基本单位，由此形成了基于血缘、地缘关系而形成的民间武术师徒关系的传承路径。然而，由于乡村文化生态的变化和家国同构传统的改变，建立在儒家文化基础上的民间武术传承和传播的路径呈现一定的缺失和不足。如何根据现代社会的结构和特点，寻求民间武术传承的有效途径已成为当今民间武术发展的关键所在。在民间武术文化的传承中，青少年这一群体尤为重要。少年强则国强，青少年担负着传承优秀文化、弘扬民族精神的重任，而通过武术教育，让青少年感受到中华民族文化的博大精深，这对他们的成长将起着举足轻重的作用。传统武术的发展需要有更多的人参与，尤其是青少年这个群体的广度和深度参与，是衡量传统武术发展优劣的重要参照。因此，通过学校教育，因地制宜，选择适合青少年身心发展的传统武术内容，让

传统武术文化走入学校、进入课堂，让广大青少年参与传统武术，才是发展传承民间武术的最好方式。

当然，强化学校的武术文化教育功能，构建民间武术传承的学校路径，并不只是简单地将民间武术放置于学校中发展，中间还有需要探索的广阔空间。武术进入学校，在当前并不鲜见，但始终处于一种很尴尬的境地，甚至“学生喜欢武术，但不喜欢武术课”成为一种常态，也有很多学校的武术教学浮于表面，流于形式。但这些都不应成为传承发展民间武术的壁垒。因为，通过调研和实践发现，只要将传统武术进行合理的遴选和适当的编排，使其成为具有竞赛性、趣味性、集体性的项目，传承发展传统武术便有了突破口。戴国斌教授曾在2017年全国学校体育联盟（中华武术）年会上，提出了“武术以动作丰富心理、塑造新民、传承文化”和“学武术，做中国人”的倡议，并指出了五点认识，认为：其一，传统武术动作规范的教学和套路化的动作，有利于学生养成规范的社会生活，帮助他们成为一个有规矩的人；其二，传统武术对道德的强调，有利于提高学生文化素养，促进他们成为一个“有温度”的人；其三，传统武术“冬练三九、夏练三伏”训练方式，有助于提高他们克服困难、抵抗挫折的能力，有利于促进其成为一个具有“顽强意志品质”的人；其四，“拳不离手”精益求精的训练要求，有利于培养学生成为一个“追求卓越”的人；其五，对武术动作“刚柔、快慢、轻重、开合、长短”以及不同武术运动方式的教学与体验，有利于促进学生成为一个有艺术品位、有智慧的雅致之人①。可见，将传统武术纳入学校教育中发展和传承将大有可为，关键在于如何进一步强化学校的武术文化教育功能，如何进一步构建民间武术传承的学校路径。强化学校的武术文化教育功能在于正确解读和理解传统武术文化的教育价值，理解武术文化“形神兼备、内外兼修、自强不息”与中国传统文化的关联。构建民间武术传承的学校路径在于不断进行实践探索，遴选和编创适合青少年身心发展的拳种和套路，打练结合，形神兼备，强化青少年与武术运动方式的契合。当前，在村落武术的调研中，我们可喜地发现，陈家沟的陈式太极拳已成为温县、焦作甚至郑州很多中小学的学校课程，受到越来越多青少年的喜爱。在此基础上，在学校中选择民间武术的传承人，通过教育实现传承，不失为传统武术传承的可行性路径。

① 戴国斌．武术：以动作丰富心理、塑造新民、传承文化［Z］．2017年全国学校体育联盟（中华武术）年会，2017.

三、发挥农村社区对民间武术发展的作用，构建民间武术传承的社区路径

就目前我国广大的乡村社会而言，以血缘、地缘为纽带的家国同构的传统模式逐步消解，在血缘、地缘联结形成的血缘家庭纽带不断弱化的同时，伴随着近年来我国新农村建设、新型城镇化战略、乡村振兴战略的持续推进，农村社区建设逐步发展和壮大，目前已成为我国城乡统筹发展中缩小城乡差距、消除二元对立、改善农村生活环境的重要形式，是农村建设的重要突破。社区包括“人口、地域、组织、文化、设施、归属感”等要素，是一个以地缘为纽带、以居民为基础，带有非市场、非组织特性的社会群体[①]。相对于传统意义上的行政村落和现代城市社区而言，农村社区是指聚居在一定地域范围内的农村居民在农业生产方式基础上所组成的社会生活共同体，是一个比自然村落、社队村组体制更具有弹性的制度平台，是一个相对完整的社会结构体系和社会空间。从理念上讲，“农村社区建设其实是一种全新的管理方式，它标志着执政党执政理念的不断完善，同时也意味着‘草根’民主在政治生活领域的不断扩张，其根本宗旨在于促进农村社会事业发展、改善农村基本民生”。[②]可见，很大程度上，农村社区建设是国家力量对乡村社区进行的一次深度改造，它围绕乡村社会如何形成新型社会生活共同体而构建，在建设过程中通过整合乡村资源、完善农村服务来提升村落民众的生活质量和村民的凝聚力及认同感。除此之外，我们对农村社区的理解还包括学术语境中的农村社区的解读。事实上，村落民众有自发形成的认同场域，如饱店庙会、集市场镇等。“周围的民众就会自发来到这个中心进行活动，形成一种社区的同心圆范畴。”[③]很大程度上，这种从学理出发的中国农村社区的认识和研究从费孝通先生开始就形成了良好的传统，我们经常可以看到诸多命题落在了农村社区的载体上，从某种意义上讲，农村社区的研究承接了学术意义上的小社区、大关怀的抱负，甚至在很多研究者的视野中，已经有把社区研究与村落研究等同起来的认同和趋势。在改革开放之后，农村社区研究又开始活跃在主流学术研究的舞台。例如，曹锦清、张乐天、王铭铭、庄孔韶等人的著作无一不是农村社区

① 夏国忠．社区简论［M］．上海：上海人民出版社，2004：20.
② 覃杏花．我国农村社区建设缺陷及其完善路径［J］．江西社会科学，2014（4）：194-198.
③ 朱静辉．学术语境与政策行为：“农村社区”的表达与实践困境［J］．社会学评论，2016（2）：59-69.

研究的延续，而农村社区研究也进一步拓展到社会学、历史学等各个学科领域，并涌现了一大批农村社区研究的经典著作。[①]

因此，在基于对农村社区的学术语境与政策行为[②]的双重认知下，如何发挥农村社区对民间武术发展的作用，构建民间武术传承的社区发展路径成为我们关注的重点。目前，民间武术传承和发展中的一个突出问题，就是将民间武术文化孤立于农村社区文化建设之外或者联系不够紧密，将传统武术文化的传承和发展脱离整体乡村社会的文化生活，孤立地依靠极少数非物质文化遗产传承人和爱好者，在传承和发展理念上，将传统武术的保护片面理解为对几个传承人的保护，而忽视了民间武术文化与乡村社会中文化生态的整体性联系，缺乏将民间武术文化与农村社区进行开放性、立体化、多维度的对接与实践，民间武术传承在实践探索上未能将拳种的保护与空间上的社区和空间广阔的国家、社会关系关联起来，发挥其内在的文化力量，致使乡村社会中的很多非物质文化遗产传承和保护浮于农村社区建设的表面，流于形式上的保护。民间武术的内容和形式也表现为被边缘化后的自我满足和安慰，满足于村落民众的社区记忆，与乡村社会文化生活和主流文化脱节。传统意义上，乡村社会中的血缘、地缘关系在农村社会生活中发挥基础性作用，并成为农村社会关系的核心和纽带。但是在现代的乡村社会中，原本紧密地以血缘关系为核心的格局趋向多元，农村社区在这种多元化的关系日趋占据重要的地位并发挥作用，从社会学的视角来看，农村社区具有特定的社会功能，不仅包括经济功能，而且涵盖重要的文化功能。"农村社区是一个以熟悉、信任、相互依赖为特征的社会共同体组织，文化是这个共同体的灵魂。农村社区文化不仅可以夯实社会稳定的心理基础，增强社区居民的认同感和归属感，而且对于增强社区居民的凝聚力、提升社区居民的幸福感具有重要作用。"[③]因此，因地制宜，在把握各个地方实际的情况下，打造符合农村社区需求的社区文化，充分发挥农村社区对民间武术发展的作用，构建民间武术传承的社区路径，不仅有助于形成社区文化建设，还有助于民间武术与社会主流文化的融合，凝练共同的价值观念，提升农村社区居民的归属感和凝聚力，发挥传统武术文化对农村社区建设的作用。如河南温县陈家沟的太极拳、贵州安顺地戏中的演武活

① 朱静辉．学术语境与政策行为："农村社区"的表达与实践困境［J］．社会学评论，2016（2）：59-69.
② 同①．
③ 张艳国．活跃社区文化：建设城市和谐社区的基础和关键［J］．江汉大学学报，2007（3）：6-10.

动、山西长子县鲍店中的庙会要拳，都可以成为农村社区建设的重要元素。

当前，随着城镇化发展的推进，传统的村落文化空间逐步趋于减少，村落文化愈趋式微，其中寄生于此的传统武术文化概莫能外。“人类的生态和自然环境为文化的形成提供物质基础，文化正是这一过程的历史凝聚。”[①] 村落中传统武术文化亦是历经这一过程，而凝聚于村落这一空间载体，依托村落空间而生发承传。我们熟知，传统武术文化源自农耕文化，农耕文化孕育着乡土文化，传统武术生长于乡土空间之下。当下城镇现代化进程中，其存在于乡土的“原汁原味”土壤已被重新赋予了“现代风味”，富有“乡愁”的建筑物也随之被城镇的“洋房”替代，文化生态的变化使得传统武术的生存空间愈趋狭小。改革开放历经40余载，乡村社会之村貌焕然一新。由此一种农民、乡村与国家彼此嵌套的利益链条在相互型构之中，同时也因为种种乡村传统丧失的忧愁而彼此纽结在一起[②]。在传统武术的生态空间下，如何践之以行呢？依据生态文明思想，“绿色发展，成为实现现代化和建设生态文明最基本的逻辑”[③]。诚然，传统武术的发展必然要融入乡村社会的整体发展，亦要符合生态空间建设的逻辑之要，唯有当下利用农村社区更好地传承传统武术，才能真正融入乡村社会文化的主流。一方面，依循“生态文明思想，集中体现为‘绿水青山就是金山银山’”[④]，在运行此传承机制时，更需注重绿色发展。在农村社区构筑传统武术“以艺载道”的文化生态空间。依循文化生态建设和农村社区建设的理念，将传统武术文化纳入村落文化建设，在全国武术之乡进行试点，建设传统武术特色村落，利用村落文化资源，突出“以艺载道”之主旨。诸如，陈家沟陈式太极拳由“拳”闻名，打造了太极文化名片，重视由艺缘认同而缔结太极拳传承之网；引以为例，在具有传统武术特色的村落空间，将国家、社会、地方相关联，三位一体相协作，构筑健康、养生、文化、技艺等多元一体的“绿色”综合体，凸显新时代下的康养文化，呈现出“闻乡便知拳技、知拳理”之图景。要杜绝平面化的“文化搭台，经济唱戏”等现象，看似繁荣，实则已趋于“消解”。

另一方面，依据“生态文明思想具有鲜明的时代性”[⑤]，传统武术之传承须

① 克莱德·克鲁克洪．文化与个人［M］．高佳，何红，何维凌，译．杭州：浙江人民出版社，1986：6–7.

② 赵旭东．书写乡愁中国的新转变——基于人类学文化转型的范式危机及其超越［J］．贵州大学学报（社会科学版），2019（2）：82–94.

③ 高世楫，李佐军．建设生态文明 推进绿色发展［J］．中国社会科学报，2018（9）：65.

④ 同③．

⑤ 同③．

对“传统与现代”进行调适。在当下生态空间建设下，要突出传统武术生态空间的时代性，凸显其时代性的在场。这里的传统武术绿色发展，应聚焦于“传统与现代”的和谐发展。由此观之，如何和谐发展？重在调适。在此生态空间下，可以将城镇与村落空间作为现代与传统之缩影，由之，对传统武术在“现代与传统”的调适，便可置于“城镇与村落”中进行。立足于传统武术发展，重视艺缘传承，由外到内演绎出——外显技艺之交流，内示文化之要义。其一，复兴民间文艺。相关部门组织利用节庆、庙会、赛事等平台，增添各地传统武术，丰富活动内容，拓展传统武术传承空间。其二，追寻及超越城镇与村落中个体的契合点。社会现代化的发展使人们的物质水平大幅改善与提高，同时也为美好生活的向往而奋斗。在这一征程中，“没有全民健康，就没有全民小康”，充分映射出“健康”的重要性，且具划时代意义，也突出了健康的诉求，故此，城镇与村落中个体的契合点——健康，随之而显；基于此，传统武术的社区传承，遵“以艺载道”为主旨，循“健身养生”为取向。追寻“健康”而超越之，达到“绿色”健康之效，拓展传统武术的生态空间，建构传统武术的社区发展之路。

因此，构建民间武术传承的社区路径，就是要注重当地特色武术拳种的实践与养成、需求与供给，把民间武术文化内涵更好更多地融入农村社区建设的各方面，加强农村社区文化建设。同时，深入开展“武术文化”主题活动，推动健康文化生活与传统武术文化融合发展，培育符合村落民众需求的传统休闲文化。

四、加强政府的主导功能，构建民间武术传承的政府路径

“文化是民族的血脉，是人民的精神家园。中华文化独一无二的理念、智慧、气度、神韵，增添了中国人民和中华民族内心深处的自信和自豪。在5000多年文明发展中孕育的中华优秀传统文化，积淀着中华民族最深沉的精神追求，代表着中华民族独特的精神标识，是中华民族生生不息、发展壮大的丰厚滋养，是中国特色社会主义植根的文化沃土，是当代中国发展的突出优势，对延续和发展中华文明、促进人类文明进步，发挥着重要作用。”① 党的十八大以来，国家战略层

① 中共中央办公厅　国务院办公厅印发《关于实施中华优秀传统文化传承发展工程的意见》[EB/OL].（2017-01-25）[2023-07-20]. http://www.gov.cn/zhengce/2017-01/25/content_5163472.htm?from=timeline.

面高度重视中华优秀传统文化的传承工作，先后出台了一系列法规政策和行动举措，推进实施了一系列重大文化工程，从国家战略的高度进行顶层设计，在“保护传承文化遗产”“融入生产生活”等方面取得了良好的建设成效。近年来，我国文化遗产保护发展十分迅速，建立了具有中国特色的文化遗产保护体系。截至2022年，中国有42个非遗项目列入联合国教科文组织非遗名录，数量位居世界第一。我国7项入列急需保护的非物质文化遗产名录中。截至2022年，国务院已公布了五批1557项国家级非遗代表性项目。

在国家的主导下，各地政府也非常重视中华优秀传统文化的传承和弘扬工作，加大资金、人员投入力度，实施一系列重大文化工程，在中华优秀传统文化的挖掘、阐释、抢救、整理、普及教育、传播推广、保护利用、载体建设和文艺作品创作生产等方面取得了长足进展。例如，山东省制定并组织实施了“传承弘扬优秀传统文化十大行动”，提出规划建设“曲阜文化经济特区”，着力建设孔子及儒家思想研究传播体系，实施齐鲁优秀传统文化题材创作工程，加强山东革命历史文化挖掘传承，实施乡村记忆工程和县及以下历史文化展示工程，落实区域文化发展战略等，全面推动齐鲁文化传播开、走出去；山西提出“华夏文化看山西”的口号，较早确定了做强文化产业“五强两大”的奋斗目标，并加大投入力度推动历史文化文艺精品创作生产；云南、内蒙古提出了建设“民族文化大省（区）”的战略定位，制定了一系列加快文化发展的相关政策，集中精力加快民族文化产业建设；四川出台的《关于深化文化体制改革加快建设文化强省的决定》《四川省深化文化体制改革实施方案》中，重点明确了“推动优秀传统文化传承弘扬”的举措。在“十三五”规划中，四川提出“加强优秀传统文化保护传承”，明确加强文化遗产保护，推动优秀传统文化创造性转化和创新性发展。实施巴蜀优秀传统文化传承工程，加强对川剧等地方戏曲曲艺、巴蜀书画艺术、本土影视作品等特色文化艺术的保护和扶持，建设非物质文化遗产展示馆（传习所）和生产性保护示范基地，提升中国成都国际非物质文化遗产节的影响力。保护重大文物、古村落和民居。推进文博事业发展，促进档案文献保护利用，积极推进档案数字化建设。加强地方志工作，推进古籍整理出版。实施文化遗产保护工程，如蜀道和茶马古道沿线重要文物保护工程、川渝石窟保护工程等，加强格萨尔文化保护，开展蜀锦、蜀绣、唐卡、火把节、羌绣等非物质文化遗产保护传承。实施四川省档案文献遗产保护工程。四川各地结合本地传统文化资源特点，在保护、挖掘、利用、传承等方面出台了一系列政策或措施。自贡实施盐都优秀传统文化传承工程，加强对“盐”“龙”“灯”等品牌文化，以及红色文化、民俗文化、科技文化、法治文化、廉洁文化、地域文化等资源的研究、挖掘与开发。巴中制定了《民族民间文化保护工程实施方案》《民族民间文化保护工程专项资金管理办法》，建立市、县（区）、乡（镇）三级保护体系和保护项目的申报、审核机制，建立市、县（区）级文化生态保护区，完善动态保护机制和传承认定机制。甘孜州18个县（含1个县级市）中已有13个县完成《民族文化产业规划》，积极培育文化产业市场主体，发展特色文化产业，已推进康定格萨尔文化园区、康定溜溜城、甘孜噶玛博秀民族手工艺创意产业园区、稻城亚丁演艺中心、色达格萨尔文化艺术中心等项目建设，为保护传承民族文化奠定了基础。可见，通过国家政策法规和政府主导，我国的优秀传统文化传承工作取得了显著成效，尤其是因地制宜，在不同地区设置不同目标，将整体目标分解落实到地方及各相关部门，调动了各方的积极性，形成了社会合力。

所以，民间武术文化的传承和发展，需要进一步加强政府的主导功能，大力构建民间武术传承的政府路径。在村落武术的个案调研和民间武术的研究中，我们不难发现：推进新型城镇化建设和实施乡村战略下，农村社会中面临的突出问题是“文化建设严重不足”，甚至一些农村社区的社会生活和精神生活中宗教文化、拜金主义盛行。在民间武术的传承和发展中一些陈规陋习也沉渣泛起，严重束缚了传统武术发展的脚步。李仲轩在《逝去的武林中》哀叹传统武术精神的没落。“拳术滥传，伪作淤积，也必遭轻贱。传统一断便没法复原，没了，也比走样好。”[①] 传统武术中的江湖乱象丛生。某卫视太极雷某表演雀不飞，内力碎西瓜、陈某千斤坠大力士、王某力敌三位橄榄球队员、闫某掌风吹人、马某曾声称击败欧洲某综合格斗冠军，等等，传统武术假大师横行，借收徒、拜师、过寿等方式大肆敛财，成为民间武术发展的弊端！中华武术博大精深，是我国的文化瑰宝，但是目前的武术管理机制还不健全，武术市场十分混乱，国家体育总局早有硬性规定，不许自诩大师，不许借机敛财，但屡禁不止，民间武术乱象治理任重而道远。在这样的背景下，寻求传统武术保护和传承方式的革新及转向势在必行，而进一步加强政府主导功能，构建民间武术传承的政府路径，不仅要在纵向上“自

① 李仲轩．逝去的武林：1934年的求武纪事［M］．北京：当代中国出版社，2006，11.

上而下”建立健全优秀传统武术传承的责任机制，而且要在横向上对国家认定的武术传承人进行统筹协调，明确职责和要求。同时，搭建武术传承平台，构建政府主导、社会参与的传统武术发展格局，提高民间武术文化在乡村社会事务中的地位，形成整体功能。

第八章

结语　武术人类学研究的展望与思考

对中华传统文化的态度，决定着中华文化认同的厚度、深度和长度。“弘扬和发展中华文化，当前一个重要的命题和任务，就是大力弘扬和发展民族文化”。中国武术文化博大精深、源远流长，拳种丰富、门派众多，在历史长河中，形成了独具特色的武术文化现象和表现形态，表现出独特的民族性格和地域特征。传统武术不仅是民族文化的“活化石”，更是民族历史的记忆，是中华文明的重要组成部分。对传统武术文化进行研究，是传承民族文化、促进民族传统体育学科发展的需要，更是当前我国“包容文化多样、构筑中华民族命运共同体”的现实要求。

第一节　武术人类学研究的缺憾和不足

中国是一个统一的多民族国家，“每个人都有自己所从属的民族和地域，并有自己所从属的文化”。民族国家框架下的“多元一体”格局决定了中国文化本身的多元特征，多种文化元素的存在正是整体文化多样性的突出表现。在中华民族文化多样性的实践和表达中，民间武术文化独具特色。风格迥异的民间武术生存于传统社会中的民族聚落，与礼仪习俗、生活习惯相伴相生，构筑成民众赖以生存的文化背景，如云南傣族武术、贵州畲族武术等。当前，伴随着全球化和城市化进程，原本意义上“遥远的”“封闭的”村落已不复存在，面对如此境遇，我们该如何研究才能与民间武术建立“一种可以沟通的不同知识体系之间理解的桥梁”[①]；如何以文化人类学为视域，引入人类学独具特色的“田野工作”研究

① 罗红光．人类学［M］．北京：中国社会科学出版社，2014：1–2.

范式，敦促民间武术文化研究寻求新的支点，这些都是传统武术领域需要不断思考的关键问题。

在中华民族文化多样性的实践和表达中，民间武术文化拳种丰富、流派众多，构筑形成了博大精深的中国武术文化体系。表现出独具特色的民族特征和地域特色，形成了有别于其他民族体育的文化形态，是中华民族在世界文化多样性表达中的显著体现。近年来，为了深化对武术文化和民族传统体育的研究与实践，民族传统体育学开始逐步反思研究现状，关注民间武术文化的发展，意识到在乡土中国向城市中国的社会变迁和进程中，民间武术文化面临着传承断代和被边缘化的危机。研究者开始重新厘定中国传统武术文化的精神以及传统武术的内涵、作用和传承机制，探索活态传承和创造性发展民间武术文化的可行性路径。但是在这些有限的研究中，整体而言，一方面，学界对我国民间武术的关注度依旧不足，尚处于起步阶段，研究者对民间武术重要性和研究必要性的认识尚且不足，对于做好民间武术拳种普查、成果汇总和整理的研究并未进行有效探索；另一方面，对民间武术的研究停留于宏大叙事的现状描述和泛泛而论的一般性调查，诸多内容大都局限于文献资料和逻辑分析等“书斋式”的研究，缺乏社会学、人类学与调研相结合的综合性研究，致使在实际的研究中多停留于“历史起源”“内涵特征”“发展传承”①等内容，具有代表性的个案研究和实证研究并不多见，创新性显著不足。

第二节　人类学研究对武术与民族传统体育及相关研究的启迪

人类学是现代人文社会科学的基础性学科，爱德华·泰勒 1881 年出版《人类学》一书，定义了“人类学”，认为：“人类科学的各部门是极为多样的，扩展开来可分为躯体与灵魂，语言与音乐，火的取得与道德。”②尽管泰勒罗列的“躯体”与“灵魂”、“语言”与“音乐”、“火的取得”与“道德”具体而细致，但后来的一段时期内，诸多人类学家大都基本沿用这一观点，即认为人类学研究

① 张忠杰，龙宇晓，张宝根．中国少数民族武术研究的回顾与展望［J］．中国体育科技，2016（2）：3-11.

② 爱德华·B. 泰勒．人类学［M］．连树声，译．桂林：广西师范大学出版社，2004：2.

的焦点为“人的文化”和“他的身体”①，并将泰勒定义中所言及的“躯体”与“灵魂”等名目划为体质人类学（physical anthropology）和文化人类学（cultural anthropology）。实际上，在人文社会科学发展的历程中，19世纪是一个极为重要的历史时期，在这一历史时期内，在进化论的影响下，文化人类学开始因其重要的角色和地位受到重视，并在此基础上，产生了众多的理论学派。如传播论、历史具体论、新进化论与整体论、功能论、结构论、解释论等。20世纪的文化人类学就是在上述理论下彼此激发、相渗互补，共同推动了文化研究的深化和多元化。

伴随着社会学、人类学在欧洲、美国以及英国的逐步成熟和发展，人类学作为一门独立学科开始走向成熟。在这一方面，美国的人类学家作出了开创性的工作。譬如，摩尔根的原始社会史理论是进化论的杰出代表；迪尔凯姆的文化整体论以生物学与人类学的比较来表达社会、文化整体观；莫斯继承了迪尔凯姆的学术思想，突出社会现象的整体性研究；格尔茨提出的文化解释学把人的社会性行为视为象征符号作动态和深度的描述和分析，等等。以人类学的理论对体育问题的研究，开拓了传统体育的研究视野。其中，格尔茨关于“深层游戏：巴厘岛斗鸡”的记述被认为是这个学科的“经典之作”。正是从格尔茨开始，人类学开始从一种学院式的科学研究，逐步添加进智慧、才情与批评力量的人文色彩。在这一时期，美国的文化人类学家运用人类学的理论和方法对体育问题的研究成果丰富，特别是通过参与性观察，占有大量资料，为我们展示了一个既宏观又翔实的人类学研究图景。在亚洲，日本学者寒川恒夫较早对“传统体育文化”进行人类学调查研究，并推动了亚洲体育人类学的完善和发展。在西方人类学的推动和我国人类学家对“社区”“乡村建设”的实践下，引领了国内社区的调查研究。从事乡村建设的众多学者做了大量关于村落的社会调查，为后世留下了极其珍贵的历史资料，如林耀华的《义序的宗族研究》，从初步的社会调查阶段进入规范的“民族志”研究；费孝通的江村研究是人类学研究的一个里程碑式的著作，等等。自20世纪90年代起，体育领域内部分学者已经意识到将“人类学的知识体系和方法”吸纳进“民族传统体育”理论研究中的必要性。但是，直到2000年之后，在体育领域内，人类学才开始引起我国体育研究者的足够重视并付诸实践，之后形成了一些研究成果。在这些成果中，我们发现：研究者通过运用“阐释人

① 王铭铭．人类学讲义稿［M］．北京：世界图书出版社公司北京公司，2011：4-5.

类学”“体育人类学”等理论对民族传统体育文化内在的人为事实进行了解读和分析，初步建立了具有对话能力的理解与文化批评。但我们不能否认的客观事实是：这一过程比国外体育的文化人类学研究晚了近 30 年。

可见，无论是关于体育的文化人类学研究，还是体育人类学的发展，它们的兴起和发展都是源于其母学科——人类学。人类学在中国的传入与发展始于 20 世纪初。人类学的基本理论、研究范式与方法在体育领域中的应用研究，虽然在国外具有学术传统，但是在国内起步较晚。国内较早涉及体育人类学这一领域并对其进行研究的学者是谭华，其在 1986 年撰文《体育与人类学》，分别从“人类起源与体质研究方面”“人类学在体育实践中的应用”等方面进行阐述，指出人类学与体育学存在多方面的联系。[①] 在这一时期，涉足体育与人类学领域研究的还有柳伯力的《体质人类学与体育科学》、刘德佩的《关于体育起源与发展的社会学思考》。20 世纪 90 年代以后，伴随着人类学研究在中国社会学领域的不断深入，越来越多的学者开始逐步关注有关体育人类学的研究，其呈现快速推进的发展态势。实际上，运用人类学的理论和方法对体育文化现象进行研究是伴随着国内体育人类学科的建立和完善而逐步发展而来的。20 世纪 90 年代初，我国的体育人类学研究刚起步，并未形成一定的学科地位。1991 年日本体育人类学专科会负责人、早稻田大学的寒川恒夫应陈安槐教授之邀，至上海体育学院进行民族传统体育的体育人类学研究学术交流，使部分学者意识到人类学对民族传统体育研究的重要性。受此启发，一些学者开始有意识地运用人类学、体育人类学的理论和方法研究传统体育的传承和发展问题。1992 年胡小明教授发文指出民族传统体育应当被纳入体育人类学的研究范畴。1999 年，我国第一本《体育人类学》专著出版，体育领域的研究者更加意识到引入人类学研究的紧迫性。国内较早致力于体育人类学并进行系统研究的学者为胡小明教授，他曾建言：“以文化人类学担当民族传统体育学科的专业基础理论”[②]。在胡小明等学者的倡导下，2000 年之后，在体育领域内，人类学开始引起民族传统体育研究者足够的重视并付诸广泛的实践，其中部分代表性作者有倪依克、罗湘林、虞重干、郭修金、涂传飞、白晋湘、万义、马天龙、田祖国，等等。

---

① 谭华 . 体育与人类学［J］. 成都体育学院学报，1986（2）：1–5.
② 胡小明 . 人类学与体育研究［J］. 体育学刊，1998（4）：42–44.

近年来，伴随着国家非物质文化遗产传承工作的推进和国家对传统优秀文化的关注，民族民间体育开始逐步走入研究者的视野，梳理现有的相关成果可以发现，对民族民间体育的研究表现为两个维度。其一，对民族民间体育文化的宏观性与中观性研究。这一类研究多表现为对民族民间体育文化整体性文化特征的总结以及对某一地域民族民间体育文化表现形式的系统分析；其二，对民族民间体育文化的微观性研究，其中通过具体的田野作业，获取第一手资料的微观“个案研究”越来越受到研究者的青睐，并为民族民间体育的人类学研究进行了有效的探索。

寄生于乡土社会中的民间武术作为我国民族民间体育领域的重要组成部分，其社会学与人类学的介入并不充分，表现为：一方面，部分研究多关注传统武术的现代化传播与竞技武术，而非民间武术；另一方面，在民间武术研究中更多倾向于民间武术的非物质文化遗产研究。虽然近年来，部分学者开始对民间武术进行拳械考察和个案分析，但迄今为止，把民间武术作为专题的跨学科研究还没有引起学术界足够的重视，涉及民间武术研究的著作或论文大致可分为以下三个方面：第一，对拳种的一般性介绍和技术展示层面的武术论著。从 20 世纪 80 年代开始，民间武术的专著十分有限，多数内容停留于对拳种的一般性介绍和技术展示层面，深层次剖析的不多。第二，体育通史或武术史专著中的民间武术研究。部分民间武术的研究杂糅于图书的“体育史料”等章节中，只是确定了民间武术的存在。第三，论文中的民间武术研究。首先，在研究方法上，以文献资料法、历史分析法、专家访谈法居多，田野调查相对较少；其次，在研究内容上，整体描述的研究较多，实证研究较少；最后，在研究理论上，应用社会学与人类学的武术文化研究不多见。总结现有的研究成果不难看出：一方面，学者对我国民间武术的关注度不高，成果匮乏；另一方面，运用社会学与人类学理论和方法对民间武术的研究不多见。在现有的研究中，大多数停留于宏大叙事的现状描述和泛泛而论的一般性调查，所谓“工欲善其事，必先利其器”，在国家大力实施“中华优秀传统文化传承发展工程”的今天，如何利用文化人类学的系统知识体系阐释民间武术文化，提高传统武术文化的整体研究水平，从传统的“学院式”“书斋式”的研究中走出来，运用田野调查、实证研究、参与观察、口述史等方法，对民间武术进行系统梳理和翔实的调查，形成独特的研究体系和研究特色，还存在广阔的空间。

第三节　武术人类学研究的展望与思考

一、民间武术文化研究：宜进行脚踏实地的田野调查研究

中国武术文化博大精深，一个重要的原因在于其内涵丰富、寓意深刻，与儒释道相通，与军事学、哲学共融。除此之外，还在于其文化体系中包含有若干拳种、流派，而武术的这些表现形态和内容很多都来源且根植于民间，存在于乡土社会中。1949 年以后，鉴于当时传统武术发展的现实情况，原国家体委主任贺龙提出了“挖掘、整理、提高、推广”的八字方针。但由于多方面原因，民间武术的挖掘、整理和拳种的普查工作始终未形成规模化，民间武术的发展也并未完全纳入国家建设规划的视野和行动中，直到“文化大革命”结束之后，原国家体委下发了《关于挖掘、整理武术遗产的通知》，并于 1979 年 5 月在广西南宁召开了第一届全国武术观摩交流大会，来自全国各地的近 300 名武术习练者表演了各种流派的武术拳械项目数百项。1982 年，原国家体委召开了全国武术工作会议，提出了“挖掘传统武术，抢救武术文化遗产”的号召，之后成立了武术挖掘、整理领导小组，负责统一部署全国武术挖掘和整理工作。自 1983 年起，全国各地的武术“挖整”工作渐次展开，直到 1986 年，历时三年的全国范围的武术“挖整”工作告一段落。这应当是 1949 年之后的第一次民间武术大规模的挖掘、整理与考察，也是唯一一次。但这次民间武术挖掘、整理仅采用录像等最简单的方式，方法是否科学、有效性有多高、拳种的普查是否系统、普查之后的成果利用率有多少，对于上述问题并没有确切结论。从时间上来讲，距离这次民间武术的挖整工作已过去近 40 年。在近 40 年里，民间武术系统的调查研究停滞不前，民间武术的生存状态无人问津，除了零散的个案之外，再无翔实的调查资料可循。因此，当前，对中国民间武术拳种进行新一轮的普查和调研工作势在必行。尤其是改革开放 40 多年来，面对不断变化的乡土社会，民间武术的内容和形式早已发生巨大的变化，面对这种变化，当下极有必要对民间武术文化进行系统的梳理和调查，明晰 40 年沧海巨变中民间武术的生存状态，充分运用田野调查等工作方式记录民间武术文化的内容，在传统武术文化资源数字化整理及保存、展示、传播等方面进行大量基础性调查研究工作，收集、整理乃至建设中国民间武术文

化基础资源数据库，而这已成为事关传统武术文化保护与传承迫在眉睫的大事。开展民间武术相关研究，脚踏实地的田野调查和文化人类学相关的研究范式和方法是重要的路径。文化人类学历来注重视野向下与面向基层的研究范式与框架，这一范式对于我们准确地认知历史、精准地把握文化，克服以往武术文化研究过于宏观和只注重上层社会的视野局限具有重要的理论和实践价值，也更有助于让传统武术的研究回归到鲜活的社会场景。自下而上，发挥视野向下的效能，与民间武术文化及其社会生活环境产生共鸣。在文化人类学的研究方法中，田野调查是最基本的研究方法，自 20 世纪早期由人类学家系统性阐释与应用之后，基于长期深入田野调查的经典研究更是层出不穷，田野调查方法不仅限于人类学，还被社会科学诸多学科借鉴采用，显示其重要性和生命力。作为人类学研究方法的代表性方法，运用田野作业的方式可获取第一手的研究资料和鲜活素材，客观描写文化日常，形成文化民族志，构建相关理论体系，已成为人类学研究的金钥匙。作为人类学的研究传统和获取研究资料的最基本途径，随着人类学的发展和深入，注重“参与观察”的田野工作已成为人类学区别于其他学科的最具特色的标识之一，正如英国人类学家塞利格曼所认同的那样：“田野工作之于人类学就如殉道者的血之于教堂一样。”①

在我国，民间武术是传统武术文化的载体和源头，也是当前武术发展的根基和依托。民间武术作为传统文化的重要载体，是民族文化中重要的资源。毋庸置疑，我国自 2005 年起全面实施的非物质文化遗产保护工作，对于处在社会文化边缘的民间武术的保护和传承起到了巨大的推动作用。但是，前期民间武术的发展，无论在理论还是实践中，大都以实现保护目的为基本框架和政策导向，与整体社会发展缺乏联系，表现为被边缘化后的自我满足。当前，重新审视民间武术与乡土社会的关系，以田野工作的方式梳理和普查民间武术的生存状态，重构民间武术的传承机制，积极应对外来文化冲击，对民间武术进行扎实的田野调查研究是不可不为的工作。实际上，田野之下，已有一种“构架轨迹”可供依循，人类学田野工作的整套方法也成为保护文化遗产的有效模式。在研究中，携文献资料形成的命题进入田野，通过对民间武术传承人、拳种聚落、武术圈、特色拳种等进行实地考察与深入访谈，获取研究素材和第一手资料，明确民间武术的发展现状，评估民间武术在现代化进程中的生存状态，剖析传承与发展民间武术的社

① 庄孔韶．人类学通论［M］．太原：山西教育出版社，2002：247.

会动力机制，确立保护与传承民间武术的优化策略。因此，当前和今后对民间武术进行研究，可以引入人类学田野工作的研究范式和方法，并以此为基点，构建新的民间武术文化的学术体系。当然，走入田野，进行民间武术考察是当前传统武术文化研究中“最基础”“最艰苦”“最急迫”的任务，非一人之力、一日之功可以完成，要动员广大研究者的力量，广泛搜集整理民间武术素材，最大限度扩大其覆盖面，加大民间武术文化资源整理研究的力度，久久为功，必将为中国传统武术文化的研究增添浓墨重彩的一笔。

二、民间武术中的拳种与村落：宜进行基于实地调查的个案研究

武术是由拳种构成的，迄今为止，渊源有序、自成体系的 129 个拳种成为中国武术文化的重要载体，20 世纪 80 年代以来，民族传统体育研究的兴起推动了武术文化研究的微观化取向，但从研究成果来看始终未有大的进展，大多数研究依然偏向以宏大叙事为主，伴随着社会学、人类学等学科在民族体育研究中的应用，微观个案逐步被纳入武术文化研究者的视野，尤其是对那些寄生于乡土社会和社会变迁中的民间武术拳种和流派，无疑是对当前中国武术发展宏观性研究的一种极有必要的补充和尝试。不言而喻，深入实地的调查和个案研究值得每一位武术研究者予以关注。

实地调查和个案研究是社会学与人类学家常使用的研究方法，研究者通常会根据研究内容的需要，对一个村落、一个社区、一个聚落进行深度考察，从而研究、探讨、分析、解读其中特定人群行为发展变化的过程与动因。通过个案研究，解读那些深嵌于人们生活中的经验和感知，从而贴近生活本身，并从中寻求原因和规律。个案研究具有实践上见微知著的作用，成为诸多研究的逻辑起点。在我国社会学和人类学的研究中，农村社区研究是实地调查与个案研究的代表，并已有相当丰富与扎实的研究成果，实际上，半个多世纪以来，“农村社区一直以来具有学术研究的传统，亦构建了学理型农村社区的学术公共话语，由农村社区及其相关联因素所形成的社区研究是中国学术界的主流血脉。”① 在我国，关于农村社区的研究较早是从费孝通先生开始的，主张紧密联系实践，提倡调查研究，倡导研究者深入社会生活，进行详细观察和体会，了解被研究者的行为和生活状态。这种实地考察的社区研究影响了一代社会学人，一定程度上奠定了社会

① 朱静辉. 学术语境与政策行为：“农村社区”的表达与实践困境［J］. 社会学评，2016（2）：63.

学研究的基础。在社会学和人类学的视野中，“小地方”往往蕴含着“大社会”，“小村落”蕴含着“大文化”，由一村可及一地，由一地可及一省，复可及整个国家[①]。美国学者葛学溥较早对中国传统村落进行过人类学研究，并提出对中国村落社区分别进行调查研究的计划。认为：“应当在几个大的文化区域内，按照器物、职业、社会组织以及态度和理想标准，选择有代表性的村、镇或市作为精密的考察单位，从而认清中国社会的现状和发展走向。”[②]这些通过小型社区窥视中国社会的试验性范例，[③]被后来的许多研究者奉为村落文化研究的圭臬。除此之外，社会学和人类学在实地调查中探索形成的个案研究趋向。值得关注的还包括格尔茨的“深描说”和布洛维的“拓展个案法”，都是着眼于个案研究，并试图从具体的研究实例中探寻和归纳社会事实，当然，在个案研究中，也一度面临着“代表性”与“超越性”的问题。[④]

在我国，民间武术文化是一种独具特色的文化现象，与地域文化、宗教信仰、生活及生产方式等都息息相关，因之显现出异彩纷呈、特色鲜明的拳种和流派，而这些民间武术的内容和形式大多依附于民族聚落、社区、村寨繁衍生息。因此，对民间武术文化现象进行考察时，宜采取以武术聚居地和某一武术拳种为个案考察的方法进行，这不仅明确了村落、社区或武术聚落的研究对象与文化空间，更具有社会学意义。对武术聚居地和某一武术拳种进行个案考察，并作为研究民间武术文化的适当单位，有助于使研究更贴近民间武术的实际生活。由民间武术聚居的村落社区而视，观其表，是依靠地缘关系而形成；究其根，实则众多聚居村寨是武术习练群体和依靠地缘、血缘关系筑构而成的意蕴丰富、鲜活独特的武术“文化场”，诸如，“回族八极拳”之河北孟村、“壮族壮拳”之广西百色、“畲族武术”之福建八井村、“傣族孔雀拳”之云南德宏李子坪村等，通过对这些武术村落进行微观个案考察，势必将会突破当前民间武术研究止步于宏观的研究方式。此外，除了对某一地区的村落内的武术活动进行研究外，还可以对一个地区甚至几个地区的村落群进行对比研究，以民间武术文化中的血缘、地缘、艺缘为视角，对民间武术进行考察和分析，无疑将拓宽与深化当下民间武术文化研究的广度与深度。

① 胡彬彬，吴灿．中国传统村落文化概论［M］．北京：中国社会科学出版社，2018：16.
② 同①.
③ 同①.
④ 王富伟．个案研究的意义和限度——基于知识的增长［J］．社会学研究，2012（5）：1-22.

三、固定的村落与流动的拳种：宜建构中国武术研究的整体框架与文化版图

我国历史悠久，幅员辽阔，在地域文化等因素的影响下，产生了许多具有浓郁地域特色的武术拳系和流派，如少林、武当、峨眉、南拳、太极、形意、八卦等等。传统武术是流传于我国的民间，并且在技法体系和传承关系中传承有序、风格独特的武术拳种和流派的总称。因此，在传统武术的研究中，村落与拳种是两个重要的研究对象。乡村是由若干个村落组成的，相对固定，在武术文化研究中体现的是地缘关系，拳种是武术的组成部分，相对于村落社区而言，是流动的，在武术文化中体现的是艺缘关系。因此，从某种意义上来讲，固定的村落和流动的拳种共同形成了中国武术文化的大观。一方面，从武术聚落社区的角度而言，传统武术文化是村落中重要的人文资源和文化现象，很多村落因武而名，如河南陈家沟、河北孟村等。改革开放之后，这些武术村落逐步被纳入国家的视野，在全国范围内开展了评选“武术之乡”的系列活动。自 1992 年开始，我国已先后开展了三批次武术之乡的遴选，确立了河北沧州、山东菏泽、河南登封、广东佛山、辽宁黑山、湖北黄梅、河南温县、山西太谷、四川峨眉、贵州清镇等近百个武术之乡（见附录）。这些武术之乡大都具有深厚的武术文化底蕴和广泛的习练人群，同时也是我国很多优秀拳种的发源地，以武术聚落社区的维度对这些武术之乡进行调查研究，对民间武术的生存状态具有重要的理论意义和实践价值。

另一方面，从武术拳种的角度而言，与武术之乡不同，很多武术拳种并非固定于一地，在传统武术发展中，存在大量的“移民携技”现象，随着人口的流动，很多武术拳种会从一个村落传至另一个村落，开枝散叶，绵绵不断。所以，我们讲村落是相对固定的，但是拳种是相对流动的。在这些流动的拳种中，又会因艺缘将不同的武术村落连接起来，形成一派或一家，如峨眉武术中的“五花八叶”，这在民间武术文化传承中并不鲜见。迄今为止，根据 1983—1986 年全国武术挖掘整理的材料统计，拳理明晰、风格独特、源流有序、自成体系的拳种共有 120 余个。这些武术拳种遍布于我国的大江南北，有很多拳种又因移民等历史原因，传至各地，很大程度上促进了中国武术文化的繁荣和发展，如下表所示。这些拳种共同支撑起博大精深的武术理论体系。

中国武术拳种地域分布

省、自治区	拳种分布
河南省	石头拳、岳式连拳、八法拳、独门拳、少林拳、罗汉拳、太极拳、豹虎拳、三皇炮捶等
河北省	戳脚、翻子、八极、明堂拳、梅花拳、二郎门拳、迷踪拳、孙家拳、八卦掌、青龙拳、劈挂拳、猿功拳等
陕西省	护身拳、九拳、红拳、护符拳、七势等
湖北省	岳家拳、余门拳、王门拳、熊门拳、严门拳、空门拳等
湖南省	八拳、侗拳、龟牛拳、岳门拳
四川省	僧门拳、杜门拳、余门拳、白眉拳、慧门拳、猴拳、鸭形拳、白虎拳、火龙拳、赵门拳等
广东省	洪家拳、刘家拳、蔡家拳、李家拳、莫家拳、工字伏虎拳、龙拳等
江西省	字门拳、硬门拳、法门拳、螳螂拳等
福建省	五祖拳、鸣鹤拳、白鹤拳、龙虎拳、白虎拳、地龙拳、佛家拳、虎尊拳、巫家拳、鸡拳等
安徽省	九华山拳、牛门洪拳等
山西省	字门拳、三十六路宋江拳等
广西壮族自治区	壮拳、梁家拳

中国武术研究在改革开放40余年的发展中，已经开辟出许多富有洞见的研究领域和切入点，通过不同学科的学术对话，拓展了传统武术的研究空间，不仅加深了在社会变迁和文化转型中对中国武术的洞察和理解，还通过多学科的研究，提升了武术文化研究的境界和研究的广度、深度，在不同学科的借鉴和参照中，进一步认识了民间武术的源头和脉络，从民间武术的社会生活中发现了许多意想不到的文化现象，在对民间武术的深入分析中实现了武术文化研究新范式的“文化自觉”。正是基于这样的认知，使我们越加意识到，中国的民间武术文化是一种综合性的文化，与乡土社会的文化生活具有紧密的联系，决不能单纯将其作为一种体育项目进行研究。这种现实要求中国武术学科构建出一套能够直面武术发展的新知识体系，而这项工作首先取决于我们能否实现传统武术文化的文化自觉、文化自信、文化自醒，以及能否跳出传统武术研究的思维框架和方法论的

窠臼，构建具有武术特质的学科体系和话语体系，由此，我们越加感到建构中国武术研究的整体框架与文化版图事业的紧迫感。为了实现这一目标，在当前武术文化研究中有以下两点尤其值得关注。其一，中国武术的学科发展和研究方向亟须进一步完善，以提升形成整体性的学术能力和水平。总体而言，当前，中国武术的学科建设和研究方向缺乏顶层设计，“兵来将挡，水来土掩”的研究局面并未得到有效改观，武术与文化、武术与健康、武术与竞赛、武术与修身等不同研究取向之间缺乏学术对话，在技术层面，“打练分离”是武术发展中的一大诟病。学术之间的隔离现象也愈加严重，因此，在武术文化回应时代需要和解析现实问题时，难以形成整体性的学术能力。其二，中国武术的研究亟须增强多学科交叉研究的意识，以提升武术文化研究的广度和深度，增强开辟研究新领域的能力。面对不断变化发展的社会和武术文化复合体，首先摆在我们面前的问题是如何以包容和开放的心态认识武术文化和开放各门社会科学、自然科学，以便应对自身封闭性、偏狭性、神秘性所带来的研究局限。越来越多的研究者已经认识到，对武术历史、武术文化、武术拳种、武术聚落、武术传承等应采用不同学科的研究方法。换言之，武术研究不是某一学科的特权和专利，武术应当成为研究者共享的文化资源。所以，在多学科的学术交流和创新实践中推进武术文化研究已成为重要的研究趋势。

故此，在民间武术的研究中，倘若我们能够跳出某一村落和某一拳种的界限，开拓中国民间武术的整体性研究，将固定的武术村落和流动的武术拳种结合起来，进行中国武术“百村”与“百拳”的系统研究，建构中国武术研究的整体框架与文化版图，是新时代每一位武术人的责任和担当。民族民间武术呼唤着人类学研究者！人类学呼唤着武术研究者！

参考文献

一、中文参考文献

（一）专著

[1] 季羡林 . 季羡林对话集 [M]. 北京：人民日报出版社，2009.

[2] 费孝通 . 乡土中国 [M]. 上海：上海人民出版社，2007.

[3] 张勇 . 乡村振兴战略规划（2018—2022 年）辅导读本 [M]. 北京：中国计划出版社，2019.

[4] 王铭铭 . 人类学讲义稿 [M]. 北京：世界图书出版公司北京公司，2011.

[5] 费孝通 . 江村经济 [M]. 中信出版集团，中信出版社，2019.

[6] 费孝通 . 云南三村 [M]. 社会科学文献出版社，2006.

[7] 林耀华 . 义序的宗族研究 [M]. 北京：生活 · 读书 · 新知三联书店，2000.

[8] 林耀华 . 金翼：中国家族制度的社会学研究 [M]. 北京：生活 · 读书 · 新知三联书店，2000.

[9] 杨懋春 . 一个中国村庄：山东省台头 [M]. 江苏人民出版社，2001.

[10] 田汝康 . 芒市边民的摆 [M]. 重庆：商务印书馆，1946.

[11] 王铭铭 . 村落视野中的文化与权力：闽台三村五论 [M]. 北京：生活 · 读书 · 新知三联书店，1997.

[12] 陆学艺 . 改革中的农村与农民：对大寨、刘庄、华西等 13 个村庄的实证研究 [M]. 北京：中共中央党校出版社，1992.

[13] 曹锦清 . 当代浙北乡村的社会文化变迁 [M]. 上海：上海远东出版社，1995.

[14] 折晓叶 . 村庄的再造——一个“超级村庄”的社会变迁 [M]. 北京：中国社会科学出版社，1997.

[15] 王雅林，张汝立 . 延伸地带：昌五社区研究 [M]. 哈尔滨：黑龙江教育出版社，1999.

[16] 庄孔韶 . 银翅——中国的地方社会与文化变迁 [M]. 北京：生活 · 读书 · 新知三联书店，2000.

[17] 崔春冬.太极圣地：陈家沟[M]. 郑州：中州古籍出版社，2008.
[18] 王铭铭.溪村家族——社区史、仪式与地方政治[M]. 贵阳：贵州人民出版社，2004.
[19] 刘朝晖.超越乡土社会：一个侨乡村落的历史文化与社会结构[M]. 北京：民族出版社，2005.
[20] 张慧卿.乡村民众的利益调整与秩序变迁——以福建漳州岩兜村为个案[M]. 合肥：合肥工业大学出版社，2009.
[21] 丹尼尔·哈里森·葛学溥.华南的乡村生活——广东凤凰村的家族主义社会学研究[M]. 北京：知识产权出版社，2012.
[22] 张振江，朱爱东，罗忱.漳澎传统村落社会研究[M]. 广州：中山大学出版社，2016.
[23] 熊术新，苗民，孙燕.中国云南两个少数民族村落影像民俗志——民俗文化在传播中的意义蜕变[M]. 昆明：云南大学出版社，2006.
[24] 杨宗亮.云南少数民族村落发展研究[M]. 北京：民族出版社，2012.
[25] 庄孔韶，周泓.都城及其边缘[M]. 北京：知识产权出版社，2014.
[26] 马克思，恩格斯.马克思恩格斯全集：第1卷[M]. 北京：人民出版社，1995.
[27] 习近平.之江心语[M]. 杭州：浙江人民出版社，2007.
[28] 邱丕相，蔡仲林.中国武术导论[M]. 北京：高等教育出版社，2010.
[29] 国家体委武术研究院.中国武术史[M]. 北京：人民体育出版社，1997.
[30] 全国体育院校教材委员会.武术理论基础[M]. 北京：人民体育出版社，1997.
[31] 戴国斌.武术：身体的文化[M]. 北京：人民体育出版社，2011.
[32] 王岗.中国武术技术要义[M]. 太原：山西科学技术出版社，2009.
[33] 捷影：走进温县[M]. 郑州：河南美术出版社，2011.
[34] 温县志编纂委员会.温县志[M]. 北京：光明日报出版社，1991.
[35] 中国武术大辞典编辑委员会. 中国武术大辞典[M]. 北京：人民体育出版社，1990.
[36] 中国武术百科全书编撰委员会. 中国武术大百科[M]. 北京：中国大百科全书出版社，1998.
[37] 李珂.集市乡村的再造——一个中国西南村落精英的成长历程[M]. 北京：社会科学文献出版社，2012.
[38] 顾留馨.太极拳术[M]. 上海：上海教育出版社，1982.
[39] 于志钧.中国传统武术史[M]. 北京：中国人民大学出版社，2006.
[40] 杨友维，等.大明屯堡第一屯——鲍家屯[M]. 成都：巴蜀书社，2008.

[41] 山西长子县志编纂委员会．长子县志．[M]．北京：海潮出版社，1998.
[42] 严双军．太极拳 [M]．杭州：浙江人民出版社，2007.
[43] 贵州民族研究所．贵州资料辑录 [M]．贵阳：贵州人民出版社，1983.
[44] 陈正雷．陈式太极拳全书 [M]．北京：人民体育出版社，2009.
[45] 周伟良．中国武术史 [M]．北京：高等教育出版社，2005.
[46] 帅学剑．安顺地戏 [M]．杭州：浙江人民出版社，2008.
[47] 刘文征．滇志 [M]．昆明：云南教育出版社，1991.
[48] 陆韧．变迁与交融：明代云南汉族移民研究 [M]．昆明：云南教育出版社，2001.
[49] 叶长海，张福海．中国戏剧史 [M]．上海：上海古籍出版社，2004.
[50] 田仲一成．中国戏剧史 [M]．布和，译．北京：北京大学出版社，2011.
[51] 王同亿．语言大典 [M]．海口：三环出版社，1990.
[52] 国家体委体育文史工作委员会．中国古代体育史 [M]．北京：北京体育学院出版社，1990.
[53] 安顺市西秀区大西桥镇志编委会．安顺市西秀区大西桥镇志 [M]．贵阳：贵州人民出版社，2006.
[54] 刘定一、宿继光．三晋武术 [M]．北京：人民体育出版社，2010.
[55] 万籁声．武术汇宗 [M]．北京：中国书店出版社，1984.
[56] 侯杰，范丽珠．中国民众宗教意识 [M]．天津：天津人民出版社，1994.
[57] 吕大吉．宗教学通论 [M]．北京：中国社会科学出版社，1989.
[58] 中共中央马克思恩格斯列宁斯大林著作编译局．马克思恩格斯选集：第 4 卷 [M]．北京：人民出版社，1972.
[59] 王岗．中国武术技术要义 [M]．太原：山西科学技术出版社，2009.
[60] 罗红光．人类学 [M]．北京：中国社会科学出版社，2014.
[61] 费孝通．乡土中国生育制度 [M]．北京：北京大学出版社，1998.
[62] 奚从清．现代社会学导论 [M]．第 2 版．杭州：浙江大学出版社，2012.
[63] 董晓萍，万建中．北师大民俗学论丛 [M]．北京：中华书局，2013.
[64] 王宗岳，等．太极拳谱 [M]． 沈寿，点校考译．北京：人民体育出版社，1995.
[65] 夏国忠．社区简论 [M]．上海：上海人民出版社，2004.
[66] 李仲轩口述，徐皓峰．逝去的武林：1934 年的求武纪事 [M]．北京：当代中国出版社，2006.
[67] 胡彬彬，吴灿．中国传统村落文化概论 [M]．北京：中国社会科学出版社，2018.
[68] 克利福德・格尔茨．文化的解释 [M]．韩莉，译．北京：译林出版社，1999.

[69] 古塔，弗格森 . 人类学定位：田野科学的界限与基础 [M]. 骆建建，袁同凯，郭立新，译 . 北京：华夏出版社，2013.

[70] 泰勒 . 人类学 [M]. 连树声，译 . 桂林：广西师范大学出版社，2004.

[71] 约翰 · 赫伊津哈 . 游戏的人 [M]. 多人，译 . 北京：中国美术学院出版社，1996.

[72] 洪长泰 . 到民间去：1918–1937 年的中国知识分子与民间文学运动 [M]. 董晓萍，译 . 上海：上海文艺出版社，1993.

[73] 爱德华 · 霍列特 · 卡尔 .《历史是什么？》[M]. 陈恒，译 . 北京：商务印书馆，2007.

[74] 爱弥尔 · 涂尔干 . 宗教生活的基本形式 [M]. 渠东，译 . 上海：上海人民出版社，1999.

[75] 莫里斯 · 哈布瓦赫 . 论集体记忆 [M]. 毕然，郭金华，译 . 上海：上海人民出版社，2002.

[76] 克莱德 · 克鲁克洪 . 文化与个人 [M]. 高佳，何红，何维凌，译 . 杭州：浙江人民出版社，1986.

（二）报刊类

[1] 焦作日报 [N]. 2009–08–19 (1).

[2] 焦作日报 [N]. 2006–10–09 (1).

[3] 焦作日报 [N]. 2009–07–21 (1).

[4] 河南日报 [N]. 2010–01–13 (2).

[5] 中国旅游报 [N]. 2009–09–14 (13).

（三）期刊文献

[1] 赵旭东 . 书写乡愁中国的新转变——基于人类学文化转型的范式危机及其超越 [J]. 贵州大学学报（社会科学版），2019 (2)：82–94.

[2] 叶芳 . 村落文化范式的转换和创新 [J]. 青海社会科学，2007 (4)：40–44.

[3] 张士闪 . 当代村落民俗志书写中学者与民众的视域融合 [J]. 民俗研究，2019 (1)：14–27.

[4] 胡小明 . 国外体育人类学述评 [J]. 武汉体育学院学报，2006 (4)：1–4.

[5] 聂啸虎，李国玲 . 体育人类学的缘起及其发展 [J]. 成都体育学院学报，2007 (2)：23–27.

[6] 范可 . 体育人类学——何以可能何以可为 [J]. 广州体育学院学报，2020 (1)：1–8.

[7] 谭华 . 体育与人类学 [J]. 成都体育学院学报，1986 (2)：1–5.

[8] 柳伯力 . 体质人类学与体育科学 [J]. 体育与科学，1987 (5)：13–16.

[9] 肖捷明，傅浩坚，刘江南，等 . 中国女子竞技体育跃迁现象的形成机制——体质人类学的研究 [J]. 广州体育学院学报，1991 (1)：1–8.

[10] 张达文，齐家玉 . 对中小学常用非标准体育器械的人类学初步研究 [J]. 华中师范大学

（自然科学版），1993（1）：117–121.
[11] 寒川恒夫 . 体育人类学 [J]. 上海体育学院学报，1990（3）：84–89.
[12] 叶国志，胡小明 . 体育人类学与民族体育的发展 [J]. 成都体育学院学报，1991（1）：17–19.
[13] 龙明莲 . 体育的文化人类学试探 [J]. 黔东南民族师专学报，1998（5）：45–47.
[14] 康天成 . 从文化人类学视角看我国体育理论中的问题——论体育分类与概念 [J]. 浙江体育科学，1995（17）：59–63.
[15] 狐鸣 . 当代中国体育人类学的发展与展望 [J]. 体育文化导刊，2008（1）：17–23.
[16] 谭红春 . 对体育“暴力”的文化人类学解读 [J]. 天津体育学院学报，2009（3）：227–231.
[17] 张新安 . 从体育人类学视角探析危害知识分子健康的人类文化进化因素 [J]. 解放军体育学院学报，2003（1）：14–17.
[18] 张义飞 . 从动物的嬉戏到人类的休闲——体育休闲娱乐足迹的人类学探析 [J]. 体育文化导刊，2006（8）：41–43.
[19] 翁中清 . 体育的使命——浅探人类学视野下体育对个体的人文价值 [J]. 体育文化导刊，2006（11）：20–23.
[20] 林叶微 . 从文化人类学的视角看我国少数民族体育习俗的功能 [J]. 体育科学研究，2007（3）：36–39.
[21] 钟海明 . 西南少数民族传统体育的文化人类学分析 [J]. 黑龙江民族丛刊，2008（3）：146–149.
[22] 杨洪波 . 人类学视野中彝族传统体育的产生与发展 [J]. 科技信息，2009：714.
[23] 许晓容 . 客家民俗体育活动的成因与功能：体育人类学的视野——以舞火龙为例 [J]. 体育与科学，2012（5）：27–29.
[24] 周传志 . 台湾民俗体育“宋江阵”的社会人类学研究 [J]. 体育与科学，2013（2）：99–101.
[25] 陈洛嵩，林伟贤 . 潮汕荡秋千习俗———项体育人类学研究 [J]. 体育科技文献通报，2014（10）：13–14.
[26] 张辉，王斌 . 旅游与传统再造：女儿城民俗体育的人类学视角 [J]. 武汉体育学院学报，2015（1）：15–19.
[27] 李延超 . 人类学视野中民族体育的文化变迁及其社会动因 [J]. 山东体育科技文献通报，2013（5）：1–3.
[28] 李善峰 .20 世纪的中国村落研究——一个以著作为线索的讨论 [J]. 民俗研究，2004

（3）：32–33.

［29］吴莲花，郭学松 . 走向共生：乡土仪式体育的生存性智慧——福建乌坑村“打黑狮”运动的人类学考察［J］. 山东体育学院学报，2017（3）：74–78.

［30］蒋东升，唐元超，李利，等 . 民族传统体育历史演变路径及启示——基于国家级非物质文化遗产瑶族金锣舞的体育人类学调查［J］. 贵州民族研究，2019（10）：123–127.

［31］汪雄，邓星华 . 神圣与世俗的通约：原生态体育发展的人类学考察——基于慕善村花腰彝“女子舞龙”活动的田野调查［J］. 体育学刊，2018（1）：46–51.

［32］孙群群，白晋湘，张小林，等 . 工具的认同抑或隔离：中外民俗体育性别参与的文化人类学研究——西班牙斗牛舞与水族斗角舞的田野考察［J］. 中国学校体育，2018（11）：69–75.

［33］涂传飞 . 社会再生产机制：对民俗体育历史作用的人类学阐释——来自一个村落舞龙活动的民族志报告［J］. 天津体育学院学报，2011（1）：19–23.

［34］杨海晨，王斌，沈柳红，等 . 论体育人类学研究范式中的田野调查关系［J］. 体育科学，2012（32）：81–87.

［35］谭广鑫，任占兵 . 人类学在民族传统体育研究中的应用［J］. 北京体育大学学报，2017（11）：133–139.

［36］胡小明 . 人类学与体育研究［J］. 体育学刊，1998（4）：42–47.

［37］胡小明 . 体育人类学的兴起［J］. 体育学刊，1999（1）：54–57.

［38］胡小明 . 体育人类学进展［J］. 北京体育大学学报，2004（3）：289–293.

［39］胡小明 . 人类学的历程与体育研究［J］. 体育学刊，2013（3）：7–14.

［40］谭广鑫 . 当前民族传统体育研究困境——兼议引入体育人类学的必要性［J］. 体育科研，2016（1）：57–60.

［41］倪依克，王钧 . 体育人类学在体育学科体系中的定位［J］. 广州体育学院学报，2019：1–5.

［42］王广虎，贺鑫森，王岗 . 文献综述的归类划分与特征辨析——体育学硕士研究生能力培养和学术规范的反思［J］. 成都体育学院学报，2015（6）：1–8.

［43］黄仲怀 .20 世纪中国村落研究综述［J］. 华东师范大学学报（哲学社会科学版），2005（2）：110–116.

［44］徐杰舜 . 乡土人类学研究回顾（上）［J］. 湖北民族学院学报（哲学社会科学版），2007（6）：15.

［45］周大鸣．凤凰村的追踪研究［J］．广西民族学院学报（哲学社会科学版），2004（1）：33–38.

［46］许斌．复兴：20 世纪 80 年代以来的中国村落社区研究［J］．北京科技大学学报（社会科学版），2009（3）：1.

［47］徐杰舜．乡土人类学研究回顾（下）［J］．湖北民族学院学报（哲学社会科学版），2008（1）：28.

［48］赵旭东．习俗、权威与纠纷解决的场域——河北一村落的法律人类学考察［J］社会学研究，2001（2）：74–84.

［49］马成俊．百年诉讼：村落水利资源的竞争与权力——对家藏村落文书的历史人类学研究之一［J］．西北民族研究，2009（2）：80–88.

［50］巴战龙．“本土教育”：教育人类学研究主题的拓展——评村落中的本土教育［J］．湖南师范大学教育科学学报，2010（6）：27–29.

［51］余达忠．侗族村落环境的文化认同——生态人类学视角的考察［J］．北京林业大学学报（社会科学版），2010（3）：48–53.

［52］熊迅．理解村落社会：视觉人类学的实践［J］．广西民族大学学报（哲学社会科学版），2011（3）：39–43.

［53］苏斐然．基督教信仰对村落社会生活的影响——基于一个滇中苗村基督教信仰生活的人类学研究［J］．云南民族大学学报（哲学社会科学版），2015（3）：32–37.

［54］李姝睿．村落仪式的象征意义研究——人类学视野中的纳家措哇［J］．青海民族研究，2014（1）：42–45.

［55］周大鸣．“凤凰村”与“江村”之比较及其对人类学村落研究的贡献［J］．社会学评论，2018（3）：3–11.

［56］区锦联，刘娑．村落边界、移居者与共同体的重塑——对广东新兴县水湄村的人类学考察［J］．北方民族大学学报（哲学社会科学版），2019（6）：77–83.

［57］张继焦．中国人类学民族学的最新趋势：走出村落，以老字号为抓手，走向现代化［J］．青海民族研究，2017（2）：39–44.

［58］张士闪．当代村落民俗志书写中学者与民众的视域融合［J］．民俗研究，2019（1）：15.

［59］罗湘林．对一个村落体育的考察与分析［J］．体育科学，2006（4）：86–95.

［60］罗湘林．村落体育研究——以一个自然村落为个案［D］．北京：北京体育大学，2005.

［61］涂传飞．近 10 年中国民俗体育文化研究述评［J］．体育科学，2019（8）：50–60.

［62］卢文云．社会资本视阈下的村落体育公共服务供给策略［J］．体育与科学，2016（2）：55–65.

［63］周家金，孙庆彬．人类学视野下民族传统体育价值观的调查整理方法——以壮、侗、苗、瑶等的村落体育项目为例［J］．沈阳体育学院学报，2016（2）：128–134.

［64］冉婷，郑国华．基于游戏理论视角下村落体育精神研究［J］．北京体育大学学报，2015（8）：29–35.

［65］孙风林．村落体育的社会生态学分析——以河北沧州郭村为例［J］．体育科学，2013（3）：19–27.

［66］郭修金，虞重干．村落体育的主要特征与社会功能探析——山东临沂沈泉庄的实地研究［J］．广州体育学院学报 2007（3）：33–36.

［67］王建伟．新农村建设背景下村落体育文化的功能、变迁及定位［J］．首都体育学院学报，2014（1）：31–34.

［68］唐远金，周家金，张强，等．村落体育文化的教育价值及构建［J］．体育文化导刊，2019（7）：44–48.

［69］周家金，孙庆彬，朱波涌．少数民族村落体育组织的运作方式与运作动力［J］．沈阳体育学院学报，2019（5）：132–138.

［70］白晋湘．乡村振兴战略背景下村落体育非物质文化遗产保护的治理研究［J］．北京体育大学学报，2018（10）：1–7.

［71］卢文云．统筹城乡发展中促进村落体育公共服务发展的策略研究［J］．北京体育大学学报，2018（2）：17–24.

［72］孙庆彬，王艳梅．政府、民间和学界在村落体育保护传承中的角色定位［J］．广西师范大学学报（哲学社会科学版），2014（2）：73–76.

［73］汪如锋．文化生态困境中土家族村落传统体育的保护与传承［J］．南京体育学院学报，2010（4）：40–43.

［74］石冰．新农村体育文化建设的路径选择［J］．郑州大学学报（哲学社会科学版），2009（5）：51–53.

［75］郭琼珠．社会转型期村落传统体育的生存、保护与发展［J］．厦门大学学报（哲学社会科学版），2008（2）：122–128.

［76］王明建．村落武术的变迁及启示：对一个村落武术活动的文化人类学考察与分析［J］．首都体育学院学报，2012（5）：402–405.

[77] 王明建 . 拳种与村落：武术人类学研究的实践空间 [J]. 成都体育学院学报，2016（1）：51–54.
[78] 李辉，王艳梅 . 村落武术助力武陵山片区乡村振兴的路径研究 [J]. 广州体育学院学报，2019（5）：73–76.
[79] 宋相川 . 文化生态学视角下的村落武术研究——以一个地域村落为例 [J]. 体育世界（学术），2018（10）：87–88.
[80] 宿继光，李金龙 . 对一个村落武术变迁的民俗学阐释——以“鲍家武术”为例 [J]. 搏击（体育论坛），2013（5）：1–2.
[81] 郭学松，方千华，陈上越 . 一个少数民族村落传统武术人口变迁的考察 [J]. 武汉体育学院学报，2015（12）：49–56.
[82] 周惠新，杨志华，谭腾飞 . 武陵山片区村落武术的保护与传承研究 [J]. 哈尔滨体育学院学报，2018（6）：59–63.
[83] 魏烨 . 口述史：孙庄武术的兴起与衰落 [J]. 体育文化导刊，2015（2）：169–172.
[84] 陈奇，杨海晨，沈柳红 . 一项民族传统体育的文化人类学研究——广西南丹拉者村“斗牛斗”运动的田野报告 [J]. 体育科学，2013（33）：30–37.
[85] 刘华荣 . 儒家教化思想研究 [D]. 兰州：兰州大学，2014.
[86] 王岗 . 武术发展中的“文化围城”现象审视 [J]. 北京体育大学学报，2005（10）：1328–1331.
[87] 陈伯君 . 修身：中国文化的人生价值取向 [J]. 中华文化论坛，2020（2）：29–32.
[88] 朱君 . 浅析武术概念的确定 [J]. 湖北体育科技，2001（3）：14–15.
[89] 刘勤 . 农民外出务工的逻辑与农地制度调适 [J]. 兰州学刊，2012（5）：216–218.
[90] 常慧，陈士俊，高忠科 . 缩小新农村建设中贫富差距的系统分析 [J]. 西安电子科技大学学报（社会科学版），2007（5）：83.
[91] 骆婧 . 泪光中的狂欢：丧仪与戏剧探究 [J]. 民族艺术，2012（3）：52.
[92] 龚双安，闵阳 . 试论中国武术与戏曲的融汇作用 [J]. 西安体育学院学报，1991（1）：83.
[93] 闰黎 . 论布迪厄社会学理论的反思性 [J]. 学习与探索，2000（1）：96.
[94] 陶立演，进燔 . 傩文化刍议 [C] // 载傩文化论文选 . 贵阳：贵州民族出版社，1987：15.
[95] 侯芬芬 . 晋商对山西武术发展的影响 [D]. 兰州：西北师范大学，2009.
[96] 蔡丰明 . 城市庙会：人性本质的释放与张扬 [J]. 学术月刊，2011（6）：94.
[97] 徐勇 . 祖赋人权：源于血缘理性的本体建构原则 [J]. 中国社会科学，2018（1）：114–135.

［98］戴国斌．中国武术传播三题：文化史视角［J］．上海体育学院学报，2016（3）：51–61.

［99］李宏伟，王晓峰．地缘村落的人情“内卷化”——基于冀北H村的田野调查［J］．内蒙古社会科学（汉文版），2012（4）：133.

［100］韩晓明，胡晓飞．城市化进程中传统武术文化传承的困境及对策［J］．体育文化导刊，2019（2）：60.

［101］阎彬，马学智．乡土武术传承实践的历程反思及其现代化转型的路径探索［J］北京体育大学学报，2018（11）：130–138.

［102］向丹．新型城镇化建设背景下湖湘古村镇民俗文化主体研究——基于衡南县省级非遗项目“七巧龙”的田野调查［J］．产业经济，2019（11）：209–213.

［103］梁茜．乡村文化生态价值的现代性境遇与重建［J］．广西民族大学学报（哲学社会科学版），2014（3）：62.

［104］董天策．新媒体与文化生态的重构［J］．西南民族大学学报，2018（1）：146.

［105］覃杏花．我国农村社区建设缺陷及其完善路径［J］．江西社会科学，2014（4）：194.

［106］王玉德．试论湖北的生态环境与武术——地缘武术学的视野［J］．武汉体育学院学报，2010（11）：62–65.

［107］方李莉．血缘、地缘、业缘的集合体——清末民初景德镇陶瓷行业的社会组织模式［J］．南京艺术学院学报，2011（1）：14–25.

［108］朱静辉．学术语境与政策行为：“农村社区”的表达与实践困境［J］．社会学评论，2016（2）：69.

［109］高世楫，李佐军．建设生态文明推进绿色发展［J］．中国社会科学，2018（9）：65.

［110］张忠杰，龙宇晓，张宝根．中国少数民族武术研究的回顾与展望［J］．中国体育科技，2016（2）：3–11.

［111］王富伟．个案研究的意义和限度——基于知识的增长［J］．社会学研究，2012（5）：1–22.

附　录

一、陈家沟武术学校教学的主要内容

（一）陈式太极缠丝功

①无极桩　②正面单手缠丝　③侧面单手缠丝　④正面上下缠丝　⑤正面里外缠丝　⑥正面里外侧面缠丝　⑦正面里外上下缠丝　⑧正面双手缠丝　⑨正面双手上下缠丝　⑩正面双手开合缠丝　⑪斜步上下缠丝　⑫斜步双手缠丝　⑬斜步左右缠丝　⑭前后缠丝　⑮大小缠丝

单腿缠丝：①开合缠丝　②上下缠丝　③上步缠丝　④倒步缠丝　⑤拗步缠丝　⑥定步缠丝

（二）陈式太极拳十九势

①预备势　②金刚出庙　③懒扎衣　④上步斜行　⑤上三步　⑥左掩手肱拳　⑦双推手　⑧倒卷肱　⑨闪通背　⑩右掩手肱拳　⑪六封四闭　⑫运手　⑬高探马　⑭右蹬一跟　⑮左蹬一跟　⑯野马分鬃　⑰玉女穿梭　⑱金刚捣碓　⑲收势

（三）陈式太极拳三十八势

①预备势　②金刚捣碓　③启鹤亮翅　④上三步　⑤斜行　⑥搂膝　⑦前蹚拗步　⑧掩手肱拳　⑨撇身捶　⑩双推手　⑪三换掌　⑫肘底捶　⑬倒卷肱　⑭退步压肘　⑮白蛇吐信　⑯闪通背　⑰前蹚拗步　⑱青龙出水　⑲击地捶　⑳二起脚　㉑护心拳　㉒前招　㉓后招　㉔右蹬一跟　㉕左蹬一跟　㉖玉女

穿梭 ㉗懒扎衣 ㉘六封四闭 ㉙单鞭 ㉚雀地龙 ㉛上步七星 ㉜小擒打 ㉝运手 ㉞高探马 ㉟双摆莲 ㊱当头炮 ㊲金刚捣碓 ㊳收势

（四）陈式太极拳老架一路

①预备势 ②金刚捣碓 ③懒扎衣 ④六封四闭 ⑤单鞭 ⑥金刚捣碓 ⑦白鹤亮翅 ⑧斜行 ⑨搂膝 ⑩上三步 ⑪斜行 ⑫搂膝 ⑬上三步 ⑭掩手肱拳 ⑮金刚捣碓 ⑯撇身捶 ⑰青龙出水 ⑱双推手 ⑲肘底看拳 ⑳倒卷肱 ㉑白鹤亮翅 ㉒斜行 ㉓闪通背 ㉔掩手肱拳 ㉕六封四闭 ㉖单鞭 ㉗运手 ㉘高探马 ㉙右擦脚 ㉚左擦脚 ㉛左蹬一跟 ㉜上三步 ㉝神仙一把抓 ㉞踢二起 ㉟护心拳 ㊱旋风脚 ㊲右蹬一跟 ㊳掩手肱拳 ㊴小擒打 ㊵抱头推山 ㊶六封四闭 ㊷单鞭 ㊸前招 ㊹后招 ㊺野马分鬃 ㊻六封四闭 ㊼单鞭 ㊽玉女穿梭 ㊾懒扎衣 ㊿六封四闭 51单鞭 52运手 53双摆莲 54跌岔 55金鸡独立 56倒卷肱 57白鹤亮翅 58斜行 59闪通背 60掩手肱拳 61六封四闭 62单鞭 63运手 64高探马 65十字脚 66指裆捶 67猿猴献果 68单鞭 69雀地龙 70上步七星 71下步跨肱 72双摆莲 73当头炮 74金刚捣碓 75收势

（五）陈式太极拳老架二路

①预备势 ②起势 ③金刚捣碓 ④懒扎衣 ⑤六封四闭 ⑥单鞭 ⑦翻花舞袖 ⑧护心拳 ⑨斜行 ⑩回头金刚捣碓 ⑪撇身捶 ⑫指裆 ⑬斩手 ⑭翻花舞袖 ⑮掩手肱拳 ⑯腰拦肘 ⑰大肱拳小肱拳 ⑱玉女穿梭 ⑲倒骑龙 ⑳掩手肱拳 ㉑裹鞭 ㉒兽头式 ㉓披架子 ㉔翻花舞袖 ㉕掩手肱拳 ㉖伏虎 ㉗抹眉肱 ㉘黄龙三搅水 ㉙左冲 ㉚右冲 ㉛掩手肱拳 ㉜扫堂腿 ㉝掩手肱拳 ㉞全炮捶 ㉟掩手肱拳 ㊱捣叉 ㊲左二肱右二肱 ㊳回头当门炮 ㊴窝底大捉炮 ㊵腰拦肘 ㊶顺拦肘 ㊷窝底炮 ㊸左右三法 ㊹回头井拦直入 ㊺金刚捣碓 ㊻收势

（六）陈式太极拳新架一路

①预备势 ②金刚捣碓 ③懒扎衣 ④六封四闭 ⑤单鞭 ⑥金刚捣碓 ⑦白鹤亮翅 ⑧斜行拗步 ⑨初收 ⑩前蹚拗步 ⑪斜行拗步 ⑫再收 ⑬前

蹚拗步 ⑭掩手肱捶 ⑮金刚捣碓 ⑯披身捶 ⑰背折靠 ⑱青龙出水 ⑲双推手 ⑳三换掌 ㉑肘底捶 ㉒倒卷肱 ㉓退步压肘 ㉔中盘 ㉕白鹤亮翅 ㉖斜行拗步 ㉗闪通背 ㉘掩手肱捶 ㉙六封四闭 ㉚单鞭 ㉛运手 ㉜高探马 ㉝右擦脚 ㉞左擦脚 ㉟蹬一跟 ㊱前蹚拗步 ㊲击地捶 ㊳翻身二起脚 ㊴兽头势 ㊵旋风脚 ㊶蹬一跟 ㊷掩手肱捶 ㊸小擒打 ㊹抱头推山 ㊺三换掌 ㊻六封四闭 ㊼单鞭 ㊽前招 ㊾后招 ㊿野马分鬃 51六封四闭 52单鞭 53双震脚 54玉女穿梭 55懒扎衣 56六封四闭 57单鞭 58运手 59摆脚跌岔 60左右金鸡独立 61倒卷肱 62退步压肘 63中盘 64白鹤亮翅 65斜行拗步 66闪通背 67掩手肱捶 68六封四闭 69单鞭 70运手 71高探马 72十字摆莲 73指裆捶 74白猿献果 75六封四闭 76单鞭 77雀地龙 78上步七星 79退步跨虎 80转身双摆莲 81当头炮 82金刚捣碓 83收势

（七）陈式太极拳新架二路

①预备势 ②金刚捣碓 ③懒扎衣 ④六封四闭 ⑤单鞭 ⑥搬拦肘 ⑦护心捶 ⑧凤凰展翅 ⑨拗步斜行 ⑩叉腰压肘 ⑪风扫梅花 ⑫金刚捣碓 ⑬披身捶 ⑭背折靠 ⑮七寸靠 ⑯指裆捶 ⑰斩手炮 ⑱翻花舞袖 ⑲掩手肱捶 ⑳跃步拗鸾肘 ㉑运手 ㉒左转肱掌 ㉓运手 ㉔高探马 ㉕双拿双分 ㉖连珠炮 ㉗倒骑麟 ㉘白蛇吐信 ㉙闪通背 ㉚掩手肱捶 ㉛转身六合 ㉜左裹鞭炮 ㉝右裹鞭炮 ㉞兽头势 ㉟迎门铁扇 ㊱劈架子 ㊲翻花舞袖 ㊳掩手肱捶 ㊴伏虎 ㊵抹眉肱 ㊶饿虎跳涧 ㊷左黄龙三搅水 ㊸右黄龙三搅水 ㊹左蹬一跟 ㊺右蹬一跟 ㊻海底翻花 ㊼掩手肱捶 ㊽穿心炮 ㊾转胫炮 ㊿掩手肱捶 51左冲 52右冲 53海底翻花 54掩手肱捶 55倒插花 56夺二肱 57连环炮 58玉女穿梭 59四头当门炮 60玉女穿梭 61四头当门炮 62撇身捶 63腰拦肘 64顺拦肘 65穿心肘 66窝里炮 67井拦直入 68风扫梅花 69金刚捣碓 70收势

（八）陈式太极拳国家竞赛套路

①起势 ②右金刚捣碓 ③懒扎衣 ④六封四闭 ⑤右单鞭 ⑥搬拦捶 ⑦护心拳 ⑧白鹤亮翅 ⑨斜行拗步 ⑩提收 ⑪前趟 ⑫右掩手肱拳 ⑬披

身捶 ⑭背折靠 ⑮青龙出水 ⑯斩手 ⑰翻花舞袖 ⑱海底翻花 ⑲左掩手肱拳 ⑳左六封四闭 ㉑左单鞭 ㉒右运手 ㉓左运手 ㉔高探马 ㉕右连珠炮 ㉖左连珠炮 ㉗闪通背 ㉘指裆捶 ㉙白猿献果 ㉚双推手 ㉛中盘 ㉜前招 ㉝后招 ㉞右野马分鬃 ㉟左野马分鬃 ㊱摆莲跌岔 ㊲左右金鸡独立 ㊳倒卷肱 ㊴退步压肘 ㊵擦脚 ㊶蹬一跟 ㊷海底翻花 ㊸击地捶 ㊹翻身二起脚 ㊺双震脚 ㊻蹬腿 ㊼玉女穿梭 ㊽顺鸾肘 ㊾裹鞭炮 ㊿雀地龙 51上步七星 52退步胯虎 53转身摆莲 54当头炮 55金刚捣碓 56收势

（九）陈式太极拳大架一路

①预备势 ②金刚出庙 ③六封四闭 ④三换掌 ⑤单鞭 ⑥转身合手 ⑦白鹤亮翅 ⑧斜形 ⑨初收 ⑩前蹚步 ⑪上步钩手 ⑫神仙一把抓 ⑬拦门捶 ⑭护心拳 ⑮十字脚 ⑯单腿托日月 ⑰前后招 ⑱缠丝手 ⑲云步合手 ⑳收势

（十）陈式太极拳大架二路

①预备势 ②金刚捣碓 ③单鞭 ④雀地龙 ⑤上步捣叉 ⑥左右三法 ⑦裹鞭炮 ⑧兽头势 ⑨劈手翻捶 ⑩掩手肱拳 ⑪十字手 ⑫伏虎势 ⑬立门肘 ⑭单腿展翅 ⑮转腰穿掌 ⑯迎面斩身炮 ⑰弹腿当门炮 ⑱扫堂腿 ⑲上步推掌 ⑳收势

（十一）陈式太极拳小架一路

①起势 ②金刚捣碓 ③懒扎衣 ④六封四闭 ⑤单鞭 ⑥金刚捣碓 ⑦白鹤亮翅 ⑧搂膝拗步 ⑨初收 ⑩斜行拗步 ⑪再收 ⑫前蹚拗步 ⑬掩手肱拳 ⑭金刚捣碓 ⑮披身捶 ⑯背折靠 ⑰肘底看拳 ⑱倒卷肱 ⑲白鹤亮翅 ⑳搂膝拗步 ㉑闪通背 ㉒掩手肱拳 ㉓懒扎衣 ㉔六封四闭 ㉕单鞭 ㉖左右云手 ㉗高探马 ㉘右插脚 ㉙左插脚 ㉚中单鞭 ㉛下掩手 ㉜二起脚 ㉝兽头势 ㉞踢左一脚 ㉟蹬右一脚 ㊱掩手捶 ㊲小擒打 ㊳抱头推山 ㊴六封四闭 ㊵单鞭 ㊶前招 ㊷后招 ㊸野马分鬃 ㊹六封四闭 ㊺单鞭 ㊻玉女穿梭 ㊼懒扎衣 ㊽六封四闭 ㊾单鞭 ㊿左

右云手 ㉛摆脚 ㉜跌岔 ㉝金鸡独立 ㉞朝天蹬 ㉟倒卷肱 ㊱白鹤亮翅 ㊲搂膝拗步 ㊳闪通背 ㊴掩手捶 ㊵懒扎衣 ㊶六封四闭 ㊷单鞭 ㊸左右云手 ㊹高探马 ㊺十字脚 ㊻指裆捶 ㊼青龙出水 ㊽六封四闭 ㊾单鞭 ㊿铺地锦 (71)上步七星 (72)下步胯虎 (73)当头炮 (74)金刚捣碓 (75)收势

（十二）陈式太极拳小架二路

①金刚捣碓 ②懒扎衣 ③单鞭 ④护心拳 ⑤前蹬拗步 ⑥回头庇身 ⑦指裆捶 ⑧斩手炮 ⑨翻花 ⑩舞袖 ⑪墒手肱拳 ⑫拗拦肘 ⑬大肱拳 ⑭小肱拳 ⑮玉女穿梭 ⑯倒骑龙 ⑰连环炮 ⑱掩手肱拳 ⑲左右裹鞭炮 ⑳兽头势 ㉑劈架子 ㉒掩手肱拳 ㉓伏虎势 ㉔抹眉肱 ㉕左右黄龙三搅水 ㉖前冲 ㉗后冲 ㉘掩手肱拳 ㉙上步转胫炮 ㉚掩手肱拳 ㉛全炮捶 ㉜掩手肱拳 ㉝上步捣叉 ㉞左右二肱 ㉟抹眉肱 ㊱上步当头炮 ㊲变势大捉炮 ㊳斩手炮 ㊴顺拦肘 ㊵窝底炮 ㊶井拦直入 ㊷金刚捣碓

（十三）陈式太极三十六势单剑

①太极剑初势 ②拦门剑 ③朝阳剑 ④肘底藏花 ⑤仙人指路 ⑥青龙出水 ⑦护膝剑 ⑧海底捞月 ⑨金鸡展翅 ⑩倒卷肱 ⑪虎抱头 ⑫野马跳涧 ⑬白蛇吐信 ⑭二龙戏珠 ⑮坐身勒马 ⑯钟馗仗剑 ⑰罗汉降龙 ⑱金蜂点芯 ⑲灵猫扑鼠 ⑳顺水推舟 ㉑鹰熊斗智 ㉒燕子啄泥 ㉓金鸡独立 ㉔犀牛望月 ㉕劲风偃草 ㉖斜飞 ㉗左右托千斤 ㉘左右截腕 ㉙横扫千军 ㉚金针倒挂 ㉛猿猴缩身 ㉜落花势 ㉝哪吒之探海 ㉞黄蜂入洞 ㉟交剑摆莲 ㊱收势

（十四）陈式太极四十九势单剑

①单剑起势 ②朝阳剑 ③仙人指路 ④青龙出水 ⑤护膝剑 ⑥闭门势 ⑦青龙出水 ⑧翻身下劈剑 ⑨青龙转身 ⑩斜飞 ⑪展翅点头 ⑫拔草寻蛇 ⑬金鸡独立 ⑭仙人指路 ⑮盖拦势 ⑯古树盘根 ⑰饿虎扑食 ⑱青龙摆尾 ⑲倒卷肱 ⑳野马跳涧 ㉑白蛇吐信 ㉒乌龙摆尾 ㉓钟馗仗剑 ㉔罗汉降龙 ㉕黑熊翻背 ㉖燕子啄泥 ㉗白蛇吐信 ㉘斜飞 ㉙鹰熊斗智 ㉚燕子啄泥 ㉛摘星换斗 ㉜海底捞月 ㉝仙人指路 ㉞凤凰点头

㉟ 燕子啄泥 ㊱ 白蛇吐信 ㊲ 斜飞 ㊳ 左托千斤 ㊴ 右托千斤 ㊵ 燕子啄泥 ㊶ 白猿献果 ㊷ 落花流水 ㊸ 上下斜刺 ㊹ 斜飞 ㊺ 哪吒探海 ㊻ 怪蟒翻身 ㊼ 韦驮献杵 ㊽ 磨盘剑 ㊾ 太极剑还原

（十五）陈式太极五十四势单剑

① 陈氏太极单剑起氏 ② 朝阳剑 ③ 仙人指路 ④ 肘底藏花 ⑤ 魁星势 ⑥ 哪吒探海 ⑦ 青龙出水 ⑧ 护膝剑 ⑨ 闭门势 ⑩ 青龙出水 ⑪ 翻身下劈剑 ⑫ 青龙转身 ⑬ 斜飞氏 ⑭ 展翅点头 ⑮ 拔草寻蛇 ⑯ 金鸡独立 ⑰ 哪吒探海 ⑱ 盖拦势 ⑲ 古树盘跟 ⑳ 饿虎扑食 ㉑ 青龙摆尾 ㉒ 倒卷肱 ㉓ 野马跳剑 ㉔ 白蛇吐信 ㉕ 乌龙摆尾 ㉖ 钟馗仗剑 ㉗ 罗汉降龙 ㉘ 黑熊翻背 ㉙ 燕子啄泥 ㉚ 摘星换斗 ㉛ 鹰熊斗智 ㉜ 燕子啄泥 ㉝ 灵猫扑鼠 ㉞ 金鸡抖翎 ㉟ 海底捞月 ㊱ 哪吒探海 ㊲ 犀牛望月 ㊳ 劲风偃草 ㊴ 斜飞氏 ㊵ 左托千斤 ㊶ 右托千斤 ㊷ 左右截腕 ㊸ 横扫千军 ㊹ 金针倒挂 ㊺ 白猿献果 ㊻ 落花势 ㊼ 上下斜刺 ㊽ 斜飞势 ㊾ 哪吒探海 ㊿ 鹞子翻身 51 韦驮献杵 52 磨盘剑 53 金针指南 54 陈氏太极单剑还原

（十六）陈式太极双剑

① 预备势 ② 起势 ③ 落花流水朝阳剑 ④ 转身望月 ⑤ 夜叉探海 ⑥ 黑熊翻背朝阳剑 ⑦ 转身凤凰双展翅 ⑧ 上三剑 ⑨ 古树盘根 ⑩ 日套三环 ⑪ 黑熊翻背朝阳剑 ⑫ 左罗汉降龙 ⑬ 右罗汉降龙 ⑭ 转身蝴蝶戏水 ⑮ 黑熊翻背朝阳剑 ⑯ 左罗汉降龙 ⑰ 右罗汉降龙 ⑱ 转身十郎担山虎 ⑲ 黑熊翻背朝阳剑 ⑳ 钟馗仗剑 ㉑ 古树盘根 ㉒ 翻身下劈剑 ㉓ 黑熊翻背朝阳剑 ㉔ 右翻身下劈剑 ㉕ 左翻身下劈剑 ㉖ 转身朝阳剑 ㉗ 左右磨盘剑 ㉘ 霸王举鼎 ㉙ 护膝剑 ㉚ 白蛇吐信 ㉛ 左凤凰双层翅 ㉜ 右凤凰双层 ㉝ 转身朝阳剑 ㉞ 连环刺虎 ㉟ 左右双舞剑 ㊱ 左盘龙剑 ㊲ 右卧虎剑 ㊳ 狮子滚绣球 ㊴ 拨云望日 ㊵ 怀中揽月 ㊶ 双剑还原

（十七）陈式太极春秋大刀

① 关公提刀上大霸桥 ② 白云盖顶称英豪 ③ 举刀磨旗怀抱月 ④ 上三刀口下杀许褚 ⑤ 下三刀惊退曹操 ⑥ 白猿拖刀往上砍 ⑦ 全舞花 ⑧ 一棚虎就

地飞来 ⑨分鬃刀难摭难挡 ⑩转身一刀往上砍 ⑪十字刀劈砍胸怀 ⑫磨腰刀回头盘根 ⑬舞花撒手往上砍 ⑭举刀磨旗怀抱月 ⑮舞花撒手往下砍 ⑯落在怀中又抱月 ⑰全舞花刷刀翻身砍 ⑱刺回一举挑人魂 ⑲舞花往左定下势 ⑳白云盖顶又转回 ㉑右插花翻身砍 ㉒再举青龙看死人 ㉓舞花向右定下势 ㉔白云盖顶又转回 ㉕接酒挑袍猛回头 ㉖花刀转下铜判竿 ㉗舞花双脚谁敢阻 ㉘花刀转下铁门栓 ㉙卷帘倒退难遮闭 ㉚十字一刀忙举起 ㉛转身再举龙探水 ㉜收势

（十八）陈式太极二十四势枪

①起势夜叉探海 ②中平枪 ③上平枪 ④平枪 ⑤青龙献果 ⑥边拦枪 ⑦黄龙点杆 ⑧裙拦枪 ⑨朗天枪 ⑩铁牛耕地 ⑪滴水枪 ⑫骑龙枪 ⑬猿猴拖枪 ⑭抱琵琶 ⑮灵猫捉鼠 ⑯泰山压顶 ⑰美女纫针 ⑱苍龙摆尾 ⑲刺闯鸿门 ⑳六封枪 ㉑护膝枪 ㉒鹞子扑鹌鹑 ㉓姜太公钓鱼 ㉔回马枪收势

（十九）陈式太极梨花枪夹白猿棍

①预备势 ②夜叉探海 ③全舞花 ④中平枪 ⑤急三枪 ⑥刺上平枪 ⑦卸下来珍珠倒卷帘 ⑧下平枪 ⑨掂腿搂一枪 ⑩扎青龙献果 ⑪上步戳一枪 ⑫扫地刺边拦枪 ⑬往前打两枪 ⑭黄龙点杆 ⑮挑一枪 ⑯扫一枪 ⑰半个舞花 ⑱摇裙拦枪 ⑲回头半个舞花 ⑳手按地蛇枪 ㉑崩一枪 ㉒刷一枪 ㉓掩两枪 ㉔左摇旗一扫朝天枪 ㉕右摇旗一扫铁牛耕地 ㉖回头半个舞花 ㉗下滴水枪 ㉘掩两枪 ㉙上骑龙枪 ㉚上一步拨草寻蛇 ㉛下一步白猿拖枪 ㉜回头乌龙入洞 ㉝崩一枪 ㉞横扫两枪 ㉟掂回一枪抱琵琶势 ㊱回头半个舞花 ㊲灵猫扑鼠 ㊳转身卸下刺一枪 ㊴左扑一枪 ㊵右扑一枪 ㊶回头蹬踢一跟子 ㊷单手出枪 ㊸全舞花 ㊹二郎担山 ㊺横扫一枪 ㊻半个舞花 ㊼六封枪 ㊽半个舞花 ㊾鹞子扑鹌鹑 ㊿崩一枪 51转身旋腿挑一跟子 52扎一枪 53全舞花 54二郎担山 55横扫一枪 56半个舞花 57美女纫针 58玉女穿梭 59刺闯鸿门 60泰山压顶 61半个舞花 62护膝枪 63掩两枪 64苍龙摆尾 65右侧前挡枪 66左侧前挡枪 67扫一枪 68崩一枪 69半个舞花 70姜太公钓鱼 71回马枪 72收势

（二十）陈式太极球

①起势 ②太极推磨 ③单手托日月 ④天地乾坤 ⑤倒转阴阳 ⑥阴阳在手 ⑦旋转乾坤 ⑧龙凤天地 ⑨收势

（二十一）陈式太极双锏

①起势 ②兽头锏 ③左右搅项锏 ④乾坤锏 ⑤美女纫针锏 ⑥凤矜背锏 ⑦盘龙锏 ⑧舞花锏 ⑨金鸡锏 ⑩弹腿转身压双锏 ⑪伏虎锏 ⑫雄鹰展翅锏 ⑬罗汉降龙锏 ⑭左右十字锏 ⑮地趟锏 ⑯转身腾空翻身锏 ⑰四方舞花锏 ⑱仆步枷锏 ⑲收势

（二十二）陈式太极齐眉棍

①起势 ②盘腿背山 ③棍扫中原 ④泰山压顶 ⑤反手棍 ⑥猿猴缩身 ⑦横扫千军 ⑧开山劈地 ⑨缠手架棍 ⑩转腰戳棍 ⑪顶天立地 ⑫齐眉腿 ⑬秋风扫落叶 ⑭收势

（二十三）陈式太极梢棍

①预备势 ②梢杆起势 ③梢花 ④天地梢 ⑤退步压梢 ⑥翻身梢 ⑦侧缠梢 ⑧梢棍定势 ⑨上旋梢 ⑩中原一点红 ⑪侧踢梢 ⑫鲤鱼打挺 ⑬退步定梢 ⑭收势

（二十四）陈式太极梢杆

①起势 ②梢舞花 ③侧旋梢 ④雀梢 ⑤右缠 ⑥摔踢梢 ⑦翻地梢 ⑧盘步梢 ⑨缠步定梢 ⑩展翊梢 ⑪吐缠梢 ⑫连环三梢 ⑬翻天梢 ⑭惊天两梢 ⑮定步梢 ⑯旋转梢 ⑰梢棒归一

（二十五）陈式太极推手五种对练方法

①单手推手 ②双手推手 ③活步推手 ④大捋推手 ⑤花脚步推手

（二十六）陈氏太极单刀

①预备势 ②单刀起势 ③护心刀 ④青龙出水 ⑤风卷残花 ⑥白云盖顶 ⑦黑虎搜山 ⑧苏秦背剑 ⑨金鸡独立 ⑩迎风滚避 ⑪腰斩白蛇 ⑫日套三环 ⑬拔云望日 ⑭左拔草寻蛇 ⑮右拔草寻蛇 ⑯青龙出水 ⑰风卷残花 ⑱雁别金翅 ⑲夜叉探海 ⑳左翻身砍 ㉑右翻身砍 ㉒白蛇吐信 ㉓怀中抱月

（二十七）陈式太极双刀

①预备势 ②起势 ③全舞花朝阳 ④切三刀 ⑤一刀跃步 ⑥上三刀 ⑦雁别金翅 ⑧孤雁出群 ⑨一刀朝阳 ⑩左插花 ⑪右插花 ⑫双刀朝阳 ⑬双刀蝴蝶吸水 ⑭一刀朝阳 ⑮左插花 ⑯右插花 ⑰双刀朝阳 ⑱双刀伏虎 ⑲一刀朝阳 ⑳双刀楚汉 ㉑两刀朝阳 ㉒古树盘根 ㉓翻身砍 ㉔双刀朝阳 ㉕古树盘根 ㉖翻身砍 ㉗左右搅项 ㉘古树盘根 ㉙翻身砍 ㉚双刀朝阳 ㉛左右转向 ㉜霸王举鼎 ㉝罗汉降龙 ㉞左右片马刀 ㉟双刀朝阳 ㊱连环刺虎 ㊲左扑 ㊳右扑 ㊴上步七星 ㊵下步跨虎 ㊶伏虎势 ㊷收势

（二十八）陈式太极大杆对练

①陈氏太极大杆预备势 ②陈氏太极大杆起势 ③左青龙出水 ④右刺崩杆 ⑤拦路虎 ⑥饿虎扑食 ⑦上缠崩杆 ⑧斜劈杆 ⑨十字架杆 ⑩翻手崩杆 ⑪压杆 ⑫劈杆 ⑬转身缠杆 ⑭攻防杆 ⑮转身崩挡杆 ⑯搅水杆 ⑰缠手崩刺杆 ⑱俊鸟入巢势 ⑲中心入碓 ⑳童子拜观音 ㉑旋身刺杆 ㉒上刺架杆 ㉓上缠杆 ㉔上缠崩杆 ㉕大杆向夹 ㉖伏虎势 ㉗大杆收势

（二十九）陈式太极梢杆对练

①梢杆起势 ②梢把势 ③梢头架杆 ④盘腿拨杆 ⑤上步平杆 ⑥搅梢压梢 ⑦梢杆定势 ⑧跃步雀梢 ⑨蹬腿翻梢 ⑩展翅梢 ⑪反手缠梢 ⑫左手梢 ⑬定步架梢 ⑭旋转梢 ⑮攻防步 ⑯连环梢 ⑰太极步 ⑱梢

杆交叉 ⑲杆缠梢 ⑳梢杆分势 ㉑梢杆收势

（三十）陈式太极十三杆

①起势 ②青龙出水 ③童子拜观音 ④饿虎扑食 ⑤拦路虎 ⑥腰拦杆 ⑦斜披横扫眉 ⑧井栏倒挂 ⑨中心入碓 ⑩俊鸟入巢 ⑪面缠背崩 ⑫拖杆 ⑬黄龙三扰水 ⑭面崩怀中抱月 ⑮收势

（三十一）陈式太极拳小架简化套路

①起势 ②上步合手 ③六封四闭 ④单鞭 ⑤白鹤亮翅 ⑥前趟拗步 ⑦上步肱拳 ⑧肘底捶 ⑨倒卷肱 ⑩海底翻花 ⑪闪通背 ⑫掩手肱拳 ⑬懒扎衣 ⑭云手 ⑮高探马 ⑯右擦脚 ⑰左擦脚 ⑱右白蛇吐信 ⑲左白蛇吐信 ⑳转身金刚捣碓 ㉑收势

（三十二）陈式太极扇

①起势 ②肘底朝阳扇 ③单腿魁星扇 ④回头仆步扇 ⑤转身闭门扇 ⑥白鹤亮翅扇 ⑦上步七星扇 ⑧盘龙扇 ⑨展翅扇 ⑩虎抱头扇 ⑪跃步点扇 ⑫二龙戏珠扇 ⑬旋身青龙山水扇 ⑭坐身勒马扇 ⑮英雄盘虎扇 ⑯孔雀抖翎扇 ⑰海底捞月扇 ⑱左右金鸡独立扇 ⑲犀牛望月扇 ⑳斜飞扇 ㉑左右切扇 ㉒护膝扇 ㉓猿猴式扇 ㉔滑步扇 ㉕凤凰扇 ㉖翻身扇 ㉗摆莲开屏扇 ㉘收势

（三十三）陈式太极双人沾枪

①预备势 ②铺地枪 ③刺两枪 ④扫裙拦枪 ⑤拖地地蛇枪 ⑥左摇旗旋身一扫朝天枪 ⑦回身刺一枪 ⑧上步挑一枪 ⑨回头半个舞花 ⑩崩两枪 ⑪盘腿架枪 ⑫踮腿搂一枪 ⑬白猿拖枪 ⑭灵猫捕鼠 ⑮泰山压顶 ⑯黄龙三点杆 ⑰太极步 ⑱苍龙摆尾 ⑲回头乌龙入洞 ⑳回马枪 ㉑收势

（三十四）陈式太极一招制敌、陈氏女子防身术

①缠丝手 ②三换掌 ③搂膝 ④翻身二起脚 ⑤换掌蹦腿 ⑥白蛇吐信 ⑦双推掌 ⑧退步压肘 ⑨掩手肱拳 ⑩闪通背 ⑪反手一把抓 ⑫护心拳

二、山西长治市长子县鲍店镇武术套路内容

（一）基础架子（陈宝锁55岁，演练、提供）

①马步蹲裆 ②披头分 ③打武花 ④飞脚 ⑤二七脚 ⑥拉败式 ⑦走斜门 ⑧旋风脚 ⑨十字架 ⑩十字炮 ⑪大转身 ⑫小挖步 ⑬二郎担山 ⑭单飞脚 ⑮金鸡独立 ⑯弹锤 ⑰转身冲拳 ⑱左右冲拳 ⑲通天炮 ⑳横拳 ㉑拍掌 ㉒打虎式 ㉓抓龙式 ㉔收势

（二）五虎双刀（陈宝锁55岁，演练、提供）

①预备式 ②双刀开门 ③顺腰缠刀 ④裹腿瞒头 ⑤小定式 ⑥双劈刀（3次） ⑦提刀垫步进刀 ⑧跳退步裹脑刀 ⑨马步阴阳刀 ⑩瞒头刀 ⑪小挖步晃刀 ⑫退步晃刀 ⑬大花子转身定式 ⑭退步晃刀 ⑮柳树盘根走斜门 ⑯归正门 ⑰小定式 ⑱进步缠头走斜门 ⑲弓步立刀 ⑳归正门 ㉑小定式 ㉒转身小定步 ㉓进步腕花 ㉔拉败式 ㉕进步打花子 ㉖金鸡独立 ㉗进步翻身三跺刀 ㉘小定式 ㉙双捅刀 ㉚扭身蹬脚 ㉛小定式 ㉜拖刀挖步 ㉝转身双端刀 ㉞小挖步 ㉟转身前后双劈刀 ㊱指心刀 ㊲大花子瞒头 ㊳小定式 ㊴上步大花子 ㊵背后藏刀 ㊶左右护身刀 ㊷收刀

（三）梅花九节鞭（杨晋城75岁，演练、提供）

①单手托底前手翻 ②小武花 ③金狗挂链 ④单披红 ⑤金丝缠腕 ⑥拦腰斩蛇 ⑦片马背鞭 ⑧伏跳三肩 ⑨霸王背鞭 ⑩十字披红 ⑪凤凰点头 ⑫顺风摆柳 ⑬浪子踢球 ⑭蛇蜕皮 ⑮风摆荷叶 ⑯黑鱼翻身 ⑰里外片马 ⑱骑马背鞭 ⑲横扫千斤 ⑳单手顺骑鞭

（四）流星锤（杨晋城75岁，演练、提供）

①左脚挑锤 ②老婆掺线 ③右手抓锤内片马旋风脚 ④左脚挑锤，跳脚转一圈 ⑤黑狗钻裆 ⑥单披红右手抓锤，扭身前送 ⑦狮子滚绣球 ⑧左手抓锤胜势亮

（五）绳镖（杨晋城 75 岁，演练、提供）

①开场 ②小鬼脱靴 ③骑马旋风脚 ④小鬼脱膝 ⑤黑狗钻蹚挡 ⑥老婆掺线 ⑦背后掺上右肘 ⑧十字单红 ⑨扭身托放眼 ⑩张飞片马 ⑪十字披红 ⑫朝天一炷香 ⑬胜式 ⑭收式

（六）绳鞭（李成则 75 岁，演练、提供）

①挑鞭头 ②单缠肘 ③小鬼脱靴 ④小鬼脱膝 ⑤张飞片马 ⑥左右脱肘镖 ⑦黑狗钻蹚 ⑧缠肘出镖 ⑨白蛇蜕皮 ⑩十字披红 ⑪缠脖子 ⑫左右双缠脖 ⑬老婆缠线 ⑭陈琼背箭 ⑮朝天一炷香 ⑯收势

（七）春秋大刀（李成则 75 岁，演练、提供）

①起势 ②背刀仙人指路 ③舞花推刀 ④马步蹲刀 ⑤反手舞花 ⑥小定式 ⑦左砍刀 ⑧右砍刀 ⑨云头刀 ⑩大舞花金鸡独立 ⑪三剁刀 ⑫杀左门 ⑬杀右门 ⑭双手舞花劈刀 ⑮拖刀下劈 ⑯劈刀 ⑰双瞒头劈刀 ⑱扔刀 ⑲背刀仙人指路 ⑳前后舞花刀 ㉑收刀还原

（八）五虎刀（陈宝锁 55 岁，演练、提供）

①起势 ②打武花 ③大开门 ④出刀 ⑤护臂刀 ⑥护面刀 ⑦两瞒头 ⑧打虎式 ⑨劈刀 ⑩双砍刀 ⑪单武花 ⑫旋风脚 ⑬后捅刀 ⑭小切式 ⑮垫步单叉 ⑯打虎式 ⑰金钩钓鱼 ⑱护心刀 ⑲背后藏刀 ⑳大砍刀 ㉑晃刀 ㉒打虎式 ㉓虚步藏刀 ㉔操刀抓辫子 ㉕杀头 ㉖垫步端刀 ㉗左右砍刀 ㉘操腿刀 ㉙裹腿藏刀 ㉚金鸡独立 ㉛上步劈刀 ㉜打虎式 ㉝哀腿瞒头 ㉞上步扭刀 ㉟瞒头藏刀 ㊱收刀

（九）单刀进枪（二回苗子）（前：陈宝锁 55 岁；后：焦长城 73 岁，演练、提供）

①预备式—预备式 ②晃枪拉丁式—舞花开门式 ③摇枪—小丁式 ④垫步进枪扎脑门—架刀挡枪 ⑤扎脚—提腿砍枪 ⑥大花子走邪门—裹腿瞒头走邪门 ⑦旋风脚接拉败式—旋风脚接拉败式 ⑧弹枪拉丁式—弹刀拉丁式 ⑨摇枪

箭步扎贯耳—挡贯耳（3次） ⑩扎脚—单刀挡枪 ⑪剖枪—加刀 ⑫枪扎贯耳—单刀劈人 ⑬架枪—劈刀 ⑭护心枪—直心刀 ⑮蹲枪护腿—刀砍腿 ⑯晃枪转身走下斜门—晃刀转身走斜刀 ⑰摇枪晃脚归正门—摇刀晃脚归正门 ⑱箭步上枪扎贯耳—护耳 ⑲架枪—砍刀 ⑳摇枪蹲杆护膝—摇刀砍腿 ㉑护膝枪—砍膝刀 ㉒转身扎脚碰七星—扑脑刀 ㉓架枪护头—抓枪砍刀 ㉔跳跃夺刀—砍腿刀 ㉕丢枪—下枪 ㉖二七腿败式—提刀胜式 ㉗手抓腕—垫步上刀砍头 ㉘跳跃躲刀—砍腿杀头 ㉙双手推臂—捅刀 ㉚收式还原—下刀

（十）三进枪（第一回合）（前：薛锁柱62岁；后：李成则75岁，演练、提供）

①预备式—预备式 ②抖枪—抖枪 ③走斜门—走斜门 ④摇枪归下门—摇枪归下门 ⑤出马三枪—出马三枪 ⑥蹬腿拉枪—蹬腿拉枪 ⑦摔枪转身—摔枪转身 ⑧上下将—上下将 ⑨绞枪转身—绞枪转身 ⑩枪扎劈身—挡劈身 ⑪扫底打破脑—架枪 ⑫碰杆劈身—挡枪 ⑬抽枪刺背—后退绞枪（3次） ⑭扎脚—挑枪三滚肘 ⑮双贯耳—双贯耳 ⑯上下将—上下将 ⑰打破脑—架破脑 ⑱扫地—跳过门 ⑲扎贯耳—扎咽喉 ⑳走斜门—走斜门

（十一）三进枪（第二回合）（前：焦长城73岁；后：薛锁柱62岁，演练、提供）

①归正门—归正门 ②进枪扎脚—后退挑枪 ③劈身—护身 ④护身—劈身 ⑤上下绞枪—上下绞枪 ⑥转身扫底扎劈身—跳 ⑦护贯耳—扎贯耳 ⑧滚肘三枪—护肘枪 ⑨双贯耳—双贯耳 ⑩绞枪转身—绞枪转身 ⑪四劈—四封 ⑫绞枪扎劈身—护身 ⑬扎身扎脚—挡枪扎脚 ⑭架砍腿—打破脑 ⑮扫地扎贯耳—挡贯耳 ⑯点咽喉—护咽喉

（十二）白手夺大刀（第一回合）（前：白玉生54岁；后：李成则75岁，演练、提供）

①猴式—三晃刀 ②猴式跳步走—追步三砍头 ③二起脚大花子—杀头 ④抓刀—舞花砍头 ⑤躲闪跳跃—扫底杀头 ⑥双手推刀—左捅刀 ⑦双手推刀—右捅刀 ⑧抓刀—转身砍头 ⑨垫步走—垫步走 ⑩后滚翻—挽刀指心

⑪ 打花架—摇刀 ⑫ 抓刀—转身挽花砍头 ⑬ 跳跃躲闪—扫底扫头 ⑭ 双手推刀—右捅刀 ⑮ 双手推刀—左捅刀 ⑯ 跺头—跌扑子（翻跟头扑地） ⑰ 箭步转身逃跑—推胸 ⑱ 打舞花—摇刀小定式 ⑲ 抓刀—挽花子劈头 ⑳ 躲闪跳跃—扫底杀头 ㉑ 双手推刀—左捅刀 ㉒ 双手推刀—右捅刀 ㉓ 三个纺花车—三扫底 ㉔ 抓刀—劈刀 ㉕ 夺刀—争刀 ㉖ 夺刀胜式—二起脚败式 ㉗ 收式

（十三）白手夺大刀（第二回合）（前：白玉生 54 岁；后：李成则 75 岁，演练、提供）

① 背刀—胜式 ② 转身砍头—抓刀 ③ 双人晃刀—双人晃刀 ④ 大翻身—大翻身 ⑤ 双夺刀—双夺刀 ⑥ 击胸拳—左挡右掌击胸 ⑦ 转身败式—转身胜式

（十四）梅花枪（前：白玉生 54 岁；后：刘安根 63 岁，演练、提供）

① 预备端枪—预备端枪 ② 出马三枪—出马三枪 ③ 踢腿拉败式—踢腿拉败式 ④ 转身打舞花枪跌单叉（仆步—转身打舞花枪跌单叉） ⑤ 护贯耳—扎贯耳（4 次） ⑥ 挑枪反扎脚—扎脚 ⑦ 扎脚—挑枪反扎脚 ⑧ 架破脑—打破脑 ⑨ 扫底—躲闪跳跃 ⑩ 转身碰把—转身碰把 ⑪ 扎贯耳—扫底压把 ⑫ 抽把扎贯耳—挡贯耳 ⑬ 绞枪护肚—上步滚肚三枪 ⑭ 双贯耳—双护贯耳 ⑮ 扫底—换把 ⑯ 上步扎三枪—后退小跳步防贯耳 ⑰ 挑枪劈身—压枪 ⑱ 扎裆—转身护裆 ⑲ 上下将—上下将 ⑳ 绞枪换位—绞枪换位 ㉑ 护劈身—扎劈身 ㉒ 扎劈身—护劈身 ㉓ 上下将—上下将 ㉔ 护破脑—打破脑 ㉕ 扫底—折跪枪 ㉖ 绞枪换位—转身挑枪 ㉗ 双劈身—双劈身 ㉘ 上下将—上下将 ㉙ 架破脑—打破脑 ㉚ 扫底—打破脑 ㉛ 后架破脑—交叉手打破脑 ㉜ 双劈身—双劈身 ㉝ 上下将—上下将 ㉞ 小定式—小定式 ㉟ 收式

（十五）大刀破苗子（朴刀进枪）（前：陈宝锁 55 岁；后：白玉生 54 岁，演练、提供）

① 单手推掌—马步端枪 ② 背大刀仙人指路—垫步拉败式 ③ 大翻身三剁刀—出马三枪 ④ 小定式—拉败式 ⑤ 小曲步—小挖步 ⑥ 刀把护贯耳—扎贯耳 ⑦ 刀挑后绞枪—扎脚 ⑧ 刀扫腿—枪扶刀 ⑨ 刀后破脑—后架破脑 ⑩ 护

劈身—扎劈身 ⑪刀挡贯耳—枪扎贯耳 ⑫转身—扶刀 ⑬刀扫底前破脑—躲扫底架破脑 ⑭刀护劈身—三扎劈身（3次） ⑮转身劈胸刀—退步败式 ⑯刀挡贯耳—扎贯耳 ⑰架破脑—打破脑 ⑱刀扫底—转身打头 ⑲刀挡贯耳—扎贯耳 ⑳刀挑枪—扎脚 ㉑踩头—扫底 ㉒刀把挑把劈头—扫底躲破头 ㉓挡枪—穿腰枪 ㉔挡贯耳—扎贯耳 ㉕刀破脑—架破脑 ㉖挑手下枪—丢枪拉败式 ㉗收势

（十六）鞘子打棍（前：李成则75岁，后：薛锁柱62岁，演练、提供）

①预备式—预备式 ②鞘子打棍—上下交手 ③鞘子扫底—躲闪跳跃 ④躲闪跳跃—棍扫底 ⑤转身鞘子打棍（左右三下）—格挡鞘子 ⑥正面鞘子左右击打—格挡 ⑦鞘子扫底腕花打棍—跳跃躲闪 ⑧鞘子压棍—棍挑鞘子 ⑨鞘子打棍—大翻身 ⑩鞘子压棍—挑鞘子 ⑪鞘子打棍—大翻身 ⑫收势

三、山西长治市长子县部分庙会统计表

序号	庙会名称	庙会时间（农历）
1	西小河老天仓会	正月二十五日
2	高家洼小秃龙王庙会	二月二日
3	八里洼三嵕庙会	二月十二日
4	王郭三嵕庙会	二月二十二日
5	县城能仁寺会	三月三日
6	西堡头子孙奶奶庙会	三月十三日
7	西南呈村玉皇庙会	三月十五日
8	房头村子孙奶奶庙会	三月十八日
9	牛南头牛马王庙会	四月四日
10	县城的城隍庙庙会	四月十九日
11	大堡头尧庙山上的尧庙会	四月二十八日
12	县城北关咽喉神庙会	五月五日
13	焦家庄黑龙泉庙会	五月十四日
14	鲍店关帝庙会	五月十六日
15	城西古、永安山、西汉村的三嵕庙会	六月六日
16	城西关二郎庙会	六月二十六日

续表

序号	庙会名称	庙会时间（农历）
17	权家庄婆婆庙会	七月七日
18	壁村岭上风伯雨师庙会	七月二十八日
19	县城南关岳飞庙会	九月二十六日

四、全国武术之乡统计表

评选时间	评定批次	评定名单		评定数量
1992 年 12 月	第一批	天津市南开区	山东省菏泽市、郓城县	共 35 个
		河北省沧州市、永年县、南宫市	河南省登封县、温县、汝州市、淮阳县	
		内蒙古包头市青山区	湖北省蔡甸区	
		黑龙江省肇源县	湖南省东安县、新化县	
		上海市虹口区、黄浦区	广东省广宁县、新兴县	
		江苏省沛县、太仓市	广西壮族自治区桂平县	
		福建省石狮市、永泰县、长乐县、泉州市鲤城县	四川省江北县、宣汉县、夹江县	
		安徽省亳州市、砀山县	贵州省安龙县	
		江西省宜春市、樟树市	甘肃省武山县	
		辽宁省沈阳市东陵区、黑山县	内蒙古赤峰市红山区	
		陕西省西安市莲湖区、泾阳县	甘肃省甘谷县	
		河北省深州市、文安县、邯郸峰峰矿区	山东省博山区、东明县、单县、台儿庄区、莱州市	
1996 年 12 月	第二批	浙江省台州市黄岩区	湖南省冷水江市	共 27 个
		山西省太谷县	福建省晋江市、仙游县	
		湖北省丹江口市、武穴市	江西省吉水县、乐平县	
		四川省江律市、江岫市	云南省开远市、个旧市	
		河南省义马市、夏邑县	河北省大名县	
		山东省滕州市、枣庄市薛城区、巨野县	湖北省武汉市青山区、黄陂区、黄梅县	
		江苏省南京市高淳区	上海市青浦区	
		江西省广丰县	浙江省义乌市、平阳县	
2001 年 8 月	第三批	湖南省浏阳市	福建省连城县	共 31 个
		四川省峨眉山市	辽宁省建昌县	

续表

评选时间	评定批次	评定名单		评定数量
		重庆市奉节县	吉林省长春市南关区、桦甸市	
		山西省洪洞县、文水县	甘肃省平凉市崆峒区	
		天津市西青区、河西区、红桥区	江苏省徐州市	
		吉林省四平市	河南省社旗县	
		贵州省清镇市		

后 记

光阴似箭，日月如梭。30 岁之前，自己从未有过这种感觉，反而总觉得时间很慢，我想大概每个人年轻的时候都是这样。对我而言，35 岁之后，这种感觉就完全没有了，准确地讲，是在 2013 年博士毕业之后，工作的节奏和生活的节奏陡然加快，时间过得快了许多，以致很多时候让自己猝不及防，总是感慨稍不留意就是一年。现如今，又是 8 年过去了，回首过去的几年，是最为忙碌的几年，从上海到成都，从武术学院到研究生院，在过去的 8 年里，虽然自己拼尽全力做好自己，努力工作，每天都像陀螺一样不停地忙碌，但每到夜深人静或是独处一隅，面对自己的学术旨趣，内心深处总感到莫名的慌乱和不安，没有任何其他的“成功”可以替代。我总是在想：我们忙的意义是什么？如果忙只是一种状态，而无真正实质上的意义，那只能是碌碌无为。所以，当我真正完成这篇报告，我开始重新思考，在学术研究之外，人类学和我的这项研究对我的意义是什么？

其实今天，对我而言，人类学这门学问，或者说关于武术的人类学研究，已不再仅仅是“学术追求”了，其实于我，更像是一种“学术态度”。与其说人类学给我最大的收获是知识的充盈和学术的深化，倒不如说是：通过人类学的田野作业，我对“专注做一件事”的认识和重新理解，在研究中，我们能时刻感受到长期扎根田野的这群人类学 / 民族学家们的一种强烈的社会责任感和专注精神。我们都很忙，在不停地忙，直到在忙忙碌碌中渐渐失去了“专注”的能力，直到现在我才明白，这才是我真正慌乱的根源。

在中华传统文化中，专注的精神一直是提倡和推崇的。荀子在《劝学》中就讲：“故不积跬步，无以至千里；不积小流，无以成江海。骐骥一跃，不能十步；驽马十驾，功在不舍。锲而舍之，朽木不折；锲而不舍，金石可镂。”王国维先生也讲，古今之成大事业、大学问者，必经过三种之境界：“昨夜西风凋碧树，独上高楼，望尽天涯路。”“衣带渐宽终不悔，为伊消得人憔悴。”“众里寻他千百度，蓦然回首，那人却在灯火阑珊处。”习练中华传统太极拳也谈及三境界，为：由招熟而渐悟懂劲，由懂劲而阶及神明，认为这是习练太极拳技击的不二法门。也可称其为“招功、劲功、气功”三个阶段。但是由于社会压力的增大，大家越来越趋向于即时、快速的世界。比如快餐文化、碎片阅读，都是蜻蜓点水、浅尝辄止，所以我们经常在讨论一个问题：为什么我们这么忙碌，却还是慌乱不已？原因其实在于：我们不够专注，缺乏专注的笃定。吴氏太极拳大家“赵铁庵”，三年一个动作，是一种专注；形意名家郭云深，“半步崩拳”走天下，是一种专注；费孝通先生一生共访问江村 26 次，时间跨度 66 年，长达一个甲子有余，也是一种专注。

因此，对专注的理解，首先是要有耐心，静得下心，沉得住气。生活或是学习，都需要耐心、静下心来精雕细琢，才能实现完美的飞跃，所以我们需要学着面对重点事情放慢节奏，创造机会让自己减速、忍耐，学会沉淀，培养“沉浸式”的注意力和专注习惯。而人类学无疑给了我们这样的机会。由此出发，对尚处于建构过程中的中国武术学科而言，需要走出零散碎片的研究方式，秉持“致广大而尽精微”的人类学旨趣，这不仅是研究武术文化的基础，更是武术学人安身立命的根本，也是武术学科建构的必要前提。因此，武术的人类学研究将有助于认识新时代中华武术的内涵与使命。

“守正从容，曙光不远。”2022 年注定是极不平凡的一年，疫情严峻，祈祝山河无恙，国泰民安！对国家和国家中的每一个个体而言，唯有感恩奋进，专注如一，方能不辜负国家的培养、师长的期望和大家的鼓励。

王明建

2022 年 12 月 28 日于成都